Gerald Weischede

# Achtsamkeit verstehen und leben

Über den Ursprung und die Praxis

Vandenhoeck & Ruprecht

Mit 11 Abbildungen

Bibliografische Information der Deutschen Nationalbibliothek:
Die Deutsche Nationalbibliothek verzeichnet diese Publikation in der Deutschen Nationalbibliografie; detaillierte bibliografische Daten sind im Internet über https://dnb.de abrufbar.



Umschlagabbildung: iStock.com/Eoneren

Satz: SchwabScantechnik, Göttingen
Druck und Bindung: ⊕ Hubert und Co. BuchPartner, Göttingen
Printed in the EU

**Vandenhoeck & Ruprecht Verlage | www.vandenhoeck-ruprecht-verlage.com**

ISBN 978-3-525-40543-7

# Inhalt

# Worum es geht

Als eine der großen Weltreligionen kann der Buddhismus beschrieben werden als eine, die die eigenen Erfahrungen zur Grundlage von Erkenntnis und Handeln macht. Dadurch unterscheidet sie sich grundlegend von den übrigen Weltreligionen, deren Basis in der Regel der Glaube ist. Darüber hinaus gibt es einen fundamentalen Unterschied, der in zwei Worten zusammengefasst werden kann: *Erwachen* oder *Erleuchtung.*

Das Erwachen weist darauf hin, dass der Mensch in der Lage ist, über sein Alltagsverständnis hinaus für sich und seine Mitwelt wirklich wach zu werden, die Welt also nicht über das Verstehen zu erfassen, sondern ganz direkt, ohne die Vermittlung durch das Bewusstsein.

Der Buddhismus nimmt für sich in Anspruch, einen Praxisweg aufzuzeigen, der auf ein Potenzial des menschlichen Geistes aufmerksam macht, das weit über das Vorstellbare dessen hinausgehen kann, was wir normalerweise unter Geist verstehen. Es ist ein Weg zu Erweiterung der geistigen menschlichen Fähigkeiten, der nicht durch das Bewusstsein begrenzt ist. Dies ist sicher eine etwas überraschende Aussage, hat der Mensch doch seinen Verstand und damit sein Bewusstsein zu einem zentralen Wert gemacht. Die Wichtigkeit des Bewusstseins wird nicht in Frage gestellt, es wird aber aus buddhistischer Sicht nicht zum wichtigsten Kriterium geistiger menschlicher Aktivitäten gemacht. Ein Zugang zur Welt, der nicht über Sprache und Bewusstsein beschritten wird, kann möglicherweise ein sehr viel direkterer sein, ein Zugang, der eher als *Gewahrsein* beschrieben werden kann.

Menschliche Wahrnehmungen sind immer Prozesse von Wahrnehmungen. Damit ist gemeint, dass vom ersten Kontakt mit einem Objekt bis hin zur Bewusstwerdung ein Prozess durchlaufen wird, der mit Sprache verknüpft ist. Die menschliche Sprache basiert auf

Symbolen, welche die Wirklichkeit beschreiben, die Wirklichkeit aber nicht sind. Eine solche symbolvermittelte Realität aber ist eine, die letztendlich einen direkten Zugang verhindert. Daher die Forderung aus buddhistischer Sicht, den Wahrnehmungsprozess selbst genau zu untersuchen, man könnte sagen, eine Phänomenologie der Wahrnehmung zu etablieren, um dann die Frage untersuchen zu können, ob eine Wahrnehmung ohne Vermittlung möglich ist und wie die Welt aus einer solchen Perspektive erscheint.

Mit anderen Worten: Es geht um eine Wahrnehmung, die vor der Sprache, also vor einer symbolvermittelten Wirklichkeit, anzusiedeln ist. Die Grundlage für all diese Prozesse ist der jetzige Augenblick. An dieser Stelle kommt die Achtsamkeit in den Fokus, denn sie stellt traditionell den jetzigen Augenblick zentral in den Mittelpunkt. Alles geschieht im jetzigen Augenblick.

In den letzten Jahren ist sehr viel über die Achtsamkeit gesagt und publiziert worden. Es scheint so, als ob die Achtsamkeit so etwas wie ein Allerheilmittel für alle möglichen Probleme geworden ist: ein geschwächtes Ich scheint gestärkt zu werden, die Achtsamkeit kann das Leben funktionaler machen, sie kann bei der Selbstoptimierung helfen, die Arbeit effizienter und erfolgreicher machen, sie kann helfen, mehr Geld zu verdienen und insgesamt ein besserer Mensch zu werden. Dabei werden die Grenzen zu Konzentration, Aufmerksamkeit und Gewahrsein oft verwischt.

Man könnte sagen, die Achtsamkeit ist im Laufe der letzten Jahre ganz in einen Verwertungskreislauf integriert worden, der dafür gesorgt hat, dass die ursprüngliche Idee eines achtsamen Lebens durchweg auf Funktionales reduziert worden ist. Dabei ist sie von ihren eigentlichen Wurzeln mehr oder weniger abgetrennt worden.

Was ist nun mit der Achtsamkeit in diesem traditionellen buddhistischen Rahmen eigentlich gemeint? Was sind die Wurzeln der Achtsamkeit und wie ist sie im Kontext eines Lebens zu bewerten, in dem die Meditation in der Regel keinen Stellenwert hat? Denn das ist der entscheidende Punkt: Meditation ist die Voraussetzung dafür, sich überhaupt mit der Achtsamkeit zu beschäftigen.

Wenn die Meditation, damit ist hier das bewegungslose, stille Sitzen auf einem Kissen, Bänkchen oder Stuhl gemeint, als wichtiger Teil des Tagesablaufs betrachtet wird, so wie es in Klöstern, aber auch bei gar nicht so wenigen Laien der Fall ist, dann stellt sich die Frage, was eigentlich in der Zeit passiert, in der nicht meditiert wird. Und in der Regel nimmt diese Spanne ja die meiste Zeit ein, das stille Sitzen ist, zumindest für einen Laien, nur für eine kurze Zeitspanne möglich. Was geschieht nun während der restlichen Zeit – kann die Meditation aufrechterhalten werden? An dieser Stelle kommt die Achtsamkeit ins Spiel, sie ermöglicht die Fortführung dessen, was auf dem Sitzkissen eingeübt worden ist, nun aber im Rahmen der jeweiligen Alltagstätigkeiten.

Der Mensch ist, so könnte man sagen, grundsätzlich aufmerksam, er ist wach, er ist lebendig. Aufmerksamkeit ist Wachheit und Lebendigkeit. Diese Lebendigkeit setzt der Mensch um, zum Beispiel in Konzentration als die Reduzierung der Aufmerksamkeit auf eine einzige Tätigkeit oder in allgemeine Tätigkeiten, bei denen zwischen mehreren Tätigkeiten schnell hin und her gesprungen wird. Aber auch die Tagträume, die es ermöglichen, ganz aus der jeweiligen Situation auszusteigen, sind Teil der allgemeinen menschlichen Tagesaktivitäten.

Sowohl während der Meditation auf dem Kissen als auch im Alltag nimmt der Mensch den jetzigen Augenblick oft nicht wahr. Was ist damit gemeint? Generell kann gesagt werden, dass alles jetzt in diesem Augenblick stattfindet. Oberflächlich betrachtet ist diese Aussage banal, bei genauerer Untersuchung dieser Aussage muss man jedoch feststellen, dass der Mensch das *Jetzt-Hier,* den jetzigen Augenblick also, in der Regel nicht realisiert. Er ist fast immer absichtsvoll und zielgerichtet in Bewegung, oft mit seinem Geist immer schon beim Ziel und nicht auf dem Weg dorthin, nicht beim Schritt für Schritt in diesem Moment. Auf dieses Hier-Jetzt zielt die Achtsamkeitspraxis ab.

Der Geist kann sich jederzeit aus dem Augenblick herausdenken oder fantasieren, sich dem Moment also entziehen. Das kann der Körper nicht, er ist immer im jetzigen Augenblick. Eine Achtsamkeitspraxis beginnt daher mit der Frage, in welcher Haltung und in welcher Befindlichkeit der Körper gerade ist, das schließt auch die jeweiligen Gefühle mit ein. Dazu bedarf es einer Schulung des Geistes, die darauf ausgerichtet ist, auch den Geist in den Moment zu bringen.

## Was ist der jetzige Augenblick?

Stellen Sie sich einen Menschen vor, der geht. Lassen wir ihn den Geher nennen. Aus der Sicht des Alltagsbewusstseins ist dieser Geher aus der Vergangenheit gegangen oder gekommen, geht gerade durch die Gegenwart hindurch und in die Zukunft hinein. Er geht wie auf einem Zeit-Vektor aus der Vergangenheit durch die Gegenwart in die Zukunft.

Nun lassen wir die Vergangenheit einmal weg, die Vergangenheit zählt für einen Moment nicht mehr und auch die Zukunft nicht. Der Geher geht ohne Vergangenheit und ohne Zukunft, er geht einfach im jetzigen Moment und setzt einen Fuß vor den anderen, ohne Vergangenes und ohne Zukünftiges. Das ist der jetzige Augenblick.

Wer nun ist diese Person ohne Vergangenheit und ohne Zukunft? Eine Person ohne Geschichte und ohne Zukunft, eine Person ganz im gegenwärtigen Augenblick. Nicht definiert durch ihr bisheriges oder ein zu erwartendes Leben. Eine Person ganz im jetzigen Augenblick gehend, einen Fuß vor den anderen setzend.

Für eine so gehende Person entfaltet sich das Leben mit jedem Schritt immer wieder ganz neu, nicht bezogen auf Vergangenes und nichts für die Zukunft erwartend. Eine so gehende Person ist frei von Vergangenem, frei von Zukunftsplänen, frei für all das Unvorhergesehene, das sich im jetzigen Augenblick ereignen und eröffnen kann. Aber auch frei von Selbstdefinitionen, Selbstbildern, sie hat ihr Ich-Selbst zurückgenommen und Platz gemacht für die Welt des jetzigen Moments. So kann sich eine Welt zeigen, die sich möglicherweise anders darstellt, als der Geher denkt, dass sie sei.

Für einen Augenblick spürt der Geher eine ungeahnte Grenzenlosigkeit, ein Verbundensein und eine Freiheit, die daraus resultieren, dass er sich ganz im jetzigen Moment aufhält. Von solchen Augenblicken, die jeder Mensch kennt, handelt dieses Buch.

In einem, allerdings oft übersehenen, engen Zusammenhang mit solchen Jetzt-Augenblicken steht die Frage nach der Wirklichkeit. Diese bezieht sich zum einen auf die Wirklichkeit der Dinge, die nicht zu leugnen sind, aber auch auf die Reaktion des Menschen auf diese Dinge. Real für den Menschen werden die Dinge nur dadurch, dass sie über die Sinne wahrgenommen werden, um dann im Geist verarbeitet zu werden. Mit anderen Worten: Die Dinge erscheinen dem Menschen durch diese Verarbeitung in seinem Geist und sind dann seine jeweilige Realität.

Thomas Metzinger nennt diese Erscheinungen im Geist des Menschen Simulationen, Spiegelungen des Wahrgenommenen, innere Vorstellungen oder eine Art »innerer Stellvertreter«. Im Verlauf des Buches wird aus verschiedenen Blickwinkeln des Öfteren die Frage gestellt: Kann die menschliche Wirklichkeit als Simulation oder als Erscheinung beschrieben werden?

Wenn das möglicherweise unsere jeweilige Realität ist, so die Frage aus buddhistischer Sicht, wie nah können wir denn dann der Wirklichkeit kommen? Wenn alles, was der Mensch erlebt, Erscheinungen im Geist sind, sollte es doch Mittel und Wege geben, in diese Prozesse des Erscheinens einzugreifen, möglicherweise sogar sie ganz zu Beginn ihres Entstehens zu unterbrechen? Dazu bedarf es eingehender Untersuchungen dieser wirklichkeitsherstellenden Prozesse. Und auch von diesen Prozessen handelt das vorliegende Buch.

## Zum Aufbau des Buches

In einem ersten Kapitel wird der Frage nachgegangen, welcher Stellenwert der Achtsamkeitspraxis derzeitig in einem erweiterten gesellschaftlichen Rahmen beigemessen wird.

Dann werden grundlegende Fragen nach dem menschlichen Leiden aufgeworfen und damit zusammenhängend Fragen nach Krankheit und Gesundheit. Das Verhältnis zu Krankheit und Gesundheit ist buddhistisch betrachtet ein anderes als das uns vertraute, schließt es doch Geist und Bewusstsein in die Behandlung von Krankheit mit ein.

Aus buddhistischer Sicht scheint es so zu sein, dass das eigentliche, nämlich das existenzielle Leiden des Menschen, auf drei Grundlagen beruht, die vorläufig so zusammengefasst werden könnten: Der Mensch hat ein grundsätzliches Problem damit, zum richtigen Zeitpunkt loslassen zu können. In seiner problematischen Form zeigt sich dies in der Gier. Darüber hinaus fällt es dem Menschen schwer, seine Emotionen situationsangemessen zu leben. Im schlimmsten Fall führt dies zu Hass und kann mit einem entsprechenden

Kontrollverlust zu Verletzung und Tod führen. Die dritte Grundlage dafür, dass der Mensch oft existenziell leidet: Er hat wenig Erkenntnis darüber, wie sein Geist eigentlich funktioniert. Auf einer solchen Grundlage ist es ohne Weiteres denkbar, dass er möglicherweise immer wieder grundlegend getäuscht durch sein Leben geht und daraus entsprechende Formen des Leidens entstehen.

In einem weiteren Kapitel wird der jetzige Augenblick sehr genau in den Fokus genommen. Nach einer ausführlichen Darstellung traditioneller Achtsamkeitspraktiken folgt das Buch im Rahmen solcher Untersuchungen auch hier ganz traditionell den vier Sichtweisen bezüglich der Achtsamkeit: Es werden der Körper, die Gefühle, die Geistesinhalte und der Geist selbst untersucht um so, Schritt für Schritt, einen Zugang zum jetzigen Augenblick zu erhalten.

Aber auch täglich praktizierbare Achtsamkeitsübungen werden vorgestellt, um so einen Weg für direkte Erfahrungen zu eröffnen.

Dies ist ein Buch über das Verstehen der Achtsamkeit, zugleich aber auch ein Buch der Praxis: Es enthält Hinweise und Anleitungen, die jederzeit im Rahmen einer täglichen Achtsamkeitspraxis angewendet und praktiziert werden können.

Die Achtsamkeit ist ein »Projekt ohne Ende«, ein »Work in Progress«. Eine Aufgabe im kontinuierlichen Werden und Vergehen. Praxis, einmal begonnen, ist ohne Ende, sie begleitet den Praktizierenden das ganze Leben lang.

Bei der Entstehung des Buches hat es sich herausgestellt, dass die fünf Skandhas[1] mehr und mehr in das Zentrum der Untersuchungen gerückt sind. In der allgemeinen buddhistischen Theorie, aber auch in der Praxis, spielen sie nicht die Rolle, die ihnen eigentlich gebührt. Sie stellen einen gelungenen Versuch dar, die Entstehung des menschlichen Bewusstseins und die Entstehung des Ich-Selbst in fünf klaren Schritten zu beschreiben. In ihrer Einfachheit, aber auch in ihrer gleichzeitigen Praxisorientiertheit wird es

1 Die fünf Skandhas tauchen aus unterschiedlichen Blickwinkeln in den Kapiteln des Buches immer wieder auf. Eine Kurzdefinition findet sich im Glossar. Siehe auch: Weischede und Zwiebel, 2009, S. 79–88 und Zwiebel und Weischede, 2015, S. 59 f.

möglich, sie auch im Alltag und nicht nur auf dem Meditationskissen, anzuwenden und zu praktizieren.

Das Interessante an den fünf Skandhas ist, dass mit ihnen der jeweils *erste Kontakt,* den der Mensch über seine Sinne herstellt, in den Vordergrund gestellt wird. Die Art und Weise, wie der Mensch den ersten Kontakt handhabt, entscheidet darüber, was für eine Gefühlswelt entsteht, wie die Reaktionen ausfallen und was für ein Bewusstsein jeweils entsteht. Dieser erste Kontakt, der jetzige Augenblick, der jetzige Moment stehen im Mittelpunkt einer jeden Beschäftigung mit dem Buddhismus, sind der Dreh- und Angelpunkt des hier vorgestellten Achtsamkeitsprojekts und stehen somit auch im Zentrum dieses Buches.

Im Verlauf des Buches wird es oft Wiederholungen geben, im Rahmen eines Gesamtverständnisses der Materie ist dies so gewollt. Wiederholungen, hier auch als Erinnerungen verstanden, ermöglichen in jeweils neuen Kontexten und Zusammenhängen immer neue Blickwinkel und verdichten sich dann im Laufe des Buches zu immer klareren Erkenntnissen. Eine solche Vorgehensweise macht es daher auch möglich, die jeweiligen Kapitel als mehr oder weniger eigenständige zu lesen.

Es tauchen buddhistische Begriffe im Text auf, die im Original übernommen worden sind, da eine entsprechende Übersetzung schwierig ist. Erklärungen liefert das Glossar am Ende des Buches.

Der Buddha, »Der Erwachte«, hat als Person vor etwa 2500 Jahren in Indien gelebt und die Lehren des Buddhismus entwickelt und gelebt. Buddha steht aber auch für die Fähigkeiten eines jeden Menschen, zu erwachen, wach zu werden für den jetzigen Augenblick, denn der Mensch lebt nichts als diesen jetzigen Augenblick.

Das gesamte Buch ist durchzogen von sogenannten *Koans.*

> Koans (chinesisch: öffentlicher Aushang) sind in der Regel kurze Aussagen oder Handlungen eines Zen-Meisters, die meistens verstandesmäßig nicht begriffen werden können. Ein Koan sollte jenseits von Worten erschlossen werden und fordert eine intensive Auseinandersetzung mit dem Text, um grundlegende Sichtweisen wie die der Dualität oder die eines festen Ich-Selbst in direkter Erfahrung als »getäuschte Wahrnehmung« zu erkennen.

»Diese Texte, die ja keine wissenschaftlichen, diskursiven Traktate sind, sondern eher poetisch-assoziative Texte, nimmt der Praktizierende in seine meditative und alltägliche Praxis, indem er seine konkreten Erfahrungen der Lebensereignisse auf dem Hintergrund dieser Texte ›untersucht‹«.

(Zwiebel und Weischede, 2017, S. 45)

In der Begegnung zwischen Lehrer und Schüler, in der solche Koans »bearbeitet« werden, wird der Schüler vom Lehrer angetrieben, über das reine Verstehen hinaus zu denken, um so in einem nichtdenkenden Geist, also jenseits von Worten, in die augenblickliche Wahrheit hinein zu erwachen.

Die Koans sind auch für mich ein wichtiges Werkzeug im Rahmen meiner Praxis. Neben der Meditation auf dem Sitzkissen und der Achtsamkeitspraxis im Alltag benötigt es für die Koan-Arbeit die Beziehung zu einem Lehrer oder einer Lehrerin.

# Annäherungen – Ein erster Überblick

In diesem Buch geht es um den jetzigen Augenblick.
Es geht immer um den jetzigen Augenblick.
Das Leben findet immer nur jetzt statt.
Alles andere ist entweder vergangen oder zukünftig.

»Wer könnte ganz und gar durchschauen, dass (das Leben) nur aus gegenwärtigen Augenblicken besteht?« (Dōgen, 2001, Bd. 1, S. 63)

Die Achtsamkeit ist in den letzten Jahren zu einem zentralen Thema in den verschiedenen therapeutischen Feldern geworden. Ausgelöst hat diesen Prozess der Molekularbiologe Jon Kabat-Zinn mit der Anwendung der Achtsamkeit für die Stressreduktion. Er hat im Laufe der Zeit ein wirkungsvolles Konzept entwickelt, das als *Mindfulness Based Stress Reduction (MBSR)* bekannt geworden ist und über die Therapie hinaus in vielen Gebieten Einzug gehalten hat: in der Industrie, speziell in den Firmen, die in der Informationstechnik tätig sind, bis hin zum Militär, das Achtsamkeitstechniken nutzt, um posttraumatische Störungen von Kriegsveteranen aus den Irak- und Afghanistan-Kriegen zu behandeln, oft mit größeren Erfolgen als mit herkömmlichen Therapieformen.

Was ist unter Achtsamkeit nun zu verstehen und was sind ihre ursprünglichen Wurzeln? Gerade die Frage nach den ursprünglichen Wurzeln ist eine, die in der zeitgenössischen Entwicklung und Anwendung der Achtsamkeit mehr und mehr aus dem Fokus zu geraten scheint. Der Schwerpunkt dieses Buches liegt auf der Darstellung der traditionellen Achtsamkeitspraktiken als einen Weg, der neben der stillen Meditation die Achtsamkeit als eine gerade im Alltag zu praktizierende Übung näher betrachtet.

Achtsamkeit ist, zusammen mit der stillen Meditation, ein Weg des Erwachens. Schon hier wird deutlich, dass die Achtsamkeitspraxis immer schon eingebettet war in einen größeren Rahmen buddhistischer Meditationspraktiken und letztendlich davon nicht getrennt werden kann. Meditation und Achtsamkeit sind zwei Seiten einer Medaille: die stille Seite und die bewegte Seite, das Sitzkissen und der Alltag.

Oft wird Achtsamkeit synonym verwendet mit Aufmerksamkeit, Gewahrsein oder auch Konzentration. Allerdings ist die Achtsamkeit aus der Perspektive einer Praxis weder das eine noch das andere; sie ist vielmehr eine Haltung und ein Geisteszustand, die erlernt und kultiviert werden können.

Neben den bekannten Geisteszuständen des Alltagsbewusstseins und des Schlafes (der Traumschlaf und der nichtträumende Tiefschlaf) ist die Achtsamkeit ein Geisteszustand, der im Alltag den Schwerpunkt auf den jeweiligen Augenblick ausrichtet. Er soll der Tendenz des Geistes widerstehen, sich aus dem Augenblick zu »entfernen«, zu »flüchten«, sei es die Flucht in die Tagträume, die Erinnerungen an die Vergangenheit oder das Flüchten in die Zukunft.

> »Der menschliche Geist sträubt sich gegen den Abstieg in die Zeit, er weicht aus vor der Gegenwart und springt ruhelos voraus in die Zukunft oder zurück in die Vergangenheit. Nicht einverstanden mit dem eigenen Rhythmus des Geschehens, versucht er ungeduldig, es zu beschleunigen, das Künftige vorwegzunehmen, oder aber das Entfliehende festzuhalten und das Verlorene wiederzufinden. Der Mensch will sich befreien vom Hier und Jetzt, vom begrenzten, sterblichen Leib und seiner Zeit. Er flieht vor dem Fluss des Lebens selbst, den er nicht kontrollieren kann und der ihn dem Tod entgegenträgt.«
>
> (Thomas Fuchs, zitiert in Bozzaro, 2014, S. 95)

Achtsamkeit dagegen ist eine gelassene, nicht wertende und nicht eingreifende kontinuierliche geistige Haltung von Augenblick zu Augenblick. Dabei richtet sich die Aufmerksamkeit auf unseren Körper, unsere Gefühle, unsere Gedanken und unseren Geist selbst. Achtsamkeit ist nicht etwas, das wir einfach »haben«, sondern ein Übungsweg, der aus buddhistischer Sicht eine Praxis ist, die erlernt werden kann.

Der Buddhismus als Praxis kann als ein Weg der Transformation beschrieben werden. Grundlegend wird gesagt, dass ein solcher Transformationsprozess von vier Grunderwartungen oder Grundmöglichkeiten ausgeht, ohne die eine Achtsamkeitspraxis nicht »erfolgreich« sein kann:

- Es ist möglich, in den Jetzigen Augenblick hinein zu erwachen.
- Es ist möglich, frei zu sein von emotionalem und mentalem Leiden.
- Es ist möglich, so zu handeln, dass dieses Handeln allen zugutekommt, auch der Gesellschaft.
- Es ist möglich, die Welt so wahrzunehmen, wie sie ist, sodass sich die Menschen im Einklang mit der Wirklichkeit befinden.

Die Basis für diesen Transformationsprozess sind die stille Meditation und die Achtsamkeit.

Diese vier Grundlagen[2] sind in den letzten Jahren von Richard Baker Roshi entwickelt worden. Er ist Zen-Meister aus der Lehrlinie von Shunryu Suzuki Roshi und dessen Nachfolger. Shunryu Suzuki Roshi war maßgeblich an der Übertragung des Buddhismus und speziell des Zen-Weges von Japan in die USA und den Westen beteiligt. *Rōshi* ist die Bezeichnung für einen »alten verehrungswürdigen Meister« (Lexikon d. ö. W., 1986, S. 311).

*Zen* ist eine spezielle Strömung im Buddhismus, entstanden in China im 6. und 7. Jahrhundert. Das Sanskritwort *Dhyana* bedeutet »Sammlung des Geistes« und »meditative Versenkung« und wurde bei der Übertragung aus dem Indischen in das Chinesische zu *Chan* und dann zum japanischen *Zen*. Das Zazen, »Sitzen in Versunkenheit«, ist zentral in dieser Schule. Zen lässt sich mit folgenden Aussagen zusammenfassen: Die Lehre wird außerhalb der Schriften übertragen. Es ist eine Übertragung von Herz zu Herz und Geist zu Geist. Es ist eine transformative Praxis, die zum Erwachen führen kann.

Seit 1983 bin ich Schüler von Richard Baker Roshi und einer seiner Nachfolger. Sein Denken und Handeln hat die Entstehung dieses Buches maßgeblich beeinflusst und schimmert immer wieder durch.

2 Siehe zu den vier Grundlagen auch Baden, 2021, S. 43.

Dies vorausgeschickt wird es nicht überraschend sein, dass das Thema der Achtsamkeit oft aus der Sicht des Zen betrachtet wird, aber eben nicht nur. Andere Traditionen, wie die des Theravāda-Buddhismus (siehe hierzu im Glossar) haben die entscheidenden Grundlagen für die in diesem Buch vorgestellten Achtsamkeitspraktiken entwickelt. Während in den theravādischen Traditionen die Achtsamkeit als ein Entwicklungsprozess hin zum Erwachen betrachtet wird, steht im Zen der jetzige Augenblick im Vordergrund: »Erwachen in den jetzigen Augenblick« ist sofort und immer möglich, auch ohne lange Vorbereitungen. Dennoch wird die Nähe der beiden Traditionen deutlich: Bei beiden steht die Frage nach dem jetzigen Augenblick und seiner Verwirklichung – nämlich im jetzigen Augenblick– im Mittelpunkt.

Die Achtsamkeit ist ein traditioneller Praxisweg, ein Übungsweg, der ursprünglich in buddhistischen Klöstern entwickelt worden ist und auch heutzutage immer noch weiterentwickelt wird. Sich einem solchen Weg ganz zu widmen, also außerhalb gesellschaftlicher und familiärer Verpflichtungen, ist nur wenigen Menschen möglich. Den allermeisten der Interessierten wird nur eine Laienpraxis vergönnt sein. Das bedeutet, dass nur eingeschränkte Zeiten für eine tägliche Meditation möglich sind und eine sich entwickelnde Achtsamkeitspraxis auch nur in kleinen Schritten vorangeht. Aber sowohl in einem klösterlichen als auch in einem alltäglichen Rahmen gilt die Aussage »Übung macht den Meister«.

Dieses Buch soll sowohl den interessierten Laien als auch die regelmäßig Praktizierende ansprechen. Ein »Buch mit sieben Siegeln« bleibt es vielleicht dort, wo schon grundlegende Praxiserfahrungen vorausgesetzt sind. Möglicherweise kann das Buch gerade dann den Lesenden Mut machen, sich auf ihren Weg der Praxis zu begeben und all das hier Beschriebene auf seinen »Wahrheitsgehalt« hin zu überprüfen.

# Achtsamkeit – Grundlegende Prinzipien

ACHTSAMKEIT
Die Vier Erweckungen der Achtsamkeit
Satipatthāna

Haltung von Wachheit
Reines Beobachten

Aufmerksamkeitslenkung
auf den „jetzigen Augenblick"
Bewusstsein hinsichtlich dessen was
gerade „jetzt" getan wird

Nicht-Werten
Nicht-Ändern
Nicht-Eingreifen

Details des Lebens „Hier und Jetzt"

Pausen/Verlangsamung

| | |
|---|---|
| Körper: | Atem<br>Die vier Edlen Haltungen<br>Körperteile<br>Festes, Flüssiges, Hitze, Luft<br>Zerfall |
| Gefühle: | Angenehm - Unangenehm<br>Weder - Noch |
| Geistes-<br>Inhalt: | Gedanken, Bilder,<br>Assoziationen |
| Geist: | Das Feld des Geistes |

**Abbildung 1:** Die vier Erweckungen der Achtsamkeit: *Satipatthāna*

Diese Abbildung gibt einen generellen Überblick über die Achtsamkeit. Auf der rechten Seite stellt sie die vier Ebenen dar, auf die sich die Praxis der Achtsamkeit bezieht: den Körper, die Gefühle, die Geistesinhalte und den Geist. Auf diese vier Ebenen bezieht sich die in der Überschrift verwendete *Erweckung.* Durch die Beschäftigung mit der Achtsamkeit wird der Mensch *wach* dafür, dass er einen Körper hat, aber dieser Körper eben auch *ist.* Er wird wach dafür, dass er seine Gefühle wahrnehmen und studieren kann, er diese aber gleichzeitig beobachten kann und ihnen somit weniger ausgeliefert ist. Der Mensch realisiert, dass der Geist und seine Inhalte nicht identisch sind und er somit die vermeintliche Identifizierung mit seinen Geistesinhalten, wie zum Beispiel mit seinen Gedanken, aufheben kann. Die linke Seite gibt einen Überblick über die grundlegenden Haltungen, die im Rahmen der Achtsamkeitspraxis erlernt und dann angewendet werden können. Das Nicht-Werten und Nicht-Bewerten, das Nicht-Eingreifen und Nicht-Verändern dessen, was wahrgenommen wird, ermöglichen mehr und mehr ein *reines Beobachten*, in dem kleine Details im jetzigen Moment studiert werden können.

Achtsamkeit, *Satipatthāna* (Pali), beinhaltet zwei Aspekte: Es bedeutet zum einen die Fähigkeit, etwas im Geist zu halten, und zum anderen das, was dem Menschen wichtig ist, in seiner Nähe zu halten. Während die Praxis der Meditation zeitlich begrenzt ist, ist Achtsamkeit die Praxis für den Rest des Tages. Da es der größere Rest ist, braucht es eine Methode, die einfach ist und im Idealfall 24 Stunden angewendet werden kann. Meditation findet auf dem Meditationskissen statt, in einem geschützten Raum, zusammen mit anderen Meditierenden oder auch allein. Aber was passiert, wenn dieser Raum verlassen wird, wenn in den Alltag zurückgekehrt wird? Hier beginnt die Praxis der Achtsamkeit.

Achtsamkeit ist eine besondere Form der Aufmerksamkeitslenkung. Dabei wird den aktuellen Erlebnisinhalten die ganze Aufmerksamkeit *geschenkt.* Augenblick meint den aktuellen Moment, es meint in Kontakt zu sein mit der gegenwärtigen Situation und eben nicht mit der Vergangenheit, also in Erinnerungen, und in Zukunftsplanungen oder Zukunftsgrübeleien gefangen zu sein. Die übliche Erfahrung ist, dass in einer alltäglichen Handlung das Bewusstsein oft mit völlig anderen Inhalten beschäftigt ist, statt mit dem gegenwärtigen Augenblick. Jon Kabat-Zinn nennt dies den »Autopilotmodus«. »Solches Nicht-Bewusstsein-Sein [des gegenwärtigen Augenblicks; G. W.] kann unserem Geist zur Gewohnheit werden, was unser ganzes Leben und alles, was wir tun, beeinträchtigt, angefangen damit, dass wir auf Situationen automatisch, wie ein Autopilot, reagieren, anstatt bewusst zu agieren« (Kabat-Zinn, 2003, S. 37). Während wir arbeiten, so Kabat-Zinn, denken wir über Dinge aus der Vergangenheit oder über Dinge in der Zukunft nach. Wir sind unreflektiert und verfangen in automatisierten Verhaltens- und Erlebnismustern. Dieser Autopilotmodus wird durch die Achtsamkeitspraxis durchbrochen, deren Ziel es ist, das Bewusstsein wieder in den gegenwärtigen Augenblick zu holen.

Ein weiterer Aspekt dieser *Haltung* ist der des Nicht-Wertens. In der Regel werden alle Informationen sofort bewertet: Sind sie angenehm oder unangenehm? Gefällt mir das, was ich höre und sehe, oder nicht? Mag ich diese Person oder nicht? Achtsam zu sein bedeutet, die auftretenden Bewusstseinsinhalte nicht zu kategorisieren, sie einfach nur wahrzunehmen. Eine achtsame Haltung ist dadurch gekennzeichnet, dass wir möglichst offen gegenüber allen Erfahrungen des gegenwärtigen Augenblicks sind. Wir sind offen gegenüber unseren Gedanken, unseren Gefühlen, unseren Körperempfindungen, seien sie nun angenehm oder unangenehm. Wir schieben nichts weg, fügen nichts hinzu. Wir lassen die Dinge (erst einmal) so, wie sie sind. Praktisch gesprochen bedeutet dies, dass wir achtsam hinsichtlich des ersten, ursprünglichen Kontakts sind. Es bedeutet, und dies ist wichtig zu betonen, dass der erste, ursprüngliche Kontakt nicht auf dem Denken basiert. Wir bleiben beim ersten Kontakt im vorsprachlichen Bereich, im noch-nicht-sprachlichen Bereich. Dies ist eine Fähigkeit, die durch Training oder Schulung erlernbar ist. Der normalerweise ablaufende Prozess vom ersten Kontakt mit einem Objekt bis zum Bewusstsein von diesem Objekt wird im Buddhismus als der Prozess der fünf Skandhas bezeichnet.

ÜBUNG

Suchen Sie einen stillen Ort auf.
Nehmen Sie Ihre Körperhaltung wahr:
Wie fühlt sich Ihr Sitzen (oder Liegen) an, während Sie gerade lesen, jetzt im Augenblick?
Spüren Sie Ihre Sitzhöcker, spüren Sie die Aufrichtung Ihrer Wirbelsäule?
Wie fühlt sich die Haltung Ihres Kopfes an?
Geben Sie Ihrem Atem genügend Raum?
Wenn Sie von Ihrem Stuhl aufstehen: Sie beugen den Rumpf nach vorne,
spannen Ihre Beinmuskeln an und stellen sich hin.
So kommen Sie zum Stehen, als einem Prozess der Aufrichtung.
Wenn Sie diese stehende Aufrichtung ganz erreicht haben,
ist der Akt des Aufstehens beendet und abgeschlossen.
Halten Sie achtsam für einen Augenblick inne, bevor Sie den ersten Schritt tun.
Sie gehen zu Ihrem anvisierten Ziel.
Dort angekommen, halten Sie wieder einen Augenblick inne und schließen diesen Vorgang ab. Angekommen.

Wenn wir im Zuge der Achtsamkeitspraxis genau hinschauen, werden wir feststellen, dass wir beginnen, unsere Handlungen in kleine Episoden aufzuteilen; denn genau studieren können wir nur kleine Einheiten. Achtsamkeit macht die Details des Lebens sichtbar. Dabei stellen wir fest, dass jedes Detail selbst einen Prozess durchläuft, der als die *vier Zeichen* bekannt ist: Etwas erscheint in unserem Bewusstsein, es wird sozusagen geboren, es entfaltet sich zu seiner ganzen Größe, dann beginnt ein »Sterbensprozess«, in dem das Objekt sich langsam auflöst und zum Schluss vollständig verschwindet. Damit ist diese Episode in sich abgeschlossen und kann somit Platz machen für ein neues Objekt der Achtsamkeit. Dieser vierteilige Prozess trifft auf alles zu, sowohl Geistiges als auch Materielles. Alles ist diesem Ablauf des Entstehens und Vergehens unterworfen, das eine in sehr kurzen Zeitabläufen, anderes in sehr langen. So reiht sich eine jeweils in sich abgeschlossene Episode an die andere. Verbunden sind diese kleinen Einheiten nur dadurch miteinander, dass sie zeitlich aufeinanderfolgen und dass eine Einheit die Voraussetzung oder Grundlage der nächsten sein kann. Eine Lebensgeschichte ist dies nicht. Den roten Faden einer Lebensgeschichte stellen wir erst später her, indem wir dem Ganzen im Nachhinein einen Sinn und einen Zusammenhang geben. Aus der Sicht der Achtsamkeit bewegen wir uns von einer in sich abgeschlossenen Episode zur nächsten, vom Hier zum Hier. Wir folgen »einfach« der jeweiligen Veränderung (siehe hierzu Weischede und Zwiebel, 2009, S. 63–75).

Achtsamkeit ist ein Prozess, der Schritt für Schritt erlernt werden muss, zu einem Geisteszustand des Gleichmutes führen kann und eine der Voraussetzungen ist für die Meditation als dem stillen Sitzen in Versunkenheit. Die Richtung dieser Meditation ist das Erwachen. Es ist das Erwachen in den jeweiligen jetzigen Augenblick. Achtsamkeit ist somit ein Werkzeug oder eine Praxis, die zu einer grundlegenden Transformation menschlicher Wahrnehmung und somit zu einem erwachten Leben führt. All dies wird in den folgenden Kapiteln nun näher beleuchtet.

# Achtsamkeit – Stand der Dinge

Achtsamkeit ist die Bezeichnung für eine Reihe von Übungen, die sich mit dem menschlichen Körper, den Gefühlen, den geistigen Aktivitäten und dem Geist selbst beschäftigen.

Was ist ein wacher Geist? Was ist ein Geist, der vollkommen klar ist? Was ist ein Geist, der gegenwärtig ist? Einen wachen und klaren Geist zu erleben, ist eine Erfahrung, die jeder Mensch kennt, allerdings in der Regel nur für kurze Momente und dann auch eher zufällig. Hier geht es jedoch darum, diesen Geisteszustand zu kultivieren, jederzeit zur Verfügung zu haben und möglicherweise für einen längeren Zeitraum aufrechterhalten zu können. Den jetzigen Augenblick hier jetzt zu erleben und nicht in Gedanken in der Vergangenheit oder Zukunft zu sein, das ist das Ziel.

»Der gegenwärtige Augenblick das Jetzt, ist der einzige Augenblick, in dem wir wirklich leben [...] Das Jetzt ist die einzige Möglichkeit, die wir haben, um wirklich zu sehen, wirklich zu handeln, wirklich heil und gesund zu werden [...] Das Ziel ist nicht, irgendwo anders hinzugelangen, sondern da, wo man ist, wirklich zu sein, ganz zu sein« (Kabat-Zinn, 2003, S. 43 f.).

Die Grundlage, um sich überhaupt mit dem jetzigen Augenblick zu beschäftigen, ist die Absicht, dies zu tun, die Absicht, sich genau auf diesen Augenblick konzentrieren zu *wollen*. Auf dieser Grundlage wird das wahrgenommen, was immer gerade jetzt passiert. Idealerweise wird das jeweils Vorgefundene nicht bewertet und nicht verändert. Dies ist nichts anderes, als nicht einzugreifen, sich nicht einzumischen. Dies setzt ein Vertrauen voraus, sich diesem Augenblick überhaupt so stellen zu wollen. Denn nicht alles, was dann wahrgenommen wird, ist angenehm und ruft nach »mehr davon«. Vieles ist eben auch unangenehm und hier besteht dann die Tendenz, es nicht wahrnehmen zu wollen und sich von ihm abzuwenden. Achtsamkeit ist der *Entschluss*, all dies, was von Augenblick zu Augenblick passiert, vollkommen klar wahrzunehmen, es ist der Entschluss, mit der »Realität« in wirklichen Kontakt zu kommen, ohne vor ihr zu fliehen.

Ganz im jetzigen Augenblick zu sein bedeutet, die Vergangenheit loszulassen. Ebenso ist es die Bereitschaft, die Zukunft auf sich zukommen zu lassen. Zwar ist der Moment zwischen beiden eingebettet, auch von ihnen beeinflusst, aber er ist eben auch für diesen Augenblick von ihnen ganz unabhängig und neu.

Schon hier wird klar, dass es sich nicht um ein einfaches Thema handelt: Nicht nur wird deutlich, wie schwierig es ist, konzentriert beim jetzigen Moment bleiben zu können, denn schon die »einfache« Aufforderung, für länger als zwei Atemzüge beim Atem zu bleiben, ohne in Gedanken abzuschweifen, ist für viele Menschen kaum zu bewältigen.

Darüber hinaus tauchen bei längerer Beschäftigung mit diesem Thema unweigerlich sehr grundlegende Fragen auf: Wem geschieht all dies jetzt in diesem Augenblick? Was ist Wirklichkeit? Was ist Wahrheit? Solche und weitere Fragen werden in diesem Buch, zumindest ansatzweise, beantwortet.

In den letzten Jahren hat sich so etwas wie ein Achtsamkeitsboom entwickelt: Es gibt Achtsamkeits-Apps, Achtsamkeitszeitschriften, Achtsamkeitskurse, Achtsamkeitstherapie-Angebote. Aber auch in die Betriebe und in die Industrie hat die Achtsamkeit Einzug gehalten. Es geht um freundlicheres, aber letztendlich um effektives Arbeiten; »McMindfulness«, »Achtsame Führung«, »Mindful Leadership« sind einige der bezeichnenden Schlagwörter. Der Achtsamkeit wird in einigen Bereichen sogar eine Art Rettungsfunktion zugebilligt: »Ist also im Treibsand von Globalisierung und Digitalisierung, Börsengang und Umstrukturierung, Weltpolitik und Terror, künstlicher Intelligenz und Klimawandel Achtsamkeit die Rettung?« (Jadine, NZZ, 29.7.2017).

Ähnliches kann auch über den Einzug der Achtsamkeit in die Hochschulen gesagt werden. Achtsamkeit soll die Studierenden dazu befähigen, anders und besser mit dem alltäglichen Stress umzugehen. Die Stressursachen und der stark verschulte Universitätsbetrieb werden dabei vornehm ausgeklammert. Beispiele dafür sind Initiativen wie »Achtsame Hochschullehrende«[3], die zwar grundsätzlich ein starkes Veränderungspotenzial beinhalten und auch ein mögliches gesellschaftskritisches Potenzial, tendenziell aber nur dabei helfen, die für viele Studierende schwierige Studiumsituation einfach nur besser zu ertragen.

Es gibt einige Gründe für das große Interesse und die starke Verbreitung der Achtsamkeit besonders im Westen. Ein Interesse am Buddhismus ist in Europa schon älter. Für wirkliche Aufmerksamkeit jedoch hat der Molekularbiologe Jon Kabat-Zinn mit seiner MBSR-Methode gesorgt. Kabat-Zinn hatte sich intensiv mit verschiedenen Meditationsformen beschäftigt, im Besonderen aber mit dem Zen. 1979 gründete er die Stress Reduction Clinic, wo er die MBSR-Methode, also Stressbewältigung durch Achtsamkeit, entwickelte. Schwerpunkt dort war und ist die Behandlung von Patienten und Patientinnen mit Schmerzen und Depressionen. Kabat-Zinn löste diese Methode heraus aus ihrem ursprünglichen religiösen Kontext, verband sie mit Stressreduktion – ein Thema, das immer ein guter »Aufhänger« ist – und medizinischen und wissenschaftlichen Fragestellungen.

Die MBSR-Kurse bieten einen Weg, »Menschen in ihrer Stressbewältigung weiterzubilden und ihnen verschiedene Möglichkeiten an die Hand zu geben, darunter die Entwicklung von Techniken, die die Fähigkeit stärken, effektiver mit Stress umzugehen« (Mulligan, 2019, S. 199). Es entstand so eine therapeutisch sehr wirksame Methode, die auch von wissenschaftlicher Seite her großes Interesse hervorrief. Kabat-Zinn entwickelte einen sechswöchigen Kurs, der folgende intensive Praktiken beinhaltet:

1. Grundlage ist eine regelmäßige Sitzmeditation. Das Aufsuchen des Sitzkissens sollte, so Kabat-Zinn, von einer »persönlichen Vision« begleitet sein, wie dem Wunsch nach innerem Frieden, das Aufgeben selbstgesteckter Beschränkungen und »Vorstellungen von Tatkraft, Gesundheit, tiefer Entspannung, Güte, Frieden, Harmonie und Weisheit« (Kabat-Zinn, 2003, S. 58). »Alles, was es über

3 Die Ausbildung zum Achtsamen Hochschullehrenden ist eine Kooperation des Thüringer Modellprojekts Achtsame Hochschulen, der Hochschule Osnabrück und der Frankfurt University of Applied Sciences.

eine Meditationspraxis zu sagen gibt, über die Zusammenhänge zwischen Geist, Körper, Gesundheit, Krankheit und Stress, all diese Aspekte sind zweitrangig, denn nicht das Reden über Meditation bringt Resultate, sondern einzig und allein das regelmäßige Meditieren« (S. 128).

2. Einen sogenannten Body-Scan von aufmerksamer Körperwahrnehmung: Dabei wird der Körper in der Vorstellung »abgetastet« und alle Empfindungen in der jeweiligen Körperregion werden wahrgenommen; gleichzeitig werden diese Körperteile »beatmet«. Zweck des Body-Scan ist es, »den bestimmten Körperteil, auf den man seine Aufmerksamkeit richtet, auch tatsächlich zu spüren und darin zu verweilen, während man mehrmals in ihn hinein- und aus ihm herausatmet« (S. 84). Der Body-Scan dient dazu, ein anderes Körperverständnis zu erlangen, größere Konzentrationsfähigkeit bezüglich der Verweildauer an einer Körperstelle zu erarbeiten, die Fähigkeit, den Atem zu verschiedenen Körperteilen zu lenken und den gesamten Körper damit »durchlässiger« werden zu lassen, einen Prozess der Reinigung zu initiieren und Heilungsprozesse zu unterstützen.
3. Für Kabat-Zinn ist eine der wirkungsvollsten Methoden im Rahmen der körperlichen Bewusstwerdung das Hatha-Yoga[4]: Diese Form des Yoga wird langsam ausgeführt, bewusst atmend, stärkt es den Körper, kräftigt die Organe und lenkt die Aufmerksamkeit auf die entstehenden Körperempfindungen und lässt die Praktizierenden sich selbst als »Vollkommenes Ganzes [...] erfahren. Yoga, gepaart mit Achtsamkeit, ist Meditation« (S. 99).
4. Bei allen oben beschriebenen Praktiken steht der Atem immer wieder im Mittelpunkt der Aufmerksamkeit.

Auf dieser Grundlage scheint eine bessere Stressbewältigung möglich, indem die gewohnte und bekannte Stressreaktion in eine *angemessene Stressaktion* überführt wird.

4 Yoga ist eine indische Lehre aus verschiedenen geistigen und körperlichen Übungen. Es ist ein Weg der Selbsterkenntnis und Selbsterfahrung. Hatha-Yoga ist eine eher körperbetonte Praxis.

Kombiniert wird dieser sechswöchige Kurs mit Gruppengesprächen und Gesprächstherapie. Auf diesem Gebiet erweist sich MBSR weiterhin als sehr effektiv und erfolgreich.

Das große Engagement des buddhistischen Mönches Tenzin Gyatso, auch der Dalai Lama genannt, in den Naturwissenschaften ist ein weiterer Grund für das große Interesse und die starke Verbreitung der Achtsamkeit im Westen. Der Dalai Lama, religiöses Oberhaupt der Gelug-Schule des tibetischen Buddhismus, gründete zusammen mit einigen Wissenschaftlern 1987 das »Mind and Life Institute«. Hier treffen sich regelmäßig Naturwissenschaftler aus verschiedenen Disziplinen wie der Physik, Evolutionsbiologie, Wirtschaftswissenschaften, Neurowissenschaften und anderen immer wieder zu Gesprächen, die sich mit dem Thema der Meditationserfahrung aus wissenschaftlicher Sicht beschäftigen. Seither gibt es immer mehr – eine fast schon unüberschaubare Menge – empirischer Untersuchungen und Publikationen, die sich mit der Erforschung der Meditation und die durch sie hervorgerufenen Veränderungen befasst. Der Neurobiologe Francisco Varela (1946–2001) war einer der maßgeblichen Initiatoren. Varela hatte sich Zeit seines Lebens intensiv mit der Kognitionswissenschaft beschäftigt und zusammen mit Humberto Maturana (1928–2021) den Begriff der *Autopoiese,* gemeint ist der Prozess der Selbsterschaffung und -erhaltung eines Systems, geprägt. Die zwei bekanntesten Bücher von ihm sind »Der Mittlere Weg der Erkenntnis« (1992, mit Thompson und Rosch) und »Der Baum der Erkenntnis« (1987, mit Maturana).

Besonders bekannt geworden sind Laboruntersuchungen von Mönchen mit sehr viel Meditationserfahrungen. Es wurden bahnbrechende neurobiologische Entdeckungen gemacht, an denen der Hirnforscher Richard Davidson einen großen Anteil hatte. Schwerpunkt der Arbeiten von Davidson sind die Zusammenhänge von Meditation und Gehirnveränderungen. Er fand zum Beispiel heraus, dass Gammawellen, die im Gehirn für ein einheitliches Bewusstsein sorgen, bei den Meditierenden bis zu 30-mal stärker waren als bei einer entsprechenden Kontrollgruppe (siehe hierzu Goleman und Davidson, 2018).

Parallel zu diesen Entwicklungen etablierten sich in den letzten Jahren die Neurowissenschaften als einer der wichtigsten Wissenschaftszweige. Obwohl in die Erforschung des Gehirns und des Bewusstseins große Anstrengungen investiert worden sind, gibt es nur wenig wirkliches Wissen darüber, wie es aufgebaut ist und wie es funktioniert. Hier verspricht die Meditation einen neuen Zugang zum Bewusstsein und ist ein angesagtes Untersuchungsfeld.

Auch die Achtsamkeit ist in den Fokus der Neurowissenschaften geraten und es gibt viele entsprechende Untersuchungen. Neben Jon Kabat-Zinn, Richard Davidson und Daniel Goleman (amerikanischer Psychologe, bekannt geworden durch seine Untersuchungen über die emotionale Intelligenz, siehe Goleman, 1996) hat sich auch Britta Hölzel aus wissenschaftlicher Sicht mit der menschlichen Aufmerksamkeitsregulation und im Speziellen mit der Achtsamkeit beschäftigt (Hölzel, 2015; siehe auch Raichle, 2010).

Als Default Mode Network (DMN: Ruhezustandsnetzwerk) wird eine Gruppe von Gehirnregionen bezeichnet, die beim Nichts-Tun aktiviert werden. Diese Regionen sind miteinander verknüpft und werden als komplexes Netzwerk betrachtet. Zu der am stärksten beteiligten Hirnregion gehört der mediale präfrontale Cortex (Teil des Frontallappens der Großhirnrinde). Das Ruhezustandsnetzwerk DMN wird dann aktiviert, wenn sich der Mensch in einem wachen Ruhezustand befindet, wenn es also keine spezifischen Aufgaben zu bewältigen gibt. Es ist eine Art Netzwerk-Hintergrundaktivität, die zum Beispiel auch das Tagträumen ermöglicht und ein Denken erlaubt, das reizunabhängig ist. Sobald es Aufgaben zu tun gibt, wird es deaktiviert.

Dieses Netzwerk kann als eine Art Grundzustand oder Grundausstattung betrachtet werden und wird öfter aktiviert, als sich der Mensch dessen bewusst ist. Es ist ein Abgleiten in Tagträume, in Mindwandering, der Geist wandert umher. Der Mensch verbringt einen großen Teil des Wachseins in diesem umherwandernden Geisteszustand. Es kann als eine Art »Werkseinstellung des Geistes« bezeichnet werden, in dem sich das Gehirn in einer Art lockerem Schwingungszustand ausruht. Marcus Raichle beschreibt dieses Ruhestandardnetzwerk sogar als einen Chefdirigenten, der »seine Aufgabe im Hintergrund erfüllt und all die Grundaktivitäten des Gehirns miteinander vereinbart« (Raichle, 2010, S. 66).

Es scheint so, als ob ein großer Teil des Tagesbewusstseins in diesem »Traumzustand« verbracht wird. Dieser assoziative, imaginative, träumerische Zustand wird dann kombiniert und in Bezug gesetzt mit der jeweiligen Situation und den Informationen, die der Mensch über die Sinne erhält. Dieser Geisteszustand ist also keiner, bei dem sich der Mensch abschottet, sondern es werden die jeweiligen Umstände und Umgebungssituationen immer wieder mit einbezogen.[5]

Das menschliche Leben spielt sich zum großen Teil ab als ein Leben im Denken, Imaginieren, Assoziieren, ein Leben im Fiktiven, ein Leben im Tagtraum. Achtsamkeit und Meditation unterbrechen diese Mechanismen. Die Erzählungen des Ichs, das narrative Ich als Selbsterzählung, werden überführt in die direkten Erfahrungen des jetzigen Augenblicks. Es ist ein Zurückkommen in die Gegenwart, bei der dann Achtsamkeit an die Stelle dieses Netzwerks tritt. Mit Hilfe der Achtsamkeit, aber auch der Meditation, geschieht also das Entscheidende: *Das Umherwandern des Geistes wird unterbrochen.*

Grundsätzlich erhöht die Achtsamkeit die Wahrnehmung für das, was jetzt ist, und führt weg von dem, was der Mensch sich einbildet, assoziiert, sich als Geschichten erzählt, über sich selbst erzählt und was er denkt. Oft identifiziert er sich mit dem, was er denkt, und glaubt zu sein, was er denkt. All dies wird unterbrochen. Er geschieht eine Präsenzorientierung, in der der jetzige Moment in den Fokus der Aufmerksamkeit gerückt wird, als direkt erlebter Augenblick.

Dabei spielt der Körper eine große Rolle: Die Aufmerksamkeit wird immer wieder auf den Körper gelenkt, um sie so in ihm zu verankern. Traditionell wird die so verankerte Aufmerksamkeit über den Atem hergestellt, man könnte diesen Vorgang als Verkörperung oder Embodiment beschreiben.

---

5 Diese Aktivitäten, so wird vermutet, sind in der Regel auf ein jeweiliges *Ich* bezogen, sie scheinen den Ich-Bezug zu stärken, das Ich wird »größer«. Zwar gibt es eine passive Aufnahme von Außeninformationen, aber keine Aktivität, die das Ich in Beziehung setzt und seine Funktionen hinterfragt, sodass in diesen Prozessen eine Ich-Stärkung stattfindet. Aus buddhistischer Sicht wird so die Illusion eines festen, scheinbar immer gleichen Ichs unterstützt.

Über die hier beschriebene Aufmerksamkeitsregulation, immer wieder in den jetzigen Augenblick eintreten zu können, führt eine Achtsamkeitspraxis aus wissenschaftlicher Sicht noch zu weiteren Aufmerksamkeitsfähigkeiten:

- *Erhöhte Daueraufmerksamkeit (Vigilanz):* Eine Aufmerksamkeit, die über einen längeren Zeitraum, auch bei eintöniger Reizfrequenz, aufrechterhalten werden kann. Diese Wachheit ist besonders beim bewegungslosen und langen Sitzen auf dem Kissen eine wichtige Fähigkeit.
- *Selektive Aufmerksamkeit:* Aus einer Vielzahl von Objekten wird ein Objekt herausgesucht und es ist möglich über einen längeren Zeitraum mit der Aufmerksamkeit bei ihm zu verweilen.
- Steigerung der *exekutiven Aufmerksamkeit:* Dies ist die Fähigkeit, das eigene Handeln wahrzunehmen und zu überwachen. Dazu zählt die Fähigkeit, Konflikte mit abwechselnden Reizen zu lösen. Für die Meditation und die Achtsamkeitspraxis bedeutet dies, die Position eines Beobachters einzurichten, eine innere Rolle, die es ermöglicht, sozusagen von außen zu beobachten, was gerade geschieht. Dabei wird es zunehmend möglich, sich mit dem was gerade passiert, nicht (mehr) zu identifizieren (siehe hierzu Hölzel, 2015).

Durch diese Praktiken wird es langfristig dem Meditierenden und dem Achtsamkeitspraktizierenden möglich, seine Emotionen besser zu regulieren. Dabei werden die Aktivitäten des präfrontalen Cortex erhöht und die Aktivität der Amygdala und die des limbischen Systems, zuständig für Aggressionen und Angst, vermindert. Wissen und Rationalität werden zugunsten der Emotionalität verstärkt.

Im Laufe der Zeit entsteht durch die Praxis der Achtsamkeit so eine Veränderung des Selbsterlebens im Sinne einer realistischeren Einschätzung des Ich und gleichzeitig führt die Achtsamkeit zu einer höheren Selbstakzeptanz.

Wie schon angedeutet, hat die Achtsamkeit schon in viele Bereiche der Gesellschaft Einzug gehalten. Gert Scobel, ein Autor und Fernsehjournalist, beklagt, dass die von ihren ursprünglichen Wurzeln getrennte Achtsamkeit heutzutage zu einer Technik reduziert wird, die in der Regel der Selbstkontrolle und der Selbstoptimierung diene und somit zu einer »perfekten Ware« wird (Scobel, 2018, S. 77, S. 75)[6]

Ein Bereich, in dem diese Tendenz sehr stark zu beobachten ist, ist in der Industrie. »›Mindfulness‹, ›Achtsamkeit‹ gilt im Silicon Valley als der neue Brennstoff für gesteigerte Produktivität und Kreativität. Wer regelmäßig meditiert, ist glücklicher, produktiver und weniger krank. Die Investition muss sich rechnen. Der Produktivitätszuwachs, den das Achtsamkeitsprogramm mit sich bringt, ist [...] nachweisbar« (Hellenkemper, 2016, S. 5 f.).

Chade-Meng Tan, ein Ingenieur, der einige Jahre bei Google gearbeitet hat, hat im Lauf dieser Zeit ein siebenwöchiges Trainingsprogramm »Search Inside Yourself« entwickelt, das auch als Buch erschienen ist und das auf der Basis »Achtsamkeits-basierter emotionaler Intelligenz« die grundlegenden Strukturen der buddhistischen Achtsamkeitspraxis aufgreift (Tan, 2012). Sehr viele Mitarbeitende großer Softwarenfirmen haben mittlerweile dieses Training durchlaufen. Aus seiner Sicht sollte ein solches Programm wissenschaftlich fundiert sein, also messbar, es muss sprachlich präzise formuliert sein und es sollte im Beruf anwendbar sein (Hellenkemper, 2016, S. 10).

»2011 trug ein Team von Wissenschaftlern Daten aus über 20 Studien zusammen: mindestens acht verschiedene Hirnregionen sind von den Veränderungsprozessen betroffen. So war nachweisbar, dass wir mit Meditation unsere Hirnsubstanz vergrößern können – unter anderem den Hippocampus. Kann man auch Mitgefühl durch Üben antrainieren? Ja. Dankbarkeit, Liebesfähigkeit und soziales Miteinander lassen sich schulen« (S. 17).

Darüber hinaus berichtet Nina Hellenkemper von wissenschaftlichen Untersuchungen in Bezug auf die Veränderung von Genen durch die Meditation: »Mithilfe von Genexpressionsanalysen, also der Analyse, wie die genetische Information für die Zelle nutzbar gemacht wird, ist es den Molekularbiologen heute möglich, die Aktivität und Expression tausender Gene gleichzeitig zu messen. Der durch Meditation erreichte Ruhezustand schaltet tatsächlich Gene an, die das Immunsystem stärken, eine Reihe chronischer

6 Siehe hierzu auch: Gert Scobel: Achtsamkeit: ww.bing.com/videos, »Achtsamkeit Teil 1 – Was ist das eigentlich?« (06.07.2022).

Krankheiten wie Arthritis, Bluthochdruck und Diabetes bekämpfen und Entzündungen hemmen. Die Meditation scheint die am besten erforschte Interventionsmöglichkeit zu sein, die Genexpression positiv in unserem Immunsystem zu beeinflussen« (S. 18).

Die Achtsamkeit hat auch in die deutsche Industrie Einzug gehalten. Im Rahmen der Effizienz und Leistungssteigerung wird dabei zunehmend die seelische Gesundheit der Mitarbeiterinnen und Mitarbeiter in den Betrieben als wichtige Aufgabe angesehen. Dazu bedarf es auch »Achtsamer Führung«, wie es in einem »Mindful Leadership – Train the trainer«-Lehrgang der Universität Witten/Herdecke heißt.

Ein Kernproblem ist dabei der Umgang mit Stress und seiner Bewältigung. Stress entsteht durch die grundlegende Veränderung der heutigen Arbeitswelt, in der Selbstorganisation, Teamarbeit, Kooperation und Mut gefordert sind; man könnte diese Anforderung auch mit Agilität beschreiben. Grundlage für diese Form von Agilität ist Kommunikationsfähigkeit und nicht »geistige Abwesenheit«, die jede wirkliche Kommunikation verhindert. »Hier kann die Achtsamkeit einiges Ausrichten, daran besteht kein Zweifel: Steigerung der Konzentrationsfähigkeit, innere Klarheit, Emotionskontrolle, Stressreduktion« (Jadine, NZZ, 29.7.2017).

So wird Achtsamkeit auf betrieblicher Ebene zum Instrument, um die Gesundheit zu fördern, und gleichzeitig eine Begleitung im Wandel der Industrie. Der klassische Werkzeugkasten für die Teamfähigkeit und zum Konfliktmanagement ist nicht mehr ausreichend. Hier soll die Achtsamkeit eine wichtige Rolle spielen.

In diesen Veränderungsprozessen der Betriebe sind mehr und mehr Qualitäten gefragt, die mit Innovation, Experimentierfreude, Mut, Kommunikationsfähigkeit, Empathie und Teamgeist zu tun haben. Tatsächlich sind bei der Einführung der Achtsamkeit und der Meditation (im weitesten Sinne) Verbesserungen zu beobachten, die so zusammengefasst werden könnten: Das Innehalten und Reflektieren der Mitarbeiter ist deutlich verbessert, sie kommen geistig öfter zur Ruhe, sie tanken Kraft, sind konzentrierter und effizienter und beginnen, die Hoheit über die Zeit zurückzugewinnen. Achtsamkeit ist so zu einer Form der Selbstermächtigung herangereift. Im Angelsächsischen wird dieser Prozess oft auch als »inner engineering«

bezeichnet, inneres Entwickeln, innere Ingenieurtätigkeit. Dabei geht es um weniger Stress, mehr Freude, mehr Kreativität, Verbesserung der Atmosphäre und der Zusammenarbeit und erhöhte Produktivität. Mit einem Wort: »Vom Ego zum Team« (Jadine, NZZ, 18.8.2017).

Etwas überspitzt könnte man sagen: Achtsamkeit im oben vorgestellten Kontext ist gut für das Geschäft, dient der Selbstoptimierung, beflügelt die Karriere und das Geldverdienen, macht produktiver, stärkt das Immunsystem und führt so zu weniger Kranksein, reduziert Stress, fördert die Kreativität und ist zudem noch wissenschaftlich untermauert.

Aber es gibt auch kritische Stimmen, die deutlich darauf hinweisen, dass die Achtsamkeit auch missbraucht werden kann. Ein solcher Missbrauch ist aus traditioneller buddhistischer Sicht sicher ein spezielles Achtsamkeitstraining, das das amerikanische Militär für Soldaten entwickelt hat (Mindfulness-based Mind Fitness Training, MMFT), um die psychische Widerstandskraft zu stärken, vorzubeugen gegen posttraumatische Belastungsstörungen, die kognitive Leistung zu verbessern und um die Konzentration und Aufmerksamkeit im Kampf zu verbessern.

Darüber hinaus scheint es speziell in der US-Marine zum einen ein Problem mit den zunehmenden Suizidraten zu geben und zum anderen Behandlungsprobleme bei der Aufarbeitung, nicht dem Vorbeugen, posttraumatischer Belastungsstörungen. In beiden Problemfeldern scheint das Erlernen und Trainieren von Achtsamkeit, besser Achtsamkeitstechniken, hilfreich zu sein (siehe hierzu auch Süddeutsche Zeitung, 2019).

Achtsamkeit als eine Art Narkotikum könnte eine weitere Art von Missbrauch der Achtsamkeit sein: Das Streben nach Akzeptanz und Gelassenheit stellt die Situation in der Arbeitswelt oder der Gesellschaft nicht (mehr) infrage.

Andere Stimmen, die mehr aus den buddhistischen Traditionen kommen, weisen darauf hin, dass es in der Achtsamkeitspraxis nicht um Selbstoptimierung und Effizienzsteigerung gehe, sondern um die Überwindung von Gier, Hass und Verblendung und um die Kultivierung von Mitgefühl (siehe hierzu auch Jadine, NZZ, 30.8.2017).

Gerd Scobel hat seine kritische Einstellung gegenüber solchen Anwendungen so zusammenfasst: »Alle Versuche, die Erfahrung der Meditation von vornherein zu kontrollieren und zu begrenzen, widerspricht dem Gedanken der umfassenden Schulung des Geistes, die über die individuellen Ansprüche ebenso hinausgeht wie über unternehmerische Zwecke oder militärische Ziele. Achtsamkeit im ursprünglichen Sinne verbietet ethisch fragwürdige Optimierungen [...] Denn Achtsamkeit stellt den wichtigen Anfang einer weitaus umfassenderen und transformativen Arbeit am Selbst dar, deren Ziel letztendlich weder Schule noch Unternehmen oder die individuelle Person, sondern die Verringerung des Leidens aller Lebewesen ist.« Dies ist ein transformativer Prozess, der die Beziehung einer Person zu sich selber verändert, aber auch seine Beziehung zu den anderen Menschen, seine Beziehung zu allen Dingen des Lebens und eben auch zur Natur. »Es ist diese Veränderung der Beziehungsdimension des Ich-Du-Welt-Verhältnisses, die eine entscheidende Transformation bewirken kann« (Scobel, 2018, S. 78 ff.).

Aus der Sicht von Scobel ist die Achtsamkeitspraxis und im Speziellen die MBSR-Methode von Jon Kabat-Zin aus ihrer klösterlichen Umgebung herausgenommen worden, man könnte auch sagen: Die Praxis der Achtsamkeit ist entwurzelt worden. Diese Wurzeln sind kultureller, ethischer und religiöser Art. Der klösterliche Zusammenhang als die Gemeinschaft der Praktizierenden, *Sangha* genannt, ist neben dem Buddha und dem Dharma einer der drei Pfeiler der ursprünglichen buddhistischen Praxis. Diese Form von Gruppenleben scheint eine wichtige und bisher nicht wirklich untersuchte Wirksamkeit zu haben.

Beth Ann Mulligan verteidigt die Entscheidung von Jon Kabat-Zinn, die buddhistischen Wurzeln der Achtsamkeits-basierten Stressreduktion (MBSR) nicht deutlich zu machen, um möglichst viele Menschen zu erreichen: »Jon Kabat-Zinn erkannte, dass diesen Patienten mit schwer behandelbaren, chronischen Krankheiten, die durch das Netz des Gesundheitssystems fielen, Meditation und Yoga vielleicht guttun würde. In ein buddhistisches Zentrum würden diese Menschen aber wohl kaum gehen, auch nicht in einen Yogakurs. Aber vielleicht konnte man sie auffordern, etwas für sich selbst zu tun, was kein anderer Mensch auf dem ganzen Planeten, auch kein Arzt oder Chirurg, für sie tun konnte – meditieren zu lernen als zentralen Bestandteil einer Behandlung, nicht als Ersatz dafür. Die Grundidee dabei war, ein Meditationstraining anzubieten, um Achtsamkeit zu kultivieren – direkt in der Klinik. Es sollte ziemlich rigoros sein, aber keinerlei Glaubenssysteme oder Dogmen beinhalten, keine Religion, sondern nur uralte, lang erprobte Praktiken, und das im Rahmen einer Gruppe, die hoffentlich Unterstützung bot« (Mulligan, 2019, S. 16 f.).

Es sind also die Lehren des Buddha, die die Grundlagen dieser Methode bilden, als solche aber nicht genannt werden, um möglichst viele Menschen aus verschiedenen Lebenswelten zu erreichen (Mulligan, 2019, S. 29). Konsequenterweise empfiehlt Mulligan allen Lehrern, die diese Achtsamkeitsmethoden des MBSR unterrichten, auf buddhistisches Vokabular zu verzichten, auch keine Dharma-Begriffe (Begriffe aus der Lehre des Buddha) zu verwenden, um so eine von Kabat-Zinn angestrebte Offenheit zu gewährleisten (S. 31).

Die von Kabat-Zinn so genutzte Achtsamkeit hat sicher in einem damals nicht zu erahnenden und wohl auch nicht gewollten Maße dazu beigetragen, dass diese Methode im Laufe der Zeit nicht nur bei Kranken Anwendung fand, sondern ihren Weg in die verschiedensten gesellschaftlichen Lebensbereiche gefunden hat. Möglicherweise ist dieser Einzug der Achtsamkeit in viele Bereiche aber auch, wie viele andere Moden auch, nur von kurzer Dauer.

Die Achtsamkeit ist entwurzelt worden und konnte so erfolgreich zu einer Ware werden, so das Fazit von Gert Scobel. Was nun sind die Wurzeln der Achtsamkeit, aber auch die Wurzeln der buddhistischen Meditation und Philosophie? Es sind die schon angesprochenen drei Juwelen: Buddha, Dharma und Sangha, eine Dreiheit, die das Erwachen, die Praktiken, verbunden mit den Lehren, und die Gemeinschaft der Übenden zur Grundlage hat. In diesen traditionell klösterlichen oder klosterähnlichen Gemeinschaften ist es möglich, die einzelnen Praktiken von der Meditation auf dem Sitzkissen, über die Achtsamkeit bis hin zum Alltag als Praxis intensiv *gemeinsam* zu studieren und zu praktizieren. Ein solches Zusammensein, verbunden mit einer intensiven Meditationspraxis, in einem gelebten klösterlichen Alltagsrahmen, wurde immer schon als ein

Weg beschrieben, der gemeinsam beschritten wird. Der Buddha als der Erwachte, die Lehre mit der Praxis und die zusammenlebende Gruppe wurden und werden als Einheit verstanden und als optimale Bedingung betrachtet, selbst ein Buddha zu werden oder, anders formuliert, das »wahre Wesen des Menschen« zu verwirklichen. Aus dieser Einheit ist die Achtsamkeit herausgenommen und zu einer reinen Technik mit durchscheinenden buddhistischen Wurzeln geworden.

Ethik, als die Bewertung und Einordnung menschlichen Handelns, spielt, wie in allen Religionen, auch im Buddhismus eine entscheidende Rolle. Viele der im Buddhismus vorgeschlagenen Praktiken basieren auf ethischen Grundlagen, wie sie sich beispielsweise in den Gelöbnissen zeigen: nicht zu töten, nicht zu stehlen, nicht zu lügen sind einige von ihnen. Wird die Achtsamkeit nun aus ihrem größeren Kontext herausgenommen, werden solchen ethischen Zielsetzungen zu möglichen Optionen unter vielen: Töten muss nicht sein, ist aber möglich, so wie das US-Militär die Achtsamkeit unter anderem dazu nutzt, die Konzentration und Aufmerksamkeit im Kampf zu verbessern.

Brian Victoria hat in seinem Buch »Zen, Nationalismus und Krieg. Eine unheimliche Allianz« (1999) deutlich auf Missbräuche hingewiesen. Dabei hat er im Besonderen die widersprüchliche, oft militaristische Rolle des Zen-Buddhismus in Japan in der Zeit des Zweiten Weltkrieges herausgearbeitet. Viele Zen-Lehrer der damaligen Zeit, als Vertreter einer angeblich friedvollen Religion, unterstützten den fanatischen und selbstmörderischen Weg des japanischen Militärs. Aber auch die wenigen buddhistischen Organisationen, die diesem Weg des Krieges entgegenwirkten, kommen zu Wort.

Auch die vielen Missbrauchsvorwürfe der letzten Jahre, die in verschiedenen buddhistischen Zentren laut geworden sind, bezeugen, dass eine Ethik und ein daraus resultierendes moralisches Verhalten im Mittelpunkt der buddhistischen Praxis stehen sollten. Eine nicht mehr mit ihrem ethischen Kontext verbundene Praxis kann soziopathische Persönlichkeitsstrukturen unterstützen und perfektionieren. Achtsamkeit aus ihrem größeren Kontext genommen und ausschließlich für sich betrachtet ist keine ethische Kategorie und ersetzt auch keine Ethik.

Aus einem ganz anderen Blickwinkel kritisiert Evan Thompson die derzeitige Kommerzialisierung der Achtsamkeit. Seine Kritik ist grundlegender Art: Die Idee, dass Achtsamkeit ein nach innen gewendeter Prozess eines privaten Geistes sei, kann seiner Meinung nach so nicht aufrechterhalten werden. In der Regel wird angenommen, dass Achtsamkeit das Betrachten dieses privaten Geistes ist, eine Art privates Theater, das im Gehirn stattfindet. Dieses achtsame Gehirn kann dann unterschiedlichen Messungen unterworfen werden. Diese wissenschaftliche Fokussierung auf das Gehirn und seine neurowissenschaftliche, bildliche Darstellung unterstützt die Idee, dass Achtsamkeit scheinbar nur im Kopf stattfindet.

Thompson schlägt deshalb vor, den kulturellen und sozialen Rahmen mit in den Fokus der wissenschaftlichen Untersuchungen über Achtsamkeit und Meditation einzubeziehen. Ansonsten, so befürchtet er, bleiben die Menschen gefangen in einer narzisstischen Achtsamkeitsmanie und in einem narzisstischen Achtsamkeitswahn, der einem selbstbezogenen Individualismus Vorschub leistet.

Thompson verweist auf die zeitgenössischen Kognitionswissenschaften, die davon ausgehen, dass der Mensch ein verkörpertes Wesen ist. Dabei schließt der Geist das eigene verkörperte Sein, das verkörperte Sein in der Welt und die Beziehung zu anderen immer mit ein. Der Geist *ist* somit eine Beziehung zwischen dem Menschen und der Welt und der jeweiligen Gesellschaft und Kultur. Meditation im Allgemeinen und die Achtsamkeitspraxis im Speziellen können somit nicht auf spezifische Gehirnbereiche oder in besonderen neuronalen Netzwerken »kartografiert« werden (Thompson, 2020, S. 123 ff.).

Die Grundlage für die Fähigkeit, achtsam zu sein, ist die Fähigkeit des Menschen, wach, sprich *aufmerksam*, zu sein. Dabei ist Aufmerksamkeit kein eindeutig beschreibbarer Prozess, sondern ein Modus, in dem unzählige kognitive Prozesse sich in Beziehung zueinander entfalten, ein »kognitiven Gleichklang« (Christopher Mole), um eine Aufgabe durchführen zu können (zitiert in Thompson, 2020, S. 125 f.). Aufmerksamkeit ist demnach so lange gegeben, wie dieser Gleichklang als gesamtverkörperter aufrechterhalten werden kann. »Just as there is no place in the orchestra where unison resides, so there is no place in the brain where attention resides« (S. 126). Aufmerksamkeit ist somit die Zusammenführung aller im Gleichklang arbeitenden kognitiven Prozesse, um eine Aufgabe zu erfüllen.

Achtsamkeit, als spezieller Aspekt der allgemeinen Aufmerksamkeit oder auch der Lebendigkeit, so das Fazit von Thompson, ist nicht privat, sollte im weitesten Sinne das Soziale und das Umfeld einschließen und kann nicht verortet werden im ausschließlich persönlichen Geist oder Gehirn. Das Gehirn ermöglicht Wahrnehmung, Wahrnehmung aber ist kein Gehirnprozess, sondern eine Art »verkörperter Sinn-Stiftung« (Thompson, 2020, S. 131).

Hier nun erste Versuche, die Achtsamkeit näher zu definieren:

- Achtsamkeit ist die Fähigkeit, reine Aufmerksamkeit aufrechterhalten zu können. Es ist dies das direkte Wahrnehmen von Sinneseindrücken und Gedanken, ohne sie zu beurteilen.
- Achtsamkeit ist die Fähigkeit, etwas im Geist halten zu können, wobei der Köper, die Gefühle, die mentalen Zustände und die geistigen Faktoren (Geistesinhalte) gehalten werden.
- Achtsamkeit hat als Grundlage die Fähigkeit, sich nicht ablenken zu lassen. Es ist diese Konzentrationsfähigkeit, ganz bei einem Objekt zu verweilen, die Achtsamkeit erst ermöglicht. Über einen längeren Zeitraum hinweg praktiziert, führt die Praxis der Achtsamkeit dann dazu, dass das Wahrnehmungsfeld erweitert wird. Es geht so über die Grenzen des Körpers hinaus und bezieht die Umgebung mit ein. Es entsteht eine Wachheit für das gelebte Feld, die engen Grenzen werden durchlässig.
- Achtsamkeit basiert auf einem Verständnis von Unbeständigkeit, kontinuierlichem Wandel, also darauf, dass alles immer eine Aktivität ist.
- Achtsamkeit setzt ein grundlegendes Verständnis vom buddhistischen Konzept der Leerheit voraus. Dazu gehört ganz elementar, dieses Konzept auch auf das Ich-Selbst anwenden zu können (siehe hierzu auch Thompson, 2020, S. 129).
- Achtsamkeit schließt die Fähigkeit einer Selbstbeobachtung ein. Dazu bedarf es der Entwicklung einer Beobachterposition, von der aus eine reine Beobachtung möglich ist.
- Achtsamkeit besteht ebenfalls aus der Wahrnehmung emotionaler und kognitiver Fähigkeiten, die in einer sozialen Welt stattfinden.

(Dabei werden Körper, Gedanken und Gefühle von Moment zu Moment beobachtet und bei Abschweifen kehrt die Achtsamkeit wieder zum Praxisobjekt zurück.)

- Achtsamkeit ist aus der Sicht der Kognitionswissenschaften die Fähigkeit, Aufmerksamkeit, Gewahrsein, Erinnerung und Selbstbeobachtung in einer Art »metacognition« zu integrieren[7] (Thompson, 2020, S. 130).

7 Hingewiesen werden soll hier auf zwei interessante Veröffentlichungen, die einen guten Überblick über den derzeitigen Stand der Achtsamkeit vermitteln: Corina Aguilar-Raab: Systemische Praxis und Buddhismus (2021) und Jacob Schmidt: Achtsamkeit als kulturelle Praxis (2020).

# Über das menschliche Leiden, Krankheit und Gesundheit

An dieser Stelle erscheint es sinnvoll, noch einmal auf einige grundsätzliche Überlegungen hinzuweisen. Das Ziel des in diesem Buch vorgestellten Praxisweges ist es, das eigene Leiden zu erkennen und, so weit wie möglich, aufzuheben und damit zu beenden. Es ist möglich, frei zu sein von emotionalem und mentalem Leiden, so wurde es im einleitenden Kapitel »Annäherungen – Ein erster Überblick« (S. 19) formuliert.

Dazu bedarf es eines gründlichen Selbststudiums. Hierzu zählt das Studieren des eigenen Körpers, der eigenen Gefühle und des eigenen Geistes. Anzustreben ist ein solches Studium aus einer Perspektive des Wissens, aber auch aus einer, die als eine Perspektive des Schweigens oder des Nicht-Denkens bezeichnet werden kann. So können Körper, Gefühle und Geist aus der Stille heraus untersucht werden. Es ist daher von großer Bedeutung, um diese Rahmenbedingungen zu wissen und sie in den unterschiedlichen Achtsamkeitspraxisansätzen als Hintergrund und Ziel nicht aus den Augen zu verlieren. Dieses Kapitel beschreibt somit den größeren Kontext, in den die Achtsamkeit traditionell eingebettet ist. Grundlage sind die *Vier Edlen Wahrheiten,* mit denen der »Buddha« einen Weg beschreibt, wie der Mensch sein *selbst verschuldetes Leiden* beenden kann. Welche Rolle der Geist in diesen Prozessen spielt, ist ein weiterer Punkt, der hier und auch später genauer untersucht wird.

Die *fünf Skandhas* sind ein sehr zentraler Prozess im großen Rahmen der verschiedenen buddhistischen Praktiken, sie tauchen in den Kapiteln immer wieder auf und werden dort aus unterschiedlichen Perspektiven betrachtet. Sie stellen eine Art universelles Werkzeug dar, mit dessen Hilfe es möglich wird, den Herstellungsprozess des Bewusstseins, der Persönlichkeit und der Wirklichkeit genauer zu untersuchen.

Die Krankheiten des Geistes und ihre Aufhebung werden das Kapitel abschließen.

Das vorherige Kapitel hat gezeigt, welche Pionierarbeit Jon Kabat-Zinn in den letzten Jahrzehnten geleistet hat: Die Achtsamkeit ist in vielen Lebensbereichen präsent und dehnt ihren Einfluss immer weiter aus. Allerdings gibt es klare Unterschiede zur traditionellen Achtsamkeitspraxis, die im Folgenden herausgearbeitet werden sollen.

Kabat-Zinn und die buddhistische Tradition der Achtsamkeit gehen übereinstimmend davon aus, dass der jetzige Augenblick nur der ist, in dem der Mensch sich immer aufhält. Das menschliche Leben besteht aus aufeinanderfolgenden Augenblicken, jeder in sich abgeschlossen, mit einem jeweiligen Beginn und Ende, jeder Augenblick die Ursache für den nächsten, aber gleichzeitig auch immer beeinflusst von seiner direkten und indirekten Umgebung. Dieser Augenblick steht im Zentrum der traditionellen Achtsamkeitspraxis.[8]

Die Praxis der Meditation und der Achtsamkeit wird als Möglichkeiten betrachtet, den Menschen grundlegend zu transformieren: Er soll in den Augenblick erwachen, um so nah wie möglich an dem zu leben, wie die Dinge »wirklich« sind, und sich im Einklang mit der Wirklichkeit zu bewegen. Dies ist natürlich ein hoher Anspruch, der aber durch die Praxis Schritt für Schritt, manchmal aber auch ganz plötzlich, verwirklicht werden kann.

Es gibt die stille Meditation als das bewegungslose Sitzen auf dem Sitzkissen und es gibt die Achtsamkeit als eine Praxis im Alltag. Eine (scheinbar) strikte Trennung von stiller Meditation und Achtsamkeit ist nicht möglich, sind sie doch zwei Seiten ein und derselben Medaille: Achtsamkeit ist die Fortführung der Meditation im Alltäglichen. Es ist davon auszugehen, dass die Achtsamkeitspraxis zusammen *mit* einer Meditationspraxis, möglicherweise sogar *aus* der Meditation heraus entstanden ist: Die Stille und das Erwachen auf dem Sitzkissen und ihre Verwirklichung in der Bewegung, im Alltäglichen.

Kabat-Zinn geht es bei seinem Ansatz um Gesundheit und Heilung. Aus seiner Sicht bedeutet Gesundheit »ganz zu sein; Ganz-Sein bedeutet Integration, bedeutet Vernetzung aller Teile eines Systems.

8 Ausführlicheres hierzu im folgenden Kapitel »Der jetzige Augenblick« (S. 75 ff.).

Die wesentliche Eigenschaft des Ganz-Seins ist, dass es nie aufhört« (Kabat-Zinn, 2003, S. 149).

Was bedeutet dies im Rahmen von Heilung? »Das Hauptanliegen der westlichen Psychologien ist es, pathologische Störungen zu beheben und das Individuum so weit wiederherzustellen, dass es in seinem gewöhnlichen Alltagsbewusstsein möglichst ›normal‹ funktioniert. Der Ansatz östlicher Psychologien dagegen geht davon aus, dass unser gewöhnliches Alltagsbewusstsein kein optimaler, sondern ein sogenannter *suboptimaler* Bewusstseinszustand ist und dass eine systematische Schulung des Geistes, wie sie in der Meditation erfolgt, vonnöten ist, um sich von den gewohnheitsmäßigen verzerrten Ansichten unseres Alltagsbewusstseins zu befreien, die, wenn wir uns ihrer nicht bewusst sind, die Erfahrung unseres eigenen grundlegenden Ganz-Seins behindern« (Kabat-Zinn, 2003, S. 150 f.). Hier deutet sich an, dass ein buddhistischer Ansatz von Heilung das Bewusstsein, und im größeren Rahmen den Geist, einschließt.

Es ist vielleicht ein wenig überraschend, dass in diesem Rahmen von Heilung gesprochen wird. Der Buddha wird traditionellerweise oft als »Arzt« beschrieben, der eine Diagnose stellt: Der Mensch leidet. Dann stellt er die Ursache fest: Der menschliche Geist ist »krank«. Ziel eines Heilungsprozesses: das Erwachen aus dem selbst verschuldeten Leiden. Die Therapie: Meditation und Achtsamkeit. An dieser Stelle scheint es sinnvoll, die Ursachen menschlichen Leidens genauer zu betrachten.

Der Begründer der buddhistischen Lehre hatte sich die Frage gestellt, wie es möglich sei, das menschliche Leiden zu verringern. Dabei hatte er unterschieden zwischen aufhebbarem und nicht aufhebbarem Leiden: Leiden, entstanden durch die menschliche Geburt, das Älterwerden, Krankheiten und den Tod, Leiden, hervorgerufen durch Naturkatastrophen, durch Schicksalsschläge wie den Verlust nahestehender Menschen. All diese Leiden und die damit verbundene Angst durchziehen das menschliche Leben fast kontinuierlich.

Parallel dazu entwickelt sich ein geistiges oder seelisches Leiden, hervorgerufen durch die Unvereinbarkeit von Wünschen (und Illusionen) mit der Wirklichkeit. Diese Diskrepanzen können zu Neurosen, Psychosen und außergewöhnlichen Geisteszuständen führen. Sie sind beschreibbar als Ausdruck von Mangel, Täuschungen und Selbsttäuschungen.[9]

Aus buddhistischer Sicht gibt es noch weitere Krankheitssymptome, die in der Regel nicht weiter beachtet werden und als Symptome von Verstimmtheit betrachtet werden, aber auch sie sind mögliche Ursachen für menschliches Leiden. Es sind dies

- Unruhe (Getriebensein),
- allgemeine Unzufriedenheit,
- zu wenig oder zu viel Aktivitäten,
- schlechte Gedanken (Gedanken betrachtet als *Taten* mit möglichen Auswirkungen),
- Zweifel (oft zersetzender Zweifel).

Das körperliche Leiden hat etwas Universales, es ist nicht aufhebbar und kann nur (liebevoll) angenommen und akzeptiert werden. Die dieses Leiden begleitenden geistigen und emotionalen Prozesse sind dagegen beeinflussbar, bearbeitbar und möglicherweise aufhebbar. Sie werden in der Regel als normal gesehen, bei genauer Untersuchung kann jedoch festgestellt werden, dass sie nach Mustern ablaufen, die erlernt oder eingeübt sind.

Der Buddha war nun nicht so sehr daran interessiert, diese Prozesse im Rahmen einer Aufarbeitung der persönlichen Lebensgeschichte zu betrachten, so wie es etwa die zeitgenössischen Therapien anbieten. Vielmehr begann er, die mit ihm meditierenden Personen in ihrem So-Sein (»Was finde ich vor?«) zu sehen und nicht in ihrer Gewordenheit (»Wie ist es so geworden?«). Auf dieser Grundlage entwickelte er die Vier Edlen Wahrheiten, die weiter unten genauer besprochen werden, und drei Kategorien, die als grundlegend für das Entstehen des menschlichen Leidens angesehen

9 Leiden wird aber auch hervorgerufen durch Fragen nach dem Sinn des Lebens und der eigenen Existenz, die dann leidvoll werden, wenn sich kein Sinn finden lässt und Gefühle der Leere und Sinnlosigkeit auftauchen. Freud etwa hat Personen, die Fragen nach dem Sinn des Lebens umtreiben, als neurotisch angesehen, weil sich nach seiner Auffassung bei gelingender Genuss-, Liebes- und Arbeitsfähigkeit die Frage nach dem Lebenssinn wenig stellt (siehe hierzu Freud, 1968).

werden können. Diese drei Kategorien können als universelle Kategorien betrachten werden, die erstaunlich aktuell sind und drei Gründe für das menschliche Leiden aufzeigen. Aber nicht nur das, sie scheinen, wenn nicht erkannt, immerzu wirksam zu sein und immer wieder zu Leiden zu führen. Diese drei Grundlagen hat der Buddha so beschrieben:

1. Leiden, entstehend durch Anhaftung. Anhaftung meint festhalten und nicht loslassen und genau hiermit hat der Mensch ein Problem. Er »greift gerne zu« und hält dann oft fest und will nicht wieder loslassen. In seiner extremen Form wird das Nicht-loslassen-Können oder -Wollen zur Gier. Die alles entscheidende Frage ist: Wann ist der »richtige« Zeitpunkt loszulassen? Dies meint ganz konkret das Loslassen von Dingen, die nicht mehr benötigt werden, das Loslassen von Ansichten und Meinungen, das Loslassen von unrealistischen Wünschen, das Loslassen von Gedanken.
2. Eine weitere Form des Leidens entsteht dadurch, dass der Mensch seine Gefühle und Emotionen nur wenig kennt und diese ihn zu »bestimmen« scheinen. In ihrer extremen Form können Gefühle zu Hass werden, der unkontrolliert zu Mord und Krieg führen kann.
3. Die dritte Ursache für das menschliche Leiden hat der Buddha im Geist des Menschen verortet. Er hat den Geist als grundsätzlich täuschbar beschrieben. Wenn der Geist täuschbar ist, so seine grundlegende Schlussfolgerung, dann sind daraus abgeleitete Handlungen der jeweiligen Situation nicht angemessen und führen zu Leiden, das vermeidbar gewesen wäre. Die entscheidende Frage lautet hier nun: Ist es möglich einen Geisteszustand zu entwickeln, der ungetäuscht ist? (siehe hierzu auch Zwiebel und Weischede, 2015, S. 48 ff.).

Tritt man nun einen Schritt zurück, so beginnt die Geschichte des Buddhismus, wie oben schon angedeutet, mit den Vier Edlen Wahrheiten. Traditionell werden die Vier Edlen Wahrheiten als die Grundlage der buddhistischen Lehre betrachtet. In ihrer Kernaussage gibt es eine verblüffende Feststellung: Nach gründlichem Studium des menschlichen Leidens kann davon ausgegangen werden, dass ein Leben ohne Leiden möglich ist. Das ist überraschend, geht es doch nicht um die Verringerung des Leidens, sondern um seine komplette Aufhebung: Ein leidensfreies Leben ist möglich.

Natürlich ist das menschliche Leben auch ein schmerzhaftes und durchzogen von Phasen des Wohlbefindens und des Unwohlseins. Hier stellt sich die grundlegende Frage nach demjenigen, der dieses Leben lebt und erlebt. Dieses sogenannte »Ich« oder »Selbst« steht ja, ohne hier zu weit vorgreifen zu wollen, im Mittelpunkt jeder Erfahrung: Wem geschieht dies alles? Wer erlebt dies alles? Die dabei entscheidende Frage lautet nun: Wie weit identifiziert sich dieses Ich oder Selbst mit dem jeweils Erlebten? Dass der Mensch Schmerzen erlebt, ist unbestritten – nur: *Wer* erlebt diese und wie werden sie erlebt? Dass aus diesen Erfahrungen zwingend Leiden entstehen muss, ist keine notwendige Schlussfolgerung.

Hier nun die vier Wahrheiten in ihrer traditionellen Form.

## Die Vier Edlen Wahrheiten

(I) »Was aber, ihr Mönche, ist die edle Wahrheit vom Leiden? Geburt ist Leiden, Altern ist Leiden, Krankheit ist Leiden, Sterben ist Leiden, Kummer, Jammer, Schmerz, Trübsal und Verzweiflung sind Leiden; das Nichterlangen dessen, was man begehrt, ist Leiden; kurz gesagt: die 5 mit Anhaften verbundenen Gruppen des Daseins (5 Skandhas) sind Leiden.«

(II) »Was aber, ihr Mönche, ist die edle Wahrheit von der Leidensentstehung? Es ist jenes Wiederdasein erzeugende, von Lust und Gier begleitete, bald hier, bald dort sich ergötzende Begehren, nämlich das Sinnliche Begehren, das Daseinsbegehren, das Selbstvernichtungsbegehren.«

(III) »Was aber, ihr Mönche, ist die edle Wahrheit von der Leidenserlöschung? Es ist eben dieses Begehren restloses Erlöschen, Aufgeben, Loslassen, Befreiung und Lösung davon.«

(IV) »Was aber, ihr Mönche, ist die edle Wahrheit von dem zur Leidenserlösung führenden edlen Pfade? Es ist jener edle Achtfache Pfad, nämlich: 1. Rechte Erkenntnis, 2. Rechte Gesinnung, 3. Rechte Rede, 4. Rechte Tat, 5. Rechter Lebenserwerb, 6. Rechte Anstrengung, 7. Rechte Achtsamkeit, 8. Rechte Sammlung«.

(Nyanatiloka, 1999, S. 186 f.)

## Das Problem des Anhaftens

In der ersten dieser Wahrheiten wird eine Liste von Ursachen aufgeführt, unter denen der Mensch leidet, eine Liste menschlicher Grunderfahrungen. Es ist eine Liste von Problemen, die aus buddhistischer Sicht grundsätzlicher Natur sind. Dabei werden Erfahrungen von Phasen der Zufriedenheit, der Freude oder des Glücks natürlich nicht aufgeführt, denn mit denen hat der Mensch in der Regel keine Probleme. Im Hintergrund dieser ersten Wahrheit steht die grundlegende Frage: Wie will der Mensch mit seinem Leiden umgehen?

Die zweite Wahrheit benennt die Ursache des menschlichen Leidens: das Begehren und das daraus resultierende Anhaften. Angesprochen werden drei Aspekte:

- Begehren, das durch die Sinne und den sinnlichen Kontakt entsteht.
- Begehren, das am menschlichen Dasein anhaftet und alles dafür tut, so lange wie möglich am Leben zu bleiben.
- Begehren, das dem vorher angesprochenen Wunsch nach ewigem Dasein komplett widerspricht: Es ist der tiefe Wunsch, durch Selbstvernichtung dem immer wieder erlebten Elend zu entfliehen. Generell sind darunter Taten zu verstehen, die im weitesten Sinne Selbstverletzungen sind, einschließlich der Taten, die das Leben verkürzen.

Die dritte Wahrheit besagt, dass es möglich ist, das Leiden aufzuheben. Dazu bedarf es des restlosen Aufgebens des Begehrens. Die diesem Prozess zugrundeliegende Antriebskraft ist, und das ist wichtig hier zu betonen, eine *Entscheidung,* diesen Weg zu beschreiten.

Die vierte Wahrheit beschreibt den Weg, der zu dieser Leidenserlösung führt. Es ist dies der Achtfache Pfad, dessen siebter Teil ganz speziell auf die Achtsamkeit hinweist.

Im Mittelpunkt der vier Wahrheiten stehen das Anhaften und das Loslassen. Der Mensch, so kann man allgemein sagen, sammelt und nimmt auf: Atem und Nahrung als Kleinkind, als Erwachsener sind es dann die vielen Dinge, die gesammelt werden, das Geld scheint dabei in der heutigen Zeit eine besondere Rolle zu spielen. Das Einverleiben sichert dem Kleinkind das Überleben, das Loslassen der verdauten Nahrung geschieht ohne große Probleme. Das Loslassen scheint dem Erwachsenen dagegen sehr viel schwerer zu fallen und dieses Habenwollen beginnt eine Art Eigenleben zu führen, er beginnt anzuhaften.

Beide, das Kind und der Erwachsene, sind einem Lust-Unlust-Prinzip unterworfen, nach dem das Angenehme dem Unangenehmen vorgezogen wird. Tendenziell wird dabei das Unangenehme vermieden und das Angenehme übermäßig betont. Hier beginnt ein Prozess von Anhaftung, der in seinem Kern die Erfahrung, dass auch das Angenehme ein Ende hat, nicht wahrhaben will und dann beginnt festzuhalten. Nehmen und erst einmal festhalten ist ein notwendiger Prozess. Wann aber ist der richtige Zeitpunkt loszulassen? Wann ist etwas beendet, abgeschlossen oder vollendet, um es dann loslassen zu können?

Alles ist immerzu im Wandel, alles ist immer in Veränderung – eine triviale Aussage, die in ihrer Konsequenz oft nicht verwirklicht wird. Auch das menschliche Leben ist ein Prozess von Bewegung und somit vergänglich. Lebendig zu sein bedeutet Bewegung und Veränderung; Versuche, diesen Bewegungsfluss zu verlangsamen, anzuhalten oder gar zu negieren, werden unweigerlich zu Leiden führen. Diese Versuche sind Ausdruck dafür, Festigkeit oder Sicherheit in den Alltag zu bringen, es sind Versuche, das Leben zu kontrollieren. Das aber stellt sich früher oder später als Illusion heraus.

Loszulassen bedeutet, sich dem Wandel und der damit verbundenen Ungewissheit hinzugeben, es ist die Einwilligung, sich diesem Wandel anzuvertrauen. Der Wunsch nach Sicherheit und Kontrolle ist sicher ein wichtiger Aspekt und darf nicht negiert werden, in seiner übertriebenen Form ist er aber Ausdruck von Angst, es ist die Angst loszulassen. »Festhalten ist das zentrale Mittel, die Angst zu bewältigen, und aus diesem Grund ist das Loslassen so enorm schwierig« (Zwiebel und Weischede, 2015, S. 54).

Aber auch in Bezug auf die geistigen Aktivitäten scheint der Mensch anzuhaften. Sehr oft werden geistige Prozesse immer wiederholt und nicht abgeschlossen. Im Laufe der Zeit sammeln sich so immer mehr nicht vollendete Situationen an, die in Form von Erinnerungen, schlechtem Gewissen oder auch (Selbst-)Vorwürfen wie ein immer größer werdendes Bündel durch das Leben gezogen werden und viel Energie absorbieren.

Anzustreben ist hier die Fähigkeit, Situationen und Aktivitäten so weit wie möglich und so oft wie möglich abzuschließen und zu beenden. Auf dieser Grundlage wäre so etwas wie ein »Neuanfang« möglich.

Abschließen können und beenden können aber setzt einiges voraus: zum einen genug Einsicht in den jeweiligen Prozess, um ihn befriedigend zu beenden. Eine solche Klarheit muss als erstrebenswert erachtet werden und schließt Bemühungen aller Art ein, einschließlich der echten Bereitschaft, Gedanken wirklich bis zu Ende zu denken. Sehr oft werden Gedanken, die sich mit schwierigen Prozessen beschäftigen, nicht zu Ende gedacht, denn wirklich bis an ihr Ende gedacht, könnten sie zu Konsequenzen führen, die ein Leben möglicherweise grundlegend verändern. Solche Veränderungen machen Angst. Eine mögliche Form damit umzugehen ist die Anhaftung am Bekannten.

Zum anderen ist eine weitere Einsicht vonnöten: Jeder Versuch, den bestehenden Status Quo aufrechterhalten, ist grundsätzlich zum Scheitern verurteilt. Hier kann von zwei Bestrebungen gesprochen werden: Auf der einen Seite gibt es den Wunsch nach Stabilität, Dauer und Zuverlässigkeit – auf der anderen Seite gibt es die Erfahrung, dass letztendlich nichts stabil und von Dauer ist, alles ist dem Wandel und der Veränderung unterworfen. Mitten in der *Erfahrung* von andauernder Veränderung entscheidet sich der Mensch in der Regel gegen dieses Ungewisse und Ungesicherte. So entsteht eine *Illusion* von Sicherheit und Stabilität, an der der Mensch anhaftet und die Leiden hervorbringen kann.

Die Auflösung dieses Dilemmas liegt in der gelebten Fähigkeit, den Wandel anzunehmen. Die eigentliche Ursache für den Widerstand, sich mit dem Wandel zu verbinden, ist aber die Angst.

»Der Mensch versucht, in das grundsätzliche Prinzip von Bewegung und Veränderung einzugreifen, was aber nur äußerst begrenzt möglich ist, sodass die Folgen der Anhaftung und des daraus resultierenden Leidens einen hohen Preis darstellen. Das ist der tiefere Grund, warum der Buddha die Anhaftung und die daraus entstehende Gier als einen der wichtigen Gründe des menschlichen Leidens erkannt hat. […] Bewegung und somit Veränderung sind nicht aufhebbare Prinzipien. Jeder Versuch, hier einzugreifen, führt also unweigerlich zu Leiden. Dies ist eine zentrale Grundannahme im Buddhismus, die hier in der zweiten Edlen Wahrheit formuliert ist und die man als einen »common ground« aller buddhistischen Richtungen und Traditionen ansehen kann« (Zwiebel und Weischede, 2015, S. 56).

## Das Leiden am Geist

Im Mittelpunkt dieses Abschnitts steht der getäuschte Geist des Menschen. Der Begriff der Täuschung spielt in der buddhistischen Philosophie und Praxis eine große Rolle. Im Folgenden soll diesen Fragen nachgegangen werden: Ist es möglich, dass der menschliche Geist einer grundsätzlichen Täuschung unterliegt oder unterliegen kann? Geschehen solche Täuschungen möglicherweise sogar regelhaft?

Aus alltäglicher Sicht kann Täuschung unter zwei Aspekten betrachtet werden: zum einen als Täuschung im Sinne einer bewussten Irreführung einer anderen Person; zum anderen Täuschung als eine falsche Vorstellung oder Wahrnehmung von etwas. Im ersten Fall spricht man von einer aktiven Täuschung, im zweiten Fall von einer passiven Täuschung. Unter aktive Täuschungen fallen bewusste Irreführungen durch Vorspiegelung falscher Tatsachen oder das Vorenthalten von wahren Tatsachen. Dadurch entstehen Irrtümer oder falsche Auffassungen eines Sachverhalts. Die List fällt ebenfalls in diese Kategorie der aktiven Täuschung. Eine falsche Vorstellung oder Wahrnehmung kann also aus verschiedenen Gründen entstehen, in der Regel geht der Mensch aber davon aus, dass richtige Wahrnehmung möglich ist, wenn nur genügen Informationen und Hintergrundwissen zur Verfügung stehen. Dabei wird der Wahrnehmungsprozess selbst, das Entstehen einer Wahrnehmung oder die Verarbeitung derselben, nicht infrage gestellt, ist er doch in seiner scheinbaren Unmittelbarkeit und Direktheit einfach überzeugend.

An dieser Stelle müssen aus buddhistischer Sicht allerdings einige kritische Anmerkungen gemacht und genauere Untersuchungen durchgeführt werden, die das Konzept des alltagstauglichen, aber »naiven Realisten« hinterfragen.

Eine Täuschung wird also in der Regel als ein Irrtum oder eine Fehlvorstellung betrachtet, die nicht der Wahrheit oder Wirklichkeit entspricht. Ein getäuschter Geist scheint demnach einer zu sein, der nur kurzfristig einem Irrtum unterliegt, dieser wird dann aber anhand der Wahrheit schnell korrigiert. Eine solche Beschreibung von Täuschung greift möglicherweise zu kurz, denn aus buddhistischer Sicht geht es hier um die These, dass der menschliche Geist grundlegend getäuscht ist. Vereinfacht lautet die Aussage: Der menschliche Geist »krankt« an einer *grundsätzlichen* Täuschung, die in den Wahrnehmungsprozessen des Geistes selbst angelegt ist. Diesen Wahrnehmungsprozess zu untersuchen, hat sich der Buddha zur Aufgabe gemacht und seine Schüler aufgefordert, den Geist selbsttätig ebenfalls zu untersuchen.

Etwas zugespitzt wird es um diese zwei Fragen gehen: Was ist ein gesunder Geist? Was ist ein kranker Geist?

## Kleiner Ausflug in die Methoden der zeitgenössischen Wissenschaft

Die aufgeworfenen Fragen sollen möglichst nicht in einer verallgemeinerten Form untersucht werden, sondern aus der Perspektive eine Selbstuntersuchung. Für den Buddha war die optimale Form solcher Untersuchungen eine Situation, die es ermöglicht, sich selbst in aller Stille zu beobachten. Mit anderen Worten: einen Rahmen zu kreieren, der ungestörtes Beobachten ermöglicht, hier ungestört im Sinne von Bewegungen aller Art, seien sie nun körperlich oder geistig. Die für ihn optimale Haltung war und ist die der Meditation als *bewegungsloses* Sitzen. Optimal ist diese Haltung auch dadurch, dass sie zeitlich lange Perioden von Beobachten und Studieren ermöglicht.

Im Folgenden soll nun der Frage nachgegangen werden, ob es möglich ist, *sich selbst* so zu beobachten, wie es auch mit Objekten möglich ist, die sich im Außen befinden, also vom Menschen getrennt erscheinen. Kann dies möglicherweise als eine wissenschaftliche Methode beschrieben werden? Eine solche Wissenschaft müsste dann als eine »Erfahrungswissenschaft« bezeichnet werden.

Die zeitgenössische Wissenschaft kann beschrieben werden als das kollektive Bemühen um Kenntnis der Welt, mit dem Versuch, sich dabei methodisch vor Irrtum zu schützen. Wissenschaft ist ein System von Verfahrensweisen, von Theorien und von Aussagen, die einen Zusammenhang bilden. Die jeweiligen Geltungen werden strengen Prüfungen unterzogen, die dem Anspruch von Objektivität genügen sollten. Dabei müssen die jeweiligen Hypothesen wiederholbar und vergleichbar sein.

Der forschende Wissenschaftler nimmt dabei eine neutrale, nicht beteiligte Position ein, die entstehenden Erkenntnisse sind unabhängig von der erkennenden Person, also objektiv. Aus der Sicht des vorherrschenden Ideals ist die Anwesenheit des Forschers eine »Störung«. Seine Einflussnahme auf den Untersuchungsgegenstand ist nicht erwünscht und wird in der Regel ignoriert. Es wird so getan, als sei der Forscher abwesend, als sei er ein »Superbeobachter« frei von jeglicher Einflussnahme (siehe hierzu auch Breuer, Muckel und Dieris, 2009, S. 120 f.).

In der wissenschaftlichen Forschung zum Beispiel der Soziologie wird dagegen von einer teilnehmenden Beobachtung gesprochen, der Wissenschaftler betrachtet sich selbst als Teil des Untersuchungskontextes. In der systemischen Forschung steht die selbstreflexive Beobachtung im Mittelpunkt, welche die jeweiligen, in Sprache fassbaren, Vorannahmen in die Untersuchungen einbezieht. Darüber hinaus wird davon ausgegangen, dass der jeweilige Untersuchungsgegenstand vom Betrachter oder von der Betrachterin im Vorgang des Erkennens hergestellt und konstruiert wird.

Ein solcher Zugang kommt der Sichtweise einer buddhistischen Phänomenologie der Wahrnehmung schon sehr nah. Hier wird der Erkenntnisvorgang selbst in den Fokus der Untersuchungen gestellt. Der Blick des Forschenden richtet sich dabei nicht nach außen auf das zu untersuchende und vom Forscher getrennten Objekt, sondern auf sich selbst. Der Forscher wird dabei als Teil des Untersuchungsfeldes verstanden, mit dem er immer in Resonanz ist.[10]

10 Auch der oder die Meditierende kann sich, oder besser: sollte sich, ebenfalls als Forscher bzw. Forscherin erleben. Obwohl die Inhalte einer solchen Achtsamkeits-Gewahrseins-Meditation von der Mitwelt nicht direkt erkannt oder gesehen werden, »manifestiert sich die Entwicklung der meditativen Einsicht doch nach außen hin, wenn auch sehr subtil« (Hayward, 1990, S. 250 f.).

Auch Francisco Varela beschreibt diese Selbsterforschung, wie weiter oben angesprochen, als ein Labor, auch und gerade aus der Perspektive der Achtsamkeit. Für ihn ist es ein bewegliches »transportables Labor«, das der Mensch immer dabeihat, oder genauer: das er selbst ist: »Become the laboratory by standing still, or sitting on the cushion provided. Proceed to do nothing. Relax your posture and attitude, and observe, with a light touch, whatever comes into experience. That's the experiment. Note the specific manifestation of mind as if they were data. Repeat as many times as you can this gesture of full presence, of mindfulness. The laboratory is now portable and you may carry it with you wherever you go. Keep track of your findings!« (Varela, 2001, S. 448 f.).

Eine entsprechende Erfahrungswissenschaft aus buddhistischer Sicht würde mit folgenden Fragen operieren:

- Die *Ausgangsfrage* würden lauten: Wer bin ich?
- Was ist der *Untersuchungsgegenstand?* Der menschliche Geist.
- Was sind die *Untersuchungsmethoden:* Bewegungslosigkeit von Körper und Geist, Achtsamkeit, Introspektion, Absichtslosigkeit, Wissen, ohne zu denken.
- Was sind *mögliche Resultate:* Eine grundlegende Transformation, Klarheit, Weisheit, Erwachen.

## Die fünf Skandhas

Im Rahmen einer Selbstuntersuchung und der Frage danach, ob und wo Täuschungen möglich sind, ist es nun von großer Bedeutung, sich mit einer in der buddhistischen Praxis zentralen Prozessbeschreibung zu beschäftigen: den fünf Skandhas. Das Wort *Skandha* kommt aus dem Sanskrit und meint wörtlich »Gruppe« oder »Anhäufung«.

Die Skandhas sind zentral für die buddhistischen Praxis. Sie gelten als Versuch, die mit jedem Kontakt stattfindenden Prozesse genau zu untersuchen. In diesen Untersuchungsprozessen werden drei Ebenen betrachtet:

- Der Ablauf eines Prozesses, der »Bewusstsein« herstellt.
- Der Ablauf eines Prozesses, der »Persönlichkeit« herstellt.
- Der Ablauf eines Prozesses, der »Wirklichkeit« herstellt.

Zunächst die Darstellung der fünf Skandhas:

### *1. Form*

Der erste Kontakt zwischen dem Wahrnehmendem (Subjekt) und dem Objekt. Die »Form Mensch« trifft die »Form Objekt«. Erster Kontakt meint direkter Kontakt, noch nicht vermittelt durch Sprache oder Verstehen. Erster Kontakt ist Kontakt ohne irgendeine Reaktion, sei es körperlich im Sinne von angenehm oder unangenehm oder geistig im Sinne von Sprache oder Bewusstsein. Eine solche Nicht-Reaktion ist eine der grundlegenden Fähigkeiten, die in der Achtsamkeitspraxis eingeübt wird.

### *2. Gefühle*

Hier sind die allerersten Gefühlsreaktionen während des ersten Kontakts gemeint: »Jeder Kontakt ist *immer* auch verknüpft mit einem ›Grundgefühl‹: etwas ist angenehm, etwas ist unangenehm und etwas ist weder angenehm noch unangenehm« (Weischede und Zwiebel, 2009, S. 197). Emotionen und Affekte spielen an dieser Stelle keine Rolle.[11]

### *3. Wahrnehmung*

Hier beginnt der Prozess der Wahrnehmung des Objekts: Es ist das Sehen einer Form, das Hören eines Tons, das Riechen eines Geruchs, das Schmecken einer Speise, das Fühlen mit der Haut und das Erkennen von Objekten im Geist. Das schließt die jeweilige Benennung mit ein, Sprache taucht hier zum ersten Mal auf und damit erste Formen von Unterscheidung.

### *4. Impulse*

Hier beginnt ein Prozess, der als Reaktion bezeichnet werden kann: Das Subjekt (Mensch) reagiert auf das jeweilige Objekt unter anderem mit Aufmerksamkeit, Energie, Urteilskraft, Freude und Glück, Wut, Trauer, Gleichmut, Sammlung, Willensregungen, Entschluss, Tatendrang und Tatabsichten. Die jeweilige Reaktion ist somit ge-

---

11 Über die Affekte und ihre Regulierung siehe: Weischede und Zwiebel, 2009, S. 188 ff.

färbt von allgemeinen Lebenserfahrungen, von Vorlieben, von Abneigungen, von eingeübten Verhaltensmustern und Denkmustern. Grundlage ist impulsives Reagieren und Assoziieren.

Die hier durchscheinende negative Konnotation hat als ihren Gegenpol den sogenannten »assoziativen Geist«, der frei assoziierend sehr kreativ sein kann und immer wieder auch neue und überraschende Aspekte der jeweiligen Situation sichtbar werden lässt.

*5. Bewusstsein*

Allgemein gesagt, werden hier die bisher erlebten Prozesse ins Bewusstsein gehoben und der Mensch wird sich all dessen bewusst. Im Speziellen entsteht hier ein jeweiliges Seh-, Hör-, Riech-, Schmeck-, Körper- und Geistbewusstsein. Es wird ausgelöst durch die Berührung des Objekts durch die jeweiligen Körperorgane: Augen, Ohren, Nase, Zunge, Haut und Geist.

Diese Beschreibung des Bewusstseins gibt nur einen kleinen Einblick in das Thema. Weitere und genauere Ausführungen dazu werden in den Abschnitten »Bewusstsein« (S. 64) und »Über das Bewusstsein« (S. 195) vorgestellt.

Grundsätzlich ist hier festzuhalten, dass jeder (menschliche) Kontakt nach den hier beschriebenen Mustern abläuft, vom nichtsprachlichen Erstkontakt, über ein Gefühl, eine Benennung, eine Reaktion und bis zum bewussten Erkennen dieser Abfolge. Die Betonung liegt auf *jeder Kontakt*, alle Kontakte mit der Welt laufen nach diesem immer gleichen Muster ab.

Die Skandhas haben somit etwas Universales und nehmen einen zentralen Platz in der buddhistischen Theorie und Praxis ein.

## Das Ich-Selbst

Es ist hoffentlich deutlich geworden, dass in diesem Prozess zum einen Bewusstsein entsteht, zum anderen auch so etwas wie der subjektive Eindruck von »Persönlichkeit«, einer handelnden und erlebenden Person, die sich lebendig fühlt und Einfluss nehmen kann. Aus diesen Erfahrungen entsteht in der Regel so etwas wie ein Selbstbild, dem eine gewisse Festigkeit und Beständigkeit zugebilligt wird. Dieser feste Kern wird als unveränderlich betrachtet und Selbst, Ich, Identität, Charakter und Charaktereigenschaften genannt.

Wie nun kommt es zu diesen Formen von Selbstwahrnehmungen und Selbstvorstellungen? Das Ich kann als die Erfahrung einer bewusst erlebenden Person aufgefasst werden, das Selbst als fühlendes, denkendes und handelndes, sich als Einheit verstehendes Wesen. Eine wirklich klare Begriffsbestimmung ist recht schwierig, da beide Aspekte erfahrungsmäßig immer zusammen erlebt werden. Daher werden sie im Folgenden als Ich-Selbst zusammengefasst.

Auf zwei Aspekte soll hier hingewiesen werden: Der Mensch erlebt sich zum einen immer aus einer Innerperspektive, die als Erste-Person-Perspektive bezeichnet werden kann. Dabei wird das Ich-Selbst im Sinne von Selbsterfahrung erlebt. Aus der Sicht einer Außenperspektive dagegen, die Dritte-Person-Perspektive genannt werden kann, ist das Ich-Selbst als strukturelle Einheit verstehbar, die die Voraussetzung für das Funktionieren und das Überleben einer Person bildet. Innenperspektive und Außenperspektive als gleichzeitig ablaufende Prozesse machen es möglich, dass der Mensch sich als Ganzes erlebt, zusammenhängend fühlend und denkend. Es ist ein komplexes Zusammenspiel aller Sinne des Hörens, Sehens, Riechens, Schmeckens und Tastens. Dazu kommt (fast) immer auch das Denken. Hier entsteht in der Innenperspektive eine innere Welt, beschreibbar als Innenhaftigkeit und Innerlichkeit. So kann ein »Ort« oder auch »mein Ort« entstehen, aus dem sich die Erfahrung eines handelnden Wesens speist, mit Absichten, einem Willen und Taten.

Das Entstehen eines solchen Ich-Selbst ist zudem auch stark geprägt durch das Denken und eine Narration, die selbsterzählend dieses Ich-Selbst bestätigt, aber auch herstellt. Dabei spielen Erinnerungsbilder eine große Rolle, wichtiger noch sind Vorstellungen von dem, was die Person glaubt zu sein, und Visionen von dem, wie sie sein will oder sein möchte, dabei immer auch durchzogen von Erfahrungen und Erinnerungen aus der Vergangenheit. So entsteht ein komplexes Ich-Selbst-Gebilde, das in jeder Situation immer wieder neu zusammengesetzt wird, gleichzeitig aber einen

Eindruck von Festigkeit, Verlässlichkeit und Kontinuität vermittelt. Dass ein solcher Prozess möglicherweise zu Leiden führen kann, ist für eine handelnde Person erst einmal nicht ersichtlich (siehe hierzu auch Zwiebel und Weischede, 2015, S. 57 f.).

»Francisco Varela hat in dem Film ›Monte Grande‹ (Reichle, 2006) diesen Prozess so beschrieben: Die Aufgabe des menschlichen Gehirns ist es nicht, Informationen zu sammeln, sondern in jedem Augenblick den Eindruck von Einheit herzustellen. Dieses Ich-Selbst hat etwas sehr Überzeugendes, wird es doch erlebt als handelnder Agent, als Selbst, das eine Einheit von Erfahrung schafft, eine Kontinuität von Erfahrungen herstellt und als ›Fahrzeug‹ für die Sammlung all unserer Erfahrungen dient. Diese Erfahrungen selbst werden editiert und geformt durch diese Struktur, die wir hier Ich-Selbst nennen. All dies ist so überzeugend, dass es dem Menschen in der Regel sehr schwerfällt, hier eine mögliche Ursache für sein Leiden zu erkennen, da es doch unverkennbar eine lebenswichtige und -erhaltende Funktion ausübt« (Zwiebel und Weischede, 2015, S. 58).

Im Rahmen einer alltäglichen Achtsamkeitspraxis muss an dieser Stelle darauf hingewiesen werden, dass die *Funktionen* des Selbst eine nicht unerhebliche Rolle spielen. Diese Funktionen können charakterisiert werden als:

- trennend: Das Selbst erlebt sich als getrennt. Getrennt meint in diesem Sinne, dass es sich als *anders* erlebt. Wenn es diese Trennung nicht immer herstellen würde, könnte das Selbst sich nicht selbst erkennen, denn dazu bedarf es einer Abgrenzung.
- verbindend: Das Selbst erlebt sich als in Kontakt seiend und nicht getrennt. Das ist eine für den Alltag ebenfalls wichtige Funktion, denn ohne Kontakt und Verbundenheit ist ein Leben nur schwer zu meistern.
- Kontinuität: Das Selbst stellt eine Kontinuität her, die so etwas wie einen roten Faden darstellt. Diese Kontinuität entsteht durch das Bewusstsein, durch Sprache und Denken und ist ein weiterer Aspekt hinsichtlich Sicherheit, Erklärbarkeit und Planbarkeit.

Die fünf Skandhas beschreiben einen Prozess vom ersten Kontakt mit einem Objekt bis hin zum Bewusstsein von diesem Objekt und dem Entstehungsprozess des Bewusstseins selbst. Im Laufe dieses

Prozesses entsteht der Eindruck einer selbstbewussten Person, einer Person, die handelt, fühlt und denkt und eine Vergangenheit hat. Dieses Ich-Selbst hat etwas Reales, aus buddhistischer Sicht allerdings nur für einen kurzen Augenblick. Es ist dies ein Augenblick von strukturierter, fester Wirklichkeit, aber schon in einem nächsten Augenblick ist die Situation eine andere, veränderte, neue, mit neuen Gefühlen, neuen Assoziationen und neuen Impulsen. Die ihnen innewohnenden Qualitäten sind die der Unstetigkeit und kontinuierlicher Veränderung. Kurz gesagt: Eine neue Person ist entstanden, die sich im nächsten Augenblick wieder verändern wird. Das Ich-Selbst ist somit eine Aneinanderreihung von Veränderungen, vom Moment zu Moment immer wieder neu. Jeder dieser Momente hat einen Beginn und einen Abschluss, um dann überzugehen in einen neuen Moment, wieder mit einem Anfang und einem Ende.

Diese Prozesse sind als solche kein Problem, macht der Mensch daraus aber eine Art festes Selbst, und diese Tendenz besteht immer, wünscht sich der Mensch doch Festigkeit und Berechenbarkeit und letztendlich Sicherheit, kann dies zu Handlungen führen, die der jeweiligen Situation nicht angemessen sind.

Nyanatiloka fasst diesen Prozess so zusammen: »Unser sogenanntes individuelles Dasein ist in Wirklichkeit nichts weiter als ein bloßer Prozess dieser körperlichen und geistigen Phänomene, ein Prozess, der seit undenkbaren Zeiten schon vor unserer Geburt im Gange war und auch nach dem Tode sich noch für undenkbar lange Zeitperioden fortsetzen wird. Diese fünf Daseinsgruppen aber bilden, weder einzeln noch zusammengenommen, irgendeine in sich abgeschlossene wirkliche Ich-Einheit oder Persönlichkeit, und auch außerhalb derselben existiert nichts, was man als eine für sich unabhängig bestehende Ichheit bezeichnen könnte, so dass der Glauben an eine im höchsten Sinne wirkliche Ichheit, Persönlichkeit usw. eine bloße Illusion ist« (Lexikon d. ö. W., 1986, S. 357).

Einen möglichen Umgang mit diesem immerwährenden Prozess des Wandels in Bezug auf das Ich-Selbst hat Rolf Elberfeld eröffnet, indem er ihn als eine Ich-Selbst-Rücknahme beschreibt. In einem solchen Rücknahmeprozess befreit sich der Mensch nicht *von* seinen weltlichen Bewegungen, sondern *für* diese (Elberfeld, 2010, S. 55 f.). Und er fährt fort, dass »ich selbst nichts anderes bin als die erfahrende und lebendige Bewegung meiner selbst. Indem ich mich selbst als diese Bewegung erfahre, vergesse ich zunehmend das ›Ich‹, das dazu tendiert, sich als konstanter Faktor über diese Bewegung zu erheben. Indem die lebendige Bewegung sich mehr und mehr kennenlernt und dadurch das sich über dieser Bewegung erhebende ›Ich‹ zurückgenommen wird, kann die lebendige Bewegung, als die ich selber bin, in den Vordergrund der Aufmerksamkeit treten [...] Erst im Vergessen meiner selbst entsteht ein Bezug meiner lebendigen Bewegung zur lebendigen Bewegung alles anderen. Erst in diesem Bezug kann sich meine Selbstrücknahme als freie Bewegung erweisen« (Elberfeld, 2010, S. 58 f.; siehe auch Zwiebel und Weischede, 2015, S. 158 ff.).

Das Ich-Selbst erkennt sich selbst als immerwährende Bewegung, verwirklicht sie vollständig ohne Widerstand, nimmt jede Selbstdefinition zurück und wird so selbst zur freien Bewegung.

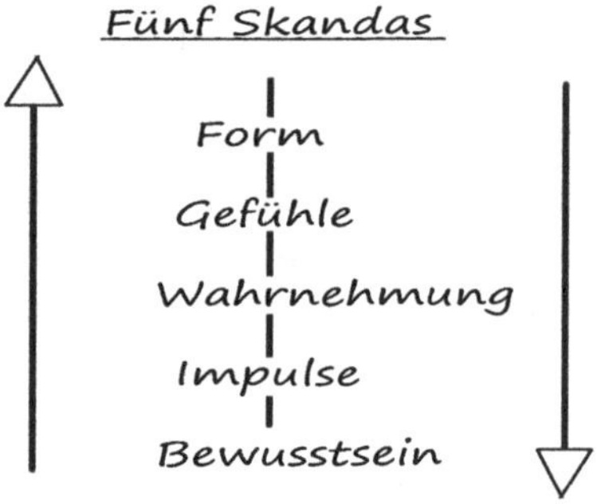


**Abbildung 2:** Die fünf Skandhas

Abbildung 2 zeigt die fünf Skandhas als aufsteigenden und absteigenden Prozess. Dieser Prozess ist weiter oben ausführlich vorgestellt worden, hier wird der Versuch unternommen, die Skandhas als Gesamtprozess darzustellen.

Im aufsteigenden Prozess tritt der Mensch in Kontakt mit einer Form. Mit Form ist der allererste Kontakt über die Sinne gemeint: Sehen als Wahrnehmung eines Gegenstands, Hören als Wahrnehmung eines Geräusches usw. Man könnte auch sagen: Die Welt tritt über die Sinne mit dem Menschen in Kontakt. Darauf reagiert der Mensch mit einem Grundgefühl, das entweder angenehm, unangenehm oder nicht klar beschreibbar ist. Das Objekt des Kontakts erhält in einem nächsten Schritt einen Namen, Sprache taucht auf. Im nächsten und entscheidenden vierten Schritt nun beginnt ein Reaktionsprozess, der das jeweilige Objekt des Kontakts färbt mit Erfahrungen, Assoziationen, Bildern, Vorlieben, Abneigungen und eingeübten Mustern, auch ausgelöst durch die vorhergegangene Benennung. Denn: Sprache/Benennung selbst löst schon Reaktionen aus. Bis zum Ende des zweiten Schritts konnte das Wahrnehmungsobjekt noch als relativ neutral erlebt werden, hier jedoch wird es zu meinem Objekt. Es wird eingefärbt und belegt mit meiner Geschichte, im Geist taucht »meine Erscheinung« auf. Im fünften und letzten Schritt wird sich der Mensch des Objekts bewusst, aber auch des gesamten Vorgangs. Dieser Ablauf kann als aufsteigender Prozess begriffen werden.

Die Abbildung zeigt aber auch einen Pfeil in die umgekehrte Richtung, vom Bewusstsein zurück zum ersten Kontakt. Dies ist eine Möglichkeit, Schritt für Schritt zu verdeutlichen, was passiert ist, bevor die Bewusstwerdung stattgefunden hat, bevor die Impulse aufgetaucht sind, bevor die Namensgebung stattgefunden hat, bevor ein Gefühl fühlbar wurde und wie der allererste Kontakt stattgefunden hat. Dies ermöglicht eine Art rückwärts gerichtetes Studieren dessen, was passiert ist, um so erste Anhaltspunkte in diesem sehr schnell ablaufenden Prozess zu etablieren.

Über das Untersuchen dieser einzelnen Prozesse hinaus wird es so auch möglich, an jeder dieser Stellen anzuhalten, innezuhalten und den jeweiligen Schritt genau zu untersuchen. Das geschieht in der Regel erst einmal auf dem Meditationskissen, wo es möglich ist, diesen sehr schnell ablaufenden Prozess soweit zu verlangsamen, dass dieses Anhalten möglich wird. Solche Untersuchungsmöglichkeiten sind dann in beide Richtungen möglich.

ÜBUNG

Die Praxis des Innehaltens

Suchen Sie einen stillen Ort auf und sitzen Sie für eine Zeit ohne Bewegung.

Nehmen Sie Ihre geistigen Aktivitäten wahr.

Nehme Sie die Impulse wahr, damit etwas tun zu wollen.

Geben Sie Ihren spontanen Impulsen nicht nach.
Halten Sie immer wieder inne.
Im achtsamen Innehalten und Stillhalten werden die Aktivitäten nicht unterstützt und nur noch beobachtet.
Es wird so die »Spontaneität des Unheilsamen« durch das beobachtende Innehalten gebrochen.
Dieses Innhalten selbst hat etwas sehr Heilsames.
Dieses Innehalten können Sie immer wieder praktizieren –
vor einer Roten Ampel, wenn Sie beim Arzt warten
oder in der Warteschlange vor der Kasse des Supermarkts.

Als Gesamtprozess betrachtet stehen die Skandhas nicht nur separat da, sondern in Beziehung zueinander. Diese Beziehungen können als aufeinander aufbauende beschrieben werden, wobei sie durch die Bewusstwerdung miteinander in Beziehung gesetzt werden. Ein solches Bewusstsein oder auch ein solcher Geist kann als »dialogischer Geist« bezeichnet werden. Die Skandhas beginnen miteinander zu kommunizieren und möglicherweise entsteht somit auch eine dialogische Beziehung zur Welt.

Der hier beschriebene Ablauf ist fundamental für den menschlichen Kontakt. Jede Kontaktaufnahme über die Sinne, sei es das Auge, die Ohren, die Nase, die Zunge oder die Berührung, läuft nach dieser Struktur ab und wird durch das Bewusstwerden vollendet. Der Ablauf einer jeden solchen Sequenz ist sehr schnell, geschieht in Bruchteilen von Sekunden, und da der Mensch mit seiner Aufmerksamkeit immerzu schnell die Objekte wechselt, wird der Schnelligkeit des Ablaufs noch die Schnelligkeit des kontinuierlichen Wechsels hinzugefügt. Es entsteht so der Eindruck eines kontinuierlichen, scheinbar ununterbrochenen Flusses von Wahrnehmungen, die als Objekte ins Bewusstsein gehoben werden.

Die fünf Skandhas sind ein Werkzeug, um das Bewusstsein und sein Entstehen zu studieren. Im Laufe einer solchen Untersuchungspraxis kann jeder dieser fünf Bereiche zu einem eigenen Bewusstsein werden. So wird es dann möglich,

- ein Formbewusstsein,
- ein Gefühlsbewusstsein,

- ein Sprachbewusstsein,
- ein Reaktionsbewusstsein,
- und ein Bewusstsein vom Bewusstsein

zu entwickeln und wahrzunehmen.

## Über die Täuschung

Im Abschnitt »Das Leiden am Geist« (S. 51) ist das Problem der Täuschung angesprochen worden. Zusammenfassend wurde dort die These vertreten, dass der menschliche Geist getäuscht werden kann, vielleicht sogar grundlegend getäuscht *ist* und diese Täuschung in den Wahrnehmungsprozessen selbst angelegt ist. Mit den fünf Skandhas ist ein wichtiger Versuch unternommen worden, genau diese Wahrnehmungsprozesse zu untersuchen. In Bezug auf eine mögliche Täuschung stellt sich an dieser Stelle die Frage, wo genau in diesem Prozess Täuschung möglich wird.

Im dritten Skandha, so wurde ausgeführt, wird dem wahrgenommenen Objekt ein Name gegeben, es wird benannt. Hier taucht Sprache auf, ein erster Schritt hin zur Bewusstwerdung. Sprache ist ein komplexes Kommunikationssystem, das aus bedeutungsvollen Zeichensystemen besteht und hörbar eine Kombination von Lautbildungen und gleichzeitig mentalen Vorstellungen erzeugt. Diese Zeichensysteme sind Symbole, mit denen das wahrgenommene Objekt belegt wird. Die Symbole werden dann in das Bewusstsein gehoben und das Objekt wird so Symbol-vermittelt erkannt. Die Sprache steht somit vermittelnd zwischen dem Objekt und dem Subjekt. Zwar ist das Objekt der Auslöser für die Benennung, von nun an aber bestimmt das Sprachsymbol alle weiteren Prozesse mit diesem Objekt.

Das vierte Skandha bietet ein weiteres Feld möglicher Täuschungen. Mit diesem Skandha, so wurde ausgeführt, werden die menschlichen Reaktionsprozesse beschrieben, die nach der Benennung stattfinden. Typische Reaktionen sind Assoziationen, Erinnerungen, Bilder, aber auch Emotionen wie Trauer und Freude. Hier werden den Objekten, die einen Namen erhalten haben, Reaktionen hinzugefügt, die als Hintergrund die ganze Lebensgeschichte des Menschen beinhalten. Der Mensch reagiert mit seinem ganzen Sein und seinem ganzen Geworden-Sein auf die jeweilige Wahrnehmung.

Hier wird offensichtlich, dass der Mensch in allererster Linie ein Reaktionswesen ist. Im Zuge dieser Reaktionen entstehen dann Tatabsichten, ebenfalls als Reaktionen, möglicherweise auch als bekannte Reaktionsmuster. Zusammen mit dem Willen, einem Entschluss, werden es dann Taten und Handlungen.

Reagieren bedeutet in der Regel direktes Reagieren. Hier scheint etwas durch, was der Mensch gut kennt: Oft reagiert er immer gleich, musterhaft, daraus gibt es scheinbar keine Möglichkeit des Aussteigens. Das Objekt wird subjektiv gefärbt, der Mensch täuscht sich in seiner Reaktion, denn sie ist nicht situationsgerecht.

Aus buddhistischer Sicht ist in den Wahrnehmungsprozess somit zweimal eingegriffen worden. Das Resultat ist ein zweimal verändertes Objekt, das mit dem allerersten Kontakt im ersten Skandha nicht mehr allzu viel zu tun hat.

### Bewusstsein

In diesem Kapitel wird immer wieder von Bewusstsein gesprochen. Nicht, dass es an dieser Stelle und in diesem Rahmen möglich wäre, das menschlichen Bewusstsein umfassend zu definieren, so soll doch ein vorsichtiger Versuch in diese Richtung unternommen werden.

Bewusstsein ist »deutliches Wissen von etwas« (Duden, 2001, S. 93). Bewusstsein ist das Erleben von mentalen Zuständen und mentalen Prozessen. Bewusstsein wird hier verwendet als ein wachbewusster Zustand, in dem Reize aufgenommen, zu Symbolen (Sprache) gestaltet und »erlebt« *(Qualia)* werden, auch als phänomenales Bewusstsein beschreibbar. Auf weitere Bewusstseinsqualitäten wie Zugriffsbewusstsein, Intentionalitätsbewusstsein, Selbstbewusstsein oder Individualitätsbewusstsein kann hier nicht weiter eingegangen werden.

Bewusstsein basiert auf dem Erlernen und Entwickeln von Begründung, Rationalität und Logik im Sinne von Denken und Bedenken. Es scheint so, als ob diese Entwicklung des Bewusstseins in der Regel im Zentrum der menschlichen Erfahrung steht und zu unterschiedlichen Formen des Denkens (Gedächtnisleistung, Symbolverarbeitung oder auch stummes Sprechen des Geistes) führt. Dies ist eine sicher wichtige Form der geistigen Entwicklung, ob es die am höchsten entwickelte Form des Geistes ist, wird im Laufe des Buches zu beantworten sein.

Menschliches Bewusstsein klar zu definieren, scheint nur eingeschränkt möglich zu sein. Dies ist auch in der buddhistischen Tradition erkannt worden. Daher wird eine Definition über die Frage nach der jeweiligen *Funktion* versucht. Die Frage nach den Funktionen des Bewusstseins ist eine solche Herangehensweise, macht sie ein zu untersuchendes Objekt doch auf diese Weise konkret handhabbar. Darüber hinaus wird auch die Gebundenheit, hier des Bewusstseins an die jeweilige Situation, deutlich.

Aus der Sicht des Buddhismus hat das Bewusstsein die folgenden Funktionen:

- die Schaffung einer voraussagbaren, vorhersagbaren Welt;
- die Welt erkennbar zu machen;
- die Welt chronologisch zu machen;
- der Welt und den Dingen eine Bedeutung zu geben;
- die Schaffung einer Zeitstruktur;
- die Schaffung einer Raumstruktur.

Der Prozess der fünf Skandhas stellt Bewusstsein her, somit Wirklichkeit, die, wie schon ausgeführt, täuschungsanfällig ist. Es ist also möglich, dass der Mensch eine Wirklichkeit erlebt, die zum einen von Täuschungen durchzogen sein kann, zum anderen, und das ist hier wichtig zu betonen, dass er einen Anteil an der Herstellung einer solchen Wirklichkeit hat.

In Abbildung 3 sind die fünf Skandhas als Brille dargestellt. Der Verständlichkeit halber ist diese Brille außerhalb des Kopfes angesiedelt. Der Wahrnehmungsprozess läuft nun in zwei gleichzeitig stattfindenden Phasen ab: Die Lichtimpulse werden im Auge und im Gehirn in elektrische Impulse umgewandelt. Gleichzeitig macht der Geist in diesem Wahrnehmungsprozess aus dem Objekt eines, das er erkennt: Das Objekt wird wahrgenommen, mit einem Gefühl belegt, es bekommt einen Namen, es löst Assoziationen aus und wird dann bewusst erkannt. Das Glas der Brille entspricht genau diesen fünf Schritten, beschrieben in und mit den Skandhas.

Wie nun kann dieser täuschungsanfällige Prozess vermieden werden? Die Antwort ist sehr radikal: Nimm die Brille ab! In seiner

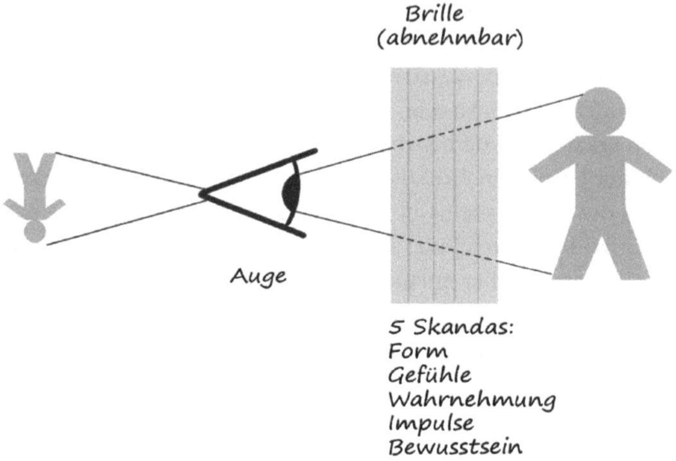


**Abbildung 3:** Die Skandhas als Brille

Radikalität bedeutet dies, den Prozess der Skandhas erst gar nicht zuzulassen, ihn also direkt beim ersten Kontakt mit einem Objekt zu beenden. Der Meditierende verweilt also, zumindest für eine Zeitlang, beim ersten Kontakt. Dieser erste Kontakt ist ein Signal oder ein Impuls, der über die Sinne aufgenommen wird. Hier nun setzt die Achtsamkeitspraxis an: Auf dem Sitzkissen wird es möglich, diesen sehr schnell ablaufenden Prozess der Skandhas so weit zu verlangsamen, dass er in seinen Einzelheiten studiert werden und an jeder (!) Stelle angehalten werden kann, vorzugweise im ersten Skandha.

Im ersten Kontakt anzuhalten, im ersten Kontakt zu verweilen, ist die Basis für die Achtsamkeitspraxis, ist die Basis für Satipātthanā, dabei nicht getrübt durch Gefühle, Sprache, Reaktionen und Bewusstsein. Im ersten Skandha verweilen zu können, ermöglicht einfach nur Sehen, Hören, Riechen, Schmecken und Tasten, traditionell auch als *reine Wahrnehmung* bezeichnet.

An dieser Stelle ist es wichtig, noch einmal darauf hinzuweisen, dass die hier beschriebene Entstehung des menschlichen Bewusstseins die Grundlage für das Denken ist. Denken ist das Ergebnis dieses Prozesses, der Entstehungsprozess selbst steht dabei nicht im Vordergrund. Hier wird noch einmal deutlich, dass der Buddha es sich zur Aufgabe gemacht hat, diesen Entstehungsprozess zu untersuchen, man könnte sagen, dass er eine Phänomenologie der menschlichen Wahrnehmung entwickelt hat.

Bewusstsein ist (eng verknüpft mit) Sprache und somit mit Denken. Diese Fähigkeit zum Denken hat den unbestreitbaren Vorteil, einen Abstand zum jeweiligen Geschehen herzustellen, weniger oder nicht mehr verstrickt zu sein, um so einen Blick von außen auf das Geschehen zu ermöglichen. Das Bedenken einer Situation ist aber eben nicht das direkte *Erleben* dieser Situation. Der Prozess der Skandhas führt also aus dem direkten Erleben eines ersten Kontakts heraus, nämlich in das Bedenken dieses Kontakts, beginnend mit der Namensgebung.

Die Achtsamkeitspraxis setzt an diesem Punkt an und unterbricht den immer wieder automatisch ablaufenden Prozess hin zum Denken direkt am Anfang, nämlich im ersten Skandha. Ziel ist das Verweilen im ersten Kontakt, also vor einer gefühlsmäßigen Reaktion und vor dem Benennen. Mit diesem Nicht-Benennen entsteht kein Bewusstsein und somit auch kein Denken. In der buddhistischen Tradition wird dies »Wissen, ohne zu denken« genannt, der japanische Ausdruck dafür ist *Hishiriō,* Nicht-Denken.

Aus der Sicht der Achtsamkeitspraxis geht es also um das Entwickeln der Fähigkeit, wahrzunehmen, ohne zu denken. »Nimm wahr, ohne zu denken« ist die Aufforderung an die Meditierenden, aber auch an die im Alltag Praktizierenden. Dies ermöglicht direkten Kontakt, nichts steht mehr zwischen dem Subjekt als dem Wahrnehmenden und dem wahrgenommenen Objekt. Denken schafft also einen Abstand zum jeweiligen Objekt der Wahrnehmung, es ermöglicht ein Blick von außen, es entsteht eine Trennung von Subjekt und Objekt, eine Zweiheit, eine Dualität. Ziel einer Achtsamkeitspraxis aber ist das direkte Erleben, welches einer Auflösung der Dualität gleichkommt. Oder anders ausgedrückt: Das Verweilen-Können im ersten Skandha lässt eine Dualität erst gar nicht entstehen. Dieses Koan bringt das Problem der Dualität auf den Punkt:

> »Vimalakirti fragte Manjusri: ›Welche Methode wendet ein Bodhisattva an, um in die Nicht-Zweiheit einzutreten?‹
> Manjusri sagte: ›Meines Wissens nach ist in allen Dingen keine Sprache,

> keine Erklärung, keine Anleitung und keine Ausführung, alle Fragen und Antworten zurücklassend – dies ist die Methode, um in die Nicht-Zweiheit einzutreten.‹
> Dann fragte Manjusri Vimalakirti: ›Wir haben beide gerade gesprochen. Nun, guter Mann, solltest du sagen, was ist die Methode eines Bodhisattvas, in die Nicht-Zweiheit einzutreten?‹
> Vimalakirti schwieg.« (BOS, 1990, S. 201, eigene Übersetzung)

Die beiden Protagonisten, Vimalakirti und Manjusri, sind zwei sogenannte Bodhisattvas, Wesen, deren Handeln durch Mitgefühl, Einsicht und Weisheit getragen ist.

Interessant an diesem Dialog ist schon die Ausgangsfrage von Vimalakirti: »Wie kann ich in die Nicht-Zweiheit eintreten?« Die Frage geht davon aus, dass der Mensch mit jedem Kontakt erst einmal immer im Bewusstsein landet und somit in der Dualität. Das ist eine immer wieder hergestellte Realität. Die Frage geht davon aus, dass es möglich ist, aus dieser Dualität *aus*zusteigen und in die Nicht-Dualität *ein*zusteigen. Die Methode, die das ermöglicht, ist das Nicht-Anwenden von Sprache. Ein Geist aber, der Denken und Sprache zurücklässt, ist ein schweigender Geist. Die Antwort auf die Frage von Majushri, was *er* denn tun würde, beantwortet Vimalakirti daher nicht mit einer Erklärung, sondern mit der *Aktivität* des Schweigens.

Es ist dies das Schweigen des Geistes, der das Entstehen von Sprache und Bewusstsein erst gar nicht zulässt, der Prozess der fünf Skandhas kann sich nicht entwickeln, der Geist schweigt. Hier stellt sich die höchst interessante und wichtige Frage: Was nimmt der Geist wahr, wenn er schweigt? Die verblüffende Antwort: Nicht-Zweiheit und Verbundenheit.

## Die Krankheiten des Geistes

Der menschliche Geist hat Fähigkeiten, die es ihm ermöglichen, unglaubliche Leistungen zu vollbringen. Diese Fähigkeiten haben aber auch ihre Schattenseiten: Der Geist verhindert in seinen Aktivitäten den direkten Kontakt, das Leben wird bedacht und nicht gelebt. Diese geistigen Fähigkeiten stellen also auf der einen Seite erstaunliche Möglichkeiten dar, auf der anderen Seite können sie als Hindernisse betrachtet werden, aus buddhistischer Sicht werden sie sogar als »Krankheiten« beschrieben. Die in dieser Sichtweise angelegte Provokation stellt etwas in Frage, was in der Regel als etwa Normales und sogar Anzustrebendes betrachtet wird: Der denkende Mensch, der bewusst und daher rational handelt, ist das anzustrebende Ideal.

Nun kommt die buddhistische Tradition daher und behauptet, diese wunderbaren Fähigkeiten sind gleichzeitig Hindernisse, so internalisiert, so fest in der menschlichen Struktur verankert, dass sie zu einer sehr einseitigen Wahrnehmung der Welt führen, so einseitig, dass sie zu Leiden führen können. Diese Einseitigkeit blendet nämlich aus, dass die Welt eben nicht nur durch das Denken, die Rationalität und die Logik wahrgenommen wird, sondern auch ganz direkt.

Im ersten Kontakt mit einem Sehobjekt oder einem Laut, entsteht etwas ganz Direktes, ganz Nahes, das auch die Welt ganz nah kommen lässt. Die Welt erscheint dann vielleicht ganz anders als gewohnt. Dieses Direkte wird in der Regel ohne ein Innehalten sofort überführt in eine Reihe von Reaktionen wie Fühlen, Benennen, Impulse, Tatabsichten, sodass ein Reiz-Reaktions-Muster entsteht, das möglicherweise immer wieder zu ähnlichen Handlungen führt. Diese Handlungen laufen oft nach immer den gleichen Regeln und Mustern ab, sind dann eher nicht an die jeweilige Situation angepasst und führen daher oft zu Leiden. Dieses Regelhafte, Musterhafte, Reaktive wird hier als Krankheiten bezeichnet.

An dieser Stelle wird der Buddha noch einmal als »Arzt« beschrieben, der Krankheiten diagnostiziert und ein entsprechendes »Medikament« verschreibt. Dabei hat er, wie jeder Arzt, die Hoffnung, dass diese Krankheiten heilbar sind, und macht Vorschläge für Heilungsmaßnahmen mit einer entsprechenden Medizin. Der Buddha kann somit als ein »Arzt des Geistes« bezeichnet werden, dem es darum geht, einen Geist zu entwickeln, der weniger – oder immer weniger – täuschbar ist.

Es folgt eine Liste der Krankheiten mit ihrer jeweiligen Medizin:

#### *Die Krankheit des Benennens*

Dies ist die Tendenz, den wahrgenommenen Objekten einen Namen zu geben. Durch diese schnelle, fast reflexhafte Aktivität hat das Objekt ein Symbol (Name) erhalten, ein erster Schritt hin zur Dualität.

*Medizin:* Das Nicht-Benennen. Verweilen im Form-Skandha (erstes Skandha) als der Quelle aller Erscheinungen.

### *Die Krankheit des Hinzufügens*

Dies ist die Tendenz, auf jedes Wahrnehmungsobjekt eine Reaktion zu legen wie Assoziationen, Erinnerungen, Bilder, Wille und Tatabsichten.

*Medizin:* Nichts hinzufügen.

### *Die Krankheit des Selbst*

Die Herstellung eines scheinbar festen Selbst, das bei genauer Untersuchung letztendlich eine Aneinanderreihung von Augenblicken ist, die kontinuierlicher Veränderung unterworfen sind. Ein unveränderlicher Wesenskern, eine Essenz, ist nicht zu finden.

*Medizin:* Das Selbst wird betrachtet und erlebt als ein sich immer wandelndes, nie klar definierbares Wesen, ein dem Wandel folgendes Wesen.

### *Die Krankheit des Weggehens vor der Ankunft*

Dies bedeutet das Nicht-Beenden einer Handlung oder eines Gedankens. Es geht um die Tendenz des Geistes, Prozesse sehr oft nicht zu beenden, nicht zu vervollständigen, sie offen zu halten und sie somit als nicht abgeschlossene Geschichten immer weiter mit sich zu tragen. So entsteht, bildhaft gesprochen, ein Bündel offener, unverknüpfter Fäden.

*Medizin:* Möglichst alle Gedanken zu Ende denken, auch auf die Gefahr hin, dass dies zu nicht erwünschten Konsequenzen führen kann.

### *Die Krankheit des Anhaftens nach der Ankunft*

Dies beschreibt die Tendenz des Geistes anzuhaften, nicht loslassen zu wollen, etwas festzuhalten, weil es so angenehm ist. Es basiert auf dem grundlegenden menschlichen Lust-Unlust-Prinzip, nach dem das Angenehme dem Unangenehmen in der Regel vorgezogen wird.

*Medizin:* Wann immer eine Handlung abgeschlossen und vervollständigt ist, sie loslassen und dabei den richtigen Zeitpunkt erkennen.

*Die Krankheit der Dualität*

Dies ist die Krankheit, die Welt und die Wirklichkeit vorzugsweise aus einer dualistischen Perspektive zu betrachten.

*Medizin:* Eintritt in die Nicht-Dualität.

*Die Krankheit des Denkens*

Diese Aussage beschreibt zusammenfassend die menschliche Tendenz, die gesamte Welt und fast alle Wahrnehmung über das Denken zu »erkennen« und zu erklären. Wenn das die hauptsächliche, vielleicht sogar ausschließliche Form der Weltwahrnehmung ist, kann dies als eingeschränkte Weltwahrnehmung bezeichnet werden.

In der Regel identifiziert sich der Mensch mit seinen Gedanken: Ich bin, was ich denke. Diese Identifikation mit dem Denken erzeugt eine diskursive Kontinuität, eine Kontinuität, die in den geistigen Aktivitäten verankert ist. Dies wirft die Frage auf, wo denn der Mensch verankert ist, wo sein Ankerplatz ist, wo sein inneres Zuhause. Die Verankerung im Denken, also im Geist, ist sehr unzuverlässig und flüchtig. Aus der Sicht der Achtsamkeit wird angestrebt, eine Verankerung mehr und mehr im Atem und im Körper zu verorten.

*Medizin:* Wahrnehmen, ohne zu denken. Nicht zu denken anerkennt auch die Tatsache, dass die Welt zu großen Teilen nicht erklärbar ist.

Abschließend wird ein kurzer Dialog (Koan) zwischen dem Zen-Meister Dongshan und einem Mönch vorgestellt, der als Zusammenfassung dieses Kapitels betrachtet werden kann.

»Als Dongshan sich unwohl fühlte, fragte ein Mönch: ›Du bist krank Lehrer, aber gibt es irgendjemanden der nicht krank ist?‹
Dongshan sagte: ›Den gibt es.‹
Der Mönch sagte: ›Schaut der, der nicht krank ist, nach dir?‹
Dongshan sagte: ›Ich habe die Möglichkeit, mich um ihn zu kümmern.‹
Der Mönch sagte: ›Wie ist es, wenn du dich um ihn kümmerst?‹
Dongshan sagte: ›Dann sehe ich nicht, dass er irgendeine Krankheit hat.‹«
(BOS, 1990, S. 402, eigene Übersetzung)

Dongshan ist körperlich erkrankt. Diese Krankheit wird er mit entsprechender Medizin und Bettruhe behandeln, so wie es jeder Kranke tun wird. Die Frage des Mönches gibt dieser Situation erst einmal eine völlig neue Wendung: »Gibt es irgendjemanden der nicht krank ist?« Jeder kennt diesen Nicht-Kranken: Es ist der eigene Beobachter, der die Krankheit wahrnimmt, sie beobachtet und Maßnahmen zur Gesundung einleitet und überwacht, in der Regel mit Hilfe und Unterstützung von außen. Sich auf diesen Beobachter beziehend, fragt der Mönch nun: »Schaut dieser Nicht-Kranke nach dir, kümmert er sich um dich?« In der Regel würde die Antwort natürlich lauten: »Ja, natürlich kümmert er sich um mich, ja natürlich kümmere ich mich um mich.« Aber die erstaunliche Antwort von Dongshan gibt der Situation eine neue Wendung: »Ich habe die Möglichkeit, mich um ihn zu kümmern.«

Dongshan kümmert sich also um den Nicht-Kranken und wird hierzu von dem Mönch befragt: »Wie ist es, wenn du dich um ihn kümmerst?« Dongshans verblüffende Antwort: »Dann sehe ich nicht, dass er irgendeine Krankheit hat.« Wer ist dieser Nicht-Kranke? Es ist der beobachtende Geist, der die körperliche Krankheit wahrnimmt. Dieser Geist ist klar und erkennend, weiß, was zu tun ist, aber nicht nur das: Er verweilt immerzu in dieser Klarheit und lässt sich durch nichts, auch nicht durch die Krankheit, aus dieser klaren Ruhe herausbringen. Während Dongshan sich um seine körperliche Krankheit kümmert, kümmert er sich *gleichzeitig* um diesen klaren Geist. Er beschreibt so eine Praxis, die unabhängig vom jeweiligen alltäglichen Geschehen von ihm immerzu weiterverfolgt wird: Er kultiviert einen stillen, schweigenden, klar wahrnehmenden und nicht-reagierenden Geist. Die letzte Frage des Mönches bezieht sich genau auf diesen Geist: »Was, Dongshan, findest du denn vor, wenn du diesen Geist pflegst?« Die Antwort von Dongshan: »Mein Geist ist nicht krank. Mein Geist ist gesund.«

Wie hat Dongshan dies geschafft? Dongshan hat über viele Praxisjahre hinweg einen Geist kultiviert, der still sein kann inmitten der alltäglichen Turbulenzen. Er hat einen Geist kultiviert, dessen Qualität der Stille daraus resultiert, dass er nicht reagiert und einfach nur klar wahrnimmt. Aus dieser Klarheit heraus kann dann ein jeweils angemessenes Handeln entstehen, vielleicht durchdrungen von Weisheit und Mitgefühl.

Dies ist eine zentrale Aussage für die Praxis der Achtsamkeit. Der hier beschriebene Geist wird traditionell auch der *ungeborene Geist* genannt. Er ist jenseits des Kommens und Gehens von Aktivitäten, jenseits von Ursache und Wirkung und vor jeder Reaktion. Dieser Geist gebärt nichts und ist immer gesund, er kann kultiviert und muss gepflegt werden. Aus der Sicht der Achtsamkeitspraxis ist dieser Geist die Grundlage für ein Handeln, das spontan, im jetzigen Augenblick, in einer jeweiligen Situation völlig stimmig ist und so zu weniger Leiden führt.

Es gibt an dieser Stelle eine scheinbare Widersprüchlichkeit, auf die hier hingewiesen werden soll. Der ungeborene Geist wird kultiviert und für ihn trägt Dongshan immer Sorge, auch wenn er körperlich krank ist. Hier könnte man nun annehmen, dass dieser gesunde Geist, wenn er dann entwickelt ist, sich umgekehrt um Dongshan kümmert. Wenn dem so wäre, gäbe es kein Leiden mehr. Tatsache aber ist, das Leiden erst einmal existiert, auch wenn der Buddhismus konstatiert, dass ein Leben frei von emotionalem und mentalem Leiden möglich sei. Aus der Sicht des ungeborenen Geistes auf das Leiden geschaut, werden neue Handlungen möglich, solche, die ganz auf die jeweilige Situation abgestimmt sind. Dadurch verändert sich das Leiden: Es zeigt sich, dass es aufgehoben werden kann, dass der Mensch ihm nicht (mehr) ausgeliefert ist. So entsteht ein neues Verhältnis zum Leiden. Ein solcher Prozess wird aus der Sicht der Achtsamkeitspraxis angestrebt und seine Grundlage ist das fortwährende Kultivieren dieses ungeborenen Geistes. Möglicherweise wird dieser dann eines Tages nach Dongshan schauen.

ÜBUNG

Das Meditieren, das Sitzen auf dem Sitzkissen, einem Bänkchen oder einem Stuhl, dies kann wie eine Laboranordnung angesehen werden. Das Labor ist etwa ein Quadratmeter groß, das zu untersuchende Objekt sitzt still und untersucht sich selbst.

Wie in jedem Labor gibt es auch hier Laborregeln:

Das Untersuchungsobjekt sollte körperlich aufrecht und bewegungslos sitzen.

Die Aufforderung »Bewege dich nicht« geht aber über das rein körperlich Unbewegt-Sein hinaus,
die eigentliche Aufforderung ist: »Bewege deinen Körper und bewege deinen Geist nicht.«
Zum Labor gehört auch ein Beobachter, der zum einen auf die Einhaltung der Regeln achtet, zum anderen das Untersuchungsobjekt so genau wie möglich beobachtet.
Dabei sollte der Beobachter seinen eigenen Beobachtungen nichts hinzufügen oder sie bewerten.
Das ist die Grundlage der Achtsamkeitspraxis.
Setzten Sie sich nun für eine Zeit aufrecht und still hin und bewegen Sie sich nicht.
Beobachten Sie Ihre körperlichen Impulse, sich bewegen zu wollen, und geben Sie ihnen *nicht* nach.
Beobachten Sie Ihre geistigen Aktivitäten, nehmen Sie sie wahr und gehen dann mit Ihrer Aufmerksamkeit zu Ihrem Atem: Nehmen Sie wahr, wie Sie einatmen und wie Sie ausatmen.
Der Einatem braucht eine gewisse Zeit, ebenso der Ausatem. Am Ende der Ausatmung entsteht eine Pause. Machen Sie daraus eine wirkliche Pause: Es gibt nichts zu tun.
Beobachten Sie diese Vorgänge und fügen Sie nichts hinzu, nehmen aber auch nichts weg. Verweilen Sie in dieser Haltung für mindestens 10 Minuten.
Francisco Varela nennt diese Anordnung der Selbsterforschung ein »transportables Labor«.[12]

12 Siehe hierzu den Abschnitt »Kleiner Ausflug in die Methoden der zeitgenössischen Wissenschaft«, S. 52.

# Der Jetzige Augenblick

Zentral in der Achtsamkeitspraxis ist die Frage nach dem jetzigen Augenblick. Was genau ist der jetzige Augenblick, dem aus der Sicht der Achtsamkeitspraxis nichts hinzufügen und von dem nichts weggenommen werden sollte? Die Frage danach, was der jetzige Augenblick denn nun sei, ist gar nicht so leicht zu beantworten.

Alles, was passiert, passiert in diesem Augenblick. Das Leben findet immer in diesem jetzigen Augenblick statt. Diese Aussage wird in der Regel jeder unterschreiben, um sich dann wieder aus dem jetzigen Augenblick davonzumachen. Dieses Flüchten des Geistes in Gedanken, Assoziationen und Bilder scheint eines der grundlegenden Merkmale des menschlichen Geistes zu sein. Man kann dies als die Ausgangsbasis eines fundamentalen Problems verstehen: Alles, wirklich alles, findet im Hier und Jetzt statt und der Mensch ist in der Regel nur selten willig, sich genau auf diesen Augenblick komplett einzulassen (siehe hierzu auch Oppermann, 2020).

In diesem Kapitel wird der Versuch unternommen, sechs Aspekte des jetzigen Augenblicks genauer zu untersuchen:

1. der Augenblick im Gegenwartsmoment
2. der Augenblick in den fünf Skandhas
3. der Augenblick in den Vijñānas
4. der Augenblick als Raum
5. der Augenblick der Fünf Kennzeichen
6. der Augenblick im Nullpunkt-Samādhi

ÜBUNG

Wo sind Sie gerade mit Ihrer Aufmerksamkeit?
Diese Frage ist grundlegend, denn: Da, wo Sie jetzt mit Ihrer Aufmerksamkeit sind, da findet Ihr Leben gerade jetzt statt. Genau das ist der jetzige Augenblick.
Dort verweilen Sie für einen Moment oder auch länger.

Dann wechseln Sie zu einem anderen Objekt Ihrer Aufmerksamkeit.
Dieses Verweilen und Wechseln geschieht ganz automatisch.
Diese Prozesse immer wieder wahrzunehmen, wird die Praxis der Achtsamkeit genannt.
Dabei fügen Sie der Wahrnehmung nichts hinzu, Sie nehmen aber auch nichts weg.
Wo sind Sie gerade mit Ihrer Aufmerksamkeit, wenn Sie diese Zeilen lesen?
Lesen Sie aufmerksam, um dann für einen Moment einen anderen Gedanken zuzulassen?
Dann ist Ihr Fokus dort. Das ist kein Problem, nehmen Sie es nur wahr.
Dann wechseln Sie wieder zurück zum Lesen.
Jetzt lesen Sie in diesem Augenblick.

## 1. Der Augenblick im Gegenwartsmoment

Was genau ist der jetzige Augenblick? Dieser Frage ist der amerikanische Psychotherapeut und Psychoanalytiker Daniel Stern nachgegangen. »Der Gegenwartsmoment ist die Zeitspanne, in der psychische Prozesse sehr kleine Wahrnehmungseinheiten zu den kleinsten globalen Einheiten (zu einer Gestalt) verbinden, die im Kontext einer Beziehung eine Bedeutung haben […] Subjektiv betrachtet, sind sie das, was wir als ununterbrochenes Jetzt erleben.« Ein solcher Moment dauert in der Regel drei bis vier Sekunden (Stern, 2018, S. 248).

Mit *Kairos* bezeichneten die Griechen einen günstigen Augenblick, in dem etwas Neues entstehen kann. Es ist »der vorübergehende Augenblick, in dem etwas geschieht, während die Zeit sich entfaltet«, ein Augenblick, »der Handeln verlangt oder dem Handeln günstig ist […] um das eigene Schicksal […] in eine andere Richtung zu lenken.« Es ist Handeln im Jetzt, »ein kleines Fenster des Werdens und der günstigen Gelegenheit« (Stern, 2018, S. 25 f.). Mit *Chronos* bezeichneten die Griechen diesen Augenblick als Punkt, der sich in der Zeit bewegt und der Zukunft zustrebt.

*Der Gegenwartsmoment ist gelebte Erfahrung, eine kleine Scheibe Zeit, in der das Passierende sofort Vergangenes wird. Präzise betrachtet gibt es somit die Gegenwart nicht* (S. 24).

Dieses gelebte Erleben ist unmittelbar, taucht in seinem Vollzug nicht ins Bewusstsein auf und wird somit nicht in Sprache gefasst. Eine Beschreibung dieses Augenblicks ist somit eine aus dem Erinnern heraus, die dann erzählt werden kann. Der direkt gelebte Augenblick ist bereits vorüber, die Narration selbst ist schon der nächste Augenblick.

Der Gegenwartsmoment befindet sich zwischen der Vergangenheit und der Zukunft. Dabei kann, so Daniel Stern, dieser Moment »von der Vergangenheit als auch von der Zukunft als Geisel genommen werden« (S. 46). Die Vergangenheit kann einen so großen Schatten auf die Gegenwart werfen, dass die Gegenwart nur bestätigt, was schon bekannt ist, und wenig Neues zulässt. Die Gegenwart als das mögliche Jetzt kann somit ausgelöscht werden. Aber auch die Zukunft kann die Gegenwart so stark beherrschen, dass diese kaum noch existiert. Im besten Fall ist die Gegenwart eine Balance zwischen Zukunft und Vergangenheit. Dabei wird die Gegenwart von der Vergangenheit bestimmt, vielleicht sogar kontrolliert im Sinne von Ursache und Wirkung. Und ebenso beeinflusst die Gegenwart die Vergangenheit, denn im jeweiligen gegenwärtigen Augenblick werden bestimmte Ausschnitte aus der Vergangenheit hervorgeholt, wiederbelebt oder auch neu zusammengestellt.

Zusammenfassend kann gesagt werden, dass die Vergangenheit die Gegenwart beeinflusst, die Gegenwart die Vergangenheit realisiert und verändert, beide determinieren so die »Umrisse der imaginierten Zukunft« und stellen somit den jeweiligen Augenblick zusammen (Stern, 2018, S. 49).

Hier wird sehr deutlich, dass die Vergangenheit nicht als eine »Bibliothek von Erfahrungen« betrachtet werden kann, »in der die Erstausgaben in ihrer Originalfassung aufbewahrt werden, sodass man eine beliebige Erinnerung sozusagen aus dem Regal ziehen und in die Gegenwart zurückholen kann, um sie originalgetreu erneut zu durchleben« (S. 203). Das Gedächtnis, so Stern, ist eine Ansammlung von »Erfahrungsfragmenten«, die als in der Vergangenheit liegende Ereignisse aus dem Blickwinkel des jeweiligen Augenblicks neu bewertet, neu zusammengestellt und somit immer wieder neu überschrieben werden. Zwar ist die Vergangenheit vergangen, als ein Geschehen, das nicht mehr verändert werden kann, sie wird aber aus der Perspektive der Gegenwart kontinuierlich umgeschrieben.

Der jeweilige Augenblick wird aber nicht nur vom Erinnerungskontext beeinflusst, sondern auch durch die »Gesamtheit dessen, was im Moment geschieht. Ihn konstituiert ein Amalgam aus all den Wahrnehmungen, Sensationen, Kognitionen, Affekten, Gefühlen und Aktionen, die gegenwärtig bewusst und unbewusst, implizit und explizit auf uns einwirken« (S. 203). Der Gegenwartsmoment wird somit zu einer Gestalt in der »praktisch ununterbrochen (ein) Trialog zwischen Vergangenheit, Gegenwart und Zukunft« stattfindet (S. 49).

Der Gegenwartsmoment ist gelebte Erfahrung, findet vor der Versprachlichung statt, hat eine Dauer, baut kleinste Einheiten zu kohärenten Einheiten, Gestalten, zusammen, die bedeutungsvoll, funktional und (später dann auch) bewusst sind. Er ist einzigartig und nicht vorhersagbar. Leben bedeutet somit die Bewegung von einem Gegenwartsmoment zum nächsten Gegenwartsmoment (S. 56).

Diese Beschreibung ist sehr nahe an dem, was aus buddhistischer Perspektive über den Gegenwartsmoment ausgesagt und erfahren werden kann. Den jeweiligen Augenblick als immer wieder neuen Moment direkt zu erleben ist das Ziel einer jeden Achtsamkeitspraxis. Die »Kunst des Lebens« ist die Fähigkeit, dieser Augenblick, dieser Gegenwartsmoment zu sein, ihn auszudehnen, ihn sich beenden zu lassen, um dann in den nächsten einzutreten.

Stern hat mit seinem Buch eine gute Grundlage geschaffen, auf der man nun noch genauer, und dieses Mal nicht aus psychologischer, sondern aus buddhistischer Sicht, den jetzigen Augenblick untersuchen kann. An dieser Stelle sei eine kleine Bemerkung erlaubt: Schon jetzt zeigt sich deutlich, dass bei der zeitgenössischen Achtsamkeitsdefinition in der Regel ausgeblendet wird, dass der Augenblick ein äußerst komplexes Gebilde ist, dessen Struktur intensive (Selbst-)Untersuchungen erfordert, um die Begrenzung, aber auch die Möglichkeiten auch nur annähernd zu erfassen.

Die oft gehörte Aufforderung »Sei im Augenblick« wird dieser Komplexität in keinster Weise gerecht.

## 2. Der Augenblick in den fünf Skandhas

Im vorangegangenen Kapitel sind die fünf Skandhas ausführlich behandelt worden. Es wurde ausgeführt, dass sie einen Prozess beschreiben, der mit jedem Kontakt immer wieder neu stattfindet und dazu führt, dass Bewusstsein und ein Eindruck von einer handelnden Person entsteht und der Herstellung von Wirklichkeit dient. Es ist deutlich geworden, dass die Skandhas für die Achtsamkeitspraxis eine zentrale Rolle spielen. Eine kurze Zusammenfassung soll dies noch einmal vor Augen führen.

Der Mensch tritt über seine Sinne in Kontakt mit der Welt, dies wird *das Form-Skandha* genannt. Es ist ein erster und direkter Kontakt mit dem jeweiligen Objekt der Wahrnehmung und bedeutet *nur* Kontakt. Wahrnehmung im Sinne von Sprache und Bewusstsein hat noch nicht stattgefunden. Dies ist ein Moment von erstem Kontakt, ein Augenblick, der mit *jedem* neuen Kontakt stattfindet, also mehrmals in der Minute.

Der Mensch ist ein Reaktionswesen und reagiert in Bruchteilen von Sekunden auf diesen Kontakt mit der Welt. Diese erste Reaktion ist eine Gefühlsreaktion: Der Kontakt wird als angenehm, unangenehm oder »weder noch« wahrgenommen. Eine angenehme Reaktion lässt die Person sich entspannen, eine unangenehme versetzt sie in Spannung. Dies kann als *Gefühls-Skandha* bezeichnet werden.

Im nächsten Schritt bekommt das Objekt einen Namen. Der Name kann als sprachliches Symbol verstanden werden, mit dem das Objekt belegt wird. Dies ist der erste Schritt, die Wahrnehmung des Objekts in das Bewusstsein zu heben, es ist dies das *Wahrnehmungs-Skandha.* Auf das Problem, dass eine symbolvermittelte Welt eine andere ist als der direkte Kontakt, beschrieben im ersten Skandha, wurde im vorherigen Kapitel hingewiesen.

Im vierten Skandha dann geschieht etwas Erstaunliches. Die Person reagiert wieder, jetzt auf diese beginnende Versprachlichung, mit Assoziationen, Bildern und Impulsen. Daraus entwickeln sich Willenskräfte und Handlungsabsichten. Dieser vierte Schritt ist das *Impuls-Skandha.* Auf das Problem möglicher Täuschung durch diese Vereinnahmung oder Belegung des Wahrnehmungsobjekts mit Impulsen und Assoziationen wurde im vorherigen Kapitel hingewiesen. Ein Objekt, dass zu »meinem Objekt« geworden ist, erschwert sehr die Wahrnehmung des Objekts »an sich«.[13]

Erst dann, in einem letzten fünften Schritt, entsteht das Bewusstsein. Es ist das Bewusstsein von dem wahrgenommenen Objekt, aber auch das Bewusstsein von diesem gerade abgelaufenen Gesamtprozess. Dieser letzte fünfte Schritt kann als das *Bewusstseins-Skandha* bezeichnet werden.

Dieser Prozess der Skandhas, und darauf soll hier nochmals hingewiesen werden, läuft in sehr großer Geschwindigkeit ab und wird als Prozess in der Regel nicht wahrgenommen. Wahrgenommen wird das Resultat der jeweiligen Wahrnehmung und diese ist einfach überzeugend: Die Welt scheint genauso zu sein, wie sie uns erscheint: einfach, überzeugend und nicht hinterfragungswürdig.

Um diesen Prozess studieren zu können, ist es nötig, ihn zu verlangsamen. Die Meditation, das stille Sitzen, ist nun die Grundlage, um genau diese Fähigkeit zu erlernen. Dabei wird dieser Prozess nicht nur verlangsamt, sondern es wird im Laufe der Zeit möglich, an jeder Stelle anzuhalten. Hier nun wird deutlich, dass das Anhalten im ersten Skandha entscheidend ist, denn hier geschieht der allererste Kontakt. Dies ist der jetzige, allererste Augenblick, der mit jedem Kontakt stattfindet, nicht belegt mit Gefühlen oder Sprache. Im Laufe der Zeit wird es dem Meditierenden zunehmend möglich, hier anzuhalten und zu verweilen.

Dieses Verweilen ist das Verweilen im rein Sensorischen. Im Anhalten im ersten Kontakt, dem ersten Skandha, wird der Prozess hin zur Bewusstwerdung unterbrochen. Oder anders gesprochen: *Das Sensorische wird vom Bewusstsein entkoppelt.* Das genau ist die Kunst, die erlernt werden kann: Das Verweilen im allerersten Kontakt. Hier wird (noch) nicht durch die »Brille der Skandhas« geschaut.

---

13 Ausführlich haben Ralf Zwiebel und der Autor sich mit dieser Thematik in ihrem Buch »Buddha und Freud – Präsenz und Einsicht« (2015, S. 47 ff.) beschäftigt.

Die Art und Weise, wie die Skandhas hier vorgestellt werden, ist über Jahrhunderte hinweg entwickelt worden. Es ist der Versuch, Erfahrungen über den menschlichen Wahrnehmungsprozess und die Entstehung des Bewusstseins in Worte zu fassen. Grundsätzlich wird der/die Achtsamkeit-Praktizierende immer wieder dazu aufgefordert, seine/ihre eigenen Erfahrungen zu machen und das hier Vorgestellte immer wieder selbst zu überprüfen. Dazu muss auch die Erfahrung gehören, dass der Prozess der fünf Skandhas ebenfalls einer ist, der nicht fest ist, sondern selbst andauernden Veränderungen unterliegt.

Dadurch ist er ungreifbar, unbeständig und ermöglicht es nicht, ein festes Ich-Selbst zu finden. Wenn das nicht erkannt wird, kann auch dieser Prozess zu Leiden führen (siehe hierzu Murphy, 2019, S. 32–35).

## 3. Der Augenblick in den Vijñānas

In diesem Abschnitt soll der jetzige Augenblick in einer etwas anderen Form beschrieben werden, als es Daniel Stern versucht hat; dieser beschreibt den Gegenwartsmoment als etwas, das einer Person widerfährt. Davon geht der Buddhismus auch aus, fügt aber hinzu, dass der Mensch den jeweiligen Augenblick »herstellt«: »Jemand« entscheidet sich, Dinge zu tun oder eben auch nicht. Die Frage nach diesem Jemand stellt eine nicht zu unterschätzende Herausforderung dar.

Das Wort *Vijñāna* kommt aus dem Sanskrit und bedeutet Bewusstsein, Erkenntnis, aber auch Erkennen. Traditionell wird von acht Vijñānas gesprochen und ihr gemeinsames Wirken kann als eine Art buddhistisches Geistesmodell betrachtet werden. Bei der Praxis mit den Vijñānas wird jedes einzeln untersucht, sie wirken aber immer zusammen, gerade im Sinne der Herstellung des jetzigen Augenblicks. Daher kann eine weitere Übersetzung des Begriffs Vijñāna auch lauten: *Die Dinge durch ihre Teile zusammen erkennen.* Oder: *Ein Ding durch seine Teile zusammen erkennen.*

**Abbildung 4:** Die Vijñānas als »Sanduhr«

Abbildung 4 gibt einen ersten Überblick des hier vorgestellten Konzepts.[14] Die Ausgangsfrage »Was ist der jetzige Augenblick?« wird hier erweitert durch die Frage »Wie setzt sich der jetzige Augenblick zusammen?«. Bei der Entstehung des Augenblicks sind viele Faktoren beteiligt. Mit dem Konzept der Vijñānas ist es gelungen, diese Faktoren zusammenfassend darzustellen und so eine Grundlage zu schaffen, diese systematisch zu untersuchen.

Das Schaubild ist wie eine Sanduhr aufgebaut: Im oberen Teil sind die fünf Sinnesorgane als Beteiligte darstellt; dazu gehört in der buddhistischen Tradition auch das Denken. Somit gibt es hier sechs Vijñānas. Der untere Teil der Sanduhr zeigt den sogenannten Vergangenheitsspeicher. Er ist kurz gesagt die Vergangenheit des Menschen. Hier ist alles gespeichert, was der Mensch je in seinem Leben erlebt hat. Dies ist das achte Vijñāna. Die im oberen Teil der Sanduhr dargestellten Faktoren und das bisher Erlebte und Gelebte, beschrieben als Vergangenheit, bilden *zusammen* den jetzigen

14 Die Darstellung in Form einer angedeuteten »Sanduhr« stammt ursprünglich von Richard Baker Roshi und ist im Verlauf vieler Seminare von ihm entwickelt worden.

Augenblick. Im Schaubild ist dies die engste Stelle der Sanduhr und wird *Manas* genannt, als das siebte Vijñāna. An dieser Stelle fließen die sechs Vijñānas und die Vergangenheit zusammen, bildlich gesprochen könnte man auch sagen, sie fließen durch den jetzigen Augenblick hindurch.

Dieser jetzige Augenblick geschieht immerzu, scheinbar ohne irgendein Dazutun, wie von allein. Dies aber ist ein Trugschluss. Aus buddhistischer Sicht wird davon ausgegangen, dass dieser jetzige Augenblick »jemanden« benötigt, der diesen Augenblick »herstellt«. Wer nun ist dieser Jemand, der hier aktiv ist? Diese Frage ist nicht leicht zu beantworten und wird in der Regel als das »Ich« erlebt: Ich sehe, ich höre, ich denke usw. Hier wird deutlich, insbesondere über die Sprache, dass es eine Person gibt, einen »Täter«, der diese Aktivitäten vollzieht. Dies mag nicht immer bewusst passieren, es ist aber nicht zu bestreiten, dass ein Ich oder ein Selbst daran beteiligt ist.

Dies ist ein zentraler Punkt im Konzept der Vijñānas: Eine Person stellt den jetzigen Augenblick her. Dieser Augenblick, um es noch einmal zu verdeutlichen, setzt sich zusammen aus den Sinnen, einschließlich des Denkens und all dem Erlebten aus der Vergangenheit.

Dies ist auf den ersten Blick ein einfaches Konzept, das aber bei genauerer Untersuchung sehr vielfältig ist. Es kann schon hier gesagt werden, dass der jetzige Augenblick ein sehr komplexes Gebilde ist, das ob seiner Flüchtigkeit nur schwer zu untersuchen und viel mehr Faktoren beinhaltet, als auf den ersten Blick erkennbar ist.

Die folgenden Ausführungen beschäftigen sich nun im Detail mit den einzelnen in Abbildung 4 gezeigten Aspekten. Die Vijñānas beschreiben zunächst einmal die fünf Sinne des Menschen: das Sehen, Hören, Riechen, Schmecken und Tasten. In Bezug auf eine Achtsamkeitspraxis geht es darum, die Sinne jeweils einzeln zu untersuchen. Jeder der Sinne wird eine Zeitlang ganz präzise studiert, bis sich so etwas wie eine Verwirklichung, eine Realisierung einstellt. Dabei ist es von großer Hilfe, eine Art Unvoreingenommenheit zu praktizieren, die die jeweilige persönliche oder gesellschaftliche Definition des einzelnen Sinnes hinterfragt.

Möglicherweise erweitern sich durch solche Praktiken die Sinne, sie werden geschärft. Die Qualität der Sinne verändert sich, aber auch die Person, die sich mit all ihren Sinnen beschäftigt, verändert sich. Sie wird wacher, aufmerksamer und beginnt scheinbar Offensichtliches genauer zu hinterfragen. So können Glaubenssätzen oder Meinungen über die Wirklichkeit nach und nach ersetzt werden durch direkte Erfahrungen.

Am Beispiel des Sehens und des Hörens kann gezeigt werden, wie ein solches Studieren vonstattengehen kann.

Was genau ist eigentlich »sehen«? Grundlage ist ein Körperorgan, das Auge, das auf Lichtstrahlen reagiert, die von dem wahrgenommenen Objekt reflektiert werden. Dieses reflektierte Licht trifft auf das Auge, wird durch eine Linse auf dem Augenhintergrund gebündelt, in körpereigene elektrische Signale umgewandelt, um dann als gesehenes Objekt im Geist zu »erscheinen«. Es entsteht in diesem Prozess ein Beziehungsfeld zwischen dem Wahrnehmenden und dem Objekt, das beide gemeinsam »herstellen«. (Ausführlicheres über dieses Beziehungsfeld im nächsten Abschnitt »Der Augenblick als Raum«.) Dabei sieht der Wahrnehmende das Objekt, im Gegenzug sieht das Objekt (zum Beispiel ein Mensch oder ein Baum) den Wahrnehmenden, der Wahrnehmende wird also vom Objekt gesehen und erkennt sich so im Gegenüber, ebenso sieht sich das Objekt im Wahrnehmenden. Am Ende dieses Prozesses entsteht ein Bild des Gesehenen, genauer gesagt, eine Erscheinung im Geist.

Das Hören ist ebenfalls ein interessantes Phänomen. Hier ist das Medium »Luft« der Kontakt. Das Ohr reagiert auf Schwingungen der Luft, im Gegensatz zum Auge, das auf Licht reagiert. Diese Luftschwingungen, ausgelöst zum Beispiel durch einen singenden Vogel, erreichen das menschliche Ohr. Genau betrachtet wird ein Ton durch eine Bewegung der Stimmbänder des Vogels ausgelöst, diese Bewegung wird über die Luft weitergetragen, versetzt das Trommelfell der hörenden Person in Schwingungen und wird von dort über elektrische Signale als ein Geräusch wahrgenommen. Zu einem »Ton« oder zum Vogelgesang wird dieses Geräusch erst durch den Prozess der Skandhas.

Es ist allerdings möglich, im allerersten Kontakt verweilen zu können, also nur zu hören und zu erleben, wie das Trommelfell im Gleichklang mit den Stimmbändern des Vogels schwingt, übertragen durch die Luftschwingungen. Es ist wie eine Verbindung, die den Vogel ganz nah erscheinen lassen, er ist ganz nah am Ohr. Dies ist gemeint, wenn von »reinem Hören« oder »nur hören« gesprochen wird.

Wird im ersten Skandha jedoch nicht angehalten, so wird im Prozess der Skandhas aus einem Geräusch ein Ton und aus diesem ein Vogelgesang, dieser wird dann zu »meinem« Vogelgesang und zum Schluss wird das Ganze ins Bewusstsein gehoben.

Die übrigen Prozesse des Riechens, Schmeckens und Tastens laufen nach den gleichen Mustern ab.

Das sechste Vijñāna (Sanskrit: Mano-Vijñāna), das Denken, fällt hier etwas aus dem Rahmen. Im Prozess der Skandhas wird im dritten Skandha das Wahrnehmungsobjekt benannt, also mit einem Symbol belegt. Wenn es dem Praktizierenden der Achtsamkeit nun gelingt, genau an dieser Stelle innezuhalten, also nur zu benennen und dort zu verweilen, tritt das benannte Objekt mit großer Deutlichkeit in den Fokus. Es wird fast überdeutlich. Wenn dann ohne Reaktionen (das wäre das vierte Skandha) zum nächsten Objekt der Wahrnehmung übergegangen werden kann, tritt dieses wieder mit großer Deutlichkeit hervor. Wird dieser Prozess eine Zeitlang fortgeführt, entsteht eine neue Klarheit von den jeweils angeschauten Objekten. Zusätzlich wird der Gesamtprozess verlangsamt, das Objekt muss ja benannt werden, sodass dieses noch klarer und deutlicher wird. Oft entsteht so der Eindruck, alltägliche Objekte zum ersten Mal *wirklich zu sehen.*

ÜBUNG

Versuchen Sie einmal, nur zu hören. Bleiben Sie beim Hören eines Geräusches ganz dabei:

Versuchen Sie, ihm keinen Namen zu geben, und lassen Sie mögliche Reaktionen nicht zu.

Lauschen Sie einfach nur dem Geräusch. Lassen Sie es ganz nah an Ihr Ohr kommen.

Es ist fast so, als ob Sie das Geräusch werden.

Nun zum unteren Teil der Sanduhr. Hier ist das achte Vijñāna angesiedelt, welches, vereinfacht, als die Vergangenheit des Menschen beschrieben werden kann, es wird auch das Speicherbewusstsein (Sanskrit: Alaya-Vijñāna) genannt. Dieser Speicher ist aus buddhistischer Sicht nicht einfach nur eine Ansammlung der Vergangenheit, die, wie Daniel Stern (2018) bemerkt hat, eine Art von Originalfassungen des Erlebten aufbewahrt, sondern ist selbst immerzu Veränderungsprozessen unterworfen. Wann immer die Vergangenheit erinnert wird, wann immer von ihr berichtet wird, immer wird sie anders dargestellt, sie wird, so Stern, von dem jeweiligen Gegenwartsmoment überschrieben und somit neu geschrieben.

Darüber hinaus sind die hier abgelegten Erinnerungen selbst einem lebendigen Veränderungsprozess unterworfen, wohl auch unabhängig davon, ob sie bewusst erinnert werden. In ihrer Lebendigkeit ist die Vergangenheit selbst in unaufhörlichem Wandel. Jede neue Aktivität wird im Vergangenheitsspeicher abgelegt und verändert diesen dann, durch den kontinuierlichen Zufluss. Daniel Stern hat darauf hingewiesen, dass die hier gespeicherten Erinnerungen nicht einer Bibliothek vergleichbar sind, sondern sich verändern durch den lebendigen Zufluss und ebenfalls durch die Aktivitäten des Erinnerns.

Die in diesem Speicher abgelegten Ereignisse werden von einigen buddhistischen Lehrern wie Samen betrachtet. Dies sind Ereignisse, in die Wünsche, Versprechen und Hoffnungen für die Zukunft gelegt sind und unter entsprechend guten Bedingungen wirklich werden können, die Samen können sich entfalten und wachsen. In Bezug auf eine Achtsamkeitspraxis wird es hier möglich, bestimmte Samen zu gießen, also zu fördern, und andere auszutrocknen, ihnen also wenig bis keine Energie zukommen zu lassen.

Der vietnamesische Zen-Meister Thich Nhat Hanh beschreibt diese Samen als »Phänomene mit der Kapazität, manifest zu werden«. Und er fährt fort: »Wir sollten danach streben, alle positiven und negativen Samen in uns zu identifizieren. Dann können wir verhindern, die negativen Samen zu gießen, und jede Möglichkeit ergreifen, die positiven zu pflegen. Das nennt man ›selektives Gießen‹« (Hanh, 2003, S. 90, S. 92).

Die ersten sechs Vijñānas, aber auch der Speicher der Vergangenheit, werden aus buddhistischer Sicht *nicht* als passive Informationsquellen betrachtet. Zwar werden hier Impulse aufgenommen und direkt zu Erscheinungen im Geist verarbeitet, es ist aber auch möglich, hier den Prozess der fünf Skandhas anzuwenden, in dessen Verlauf die Impulse ins Bewusstsein gehoben werden. Mit dem Werkzeug der fünf Skandhas können die Sinne und die Vergangenheit also genau untersucht werden. So wird aus den Sinnesimpulsen und dem Vergangenheitsspeicher ein Seh-, Hör-, Riech-, Schmeck-, Fühl-, Denk- und Speicherbewusstsein.

Was geschieht nun mit all diesen Informationen? Wie geht der Mensch mit dieser sehr komplexen Situation um? Es ist wichtig, sich klarzumachen, dass es einen kontinuierlichen Strom von Informationen gibt, mit denen das menschliche Gehirn und der menschliche Geist umgehen muss. Andauernd erhalten die fünf Sinne Impulse aus der Welt, der Geist wird kontinuierlich angeregt zu denken, zu bedenken und zu assoziieren, mit einem Wort: zu reagieren. Aber auch die Vergangenheit mischt sich immerzu in diesen großen Strom von Informationen ein, indem sie Vergangenes hervorholt und so die Möglichkeit schafft, das jeweils Neue mit Erfahrungen aus der Vergangenheit abzugleichen, aber auch zu beeinflussen.

An dieser Stelle kommen die Manas ins Spiel, in Abbildung 4 an der engsten Stelle der Sanduhr angesiedelt. Das Wort Manas kommt aus dem Sanskrit und bedeutet Denkfähigkeit (Sanskrit: Klista-Manas-Vijñāna). Es kann als eine Art inneres Organ aufgefasst werden, in dem alle Informationen aus den übrigen Vijñāna zusammenlaufen. Hier wird entschieden, welche der vielen Informationen Vorrang erhält, welche Information zum jetzigen Augenblick »gemacht« wird. An dieser Stelle verschmelzen die Impulse der fünf Sinne mit ihrer Wahrnehmung und der Vergangenheit. Das Wort »verschmelzen« beschreibt die Situation recht gut: gegenwärtige Impulse, geistige Reaktionen und Impulse aus der Vergangenheit werden nicht unterschieden und vermengen sich zum jetzigen Augenblick. All dies geschieht mehr oder weniger nicht bewusst, es geschieht einfach.

Man kann zusammenfassend sagen: In diesem siebten Vijñāna wird aus all diesen Informationenströmen ein jeweiliger Augenblick »zusammengestellt«. Das Bild eines Regisseurs oder Dramaturgen ist hier recht passend: Der Regisseur wählt aus all diesen gleichzeitig einströmenden Informationen einen Schwerpunkt aus, der dann zu dem jeweiligen Augenblick zusammengestellt wird.

Die Frage, wie und nach welchen Kriterien der Regisseur auswählt, muss nun im Rahmen einer Achtsamkeitspraxis genauer untersucht werden. Grundlegende Kriterien wie Vorlieben und Abneigungen, Erfahrungen und Vermeidungen, aber auch Gefühle und Emotionen stehen dabei im Vordergrund. In diesem Rahmen kann sich der oder die Praktizierende dann folgende Fragen stellen:

- Wieso ist dieses Objekt in den Vordergrund getreten und zum Augenblick geworden?
- Nach welchen Kriterien ist das Objekt ausgesucht worden?
- Gibt es vielleicht Muster, nach denen dies geschieht?
- Und die entscheidende Frage: Bin ich als wache und aufmerksame Person an diesem Prozess beteiligt?
- Und wenn ja, kann ich beginnen, Einfluss zu nehmen auf das, was Wahrnehmung genannt wird?

ÜBUNG

Wo sind Sie gerade mit Ihrer Aufmerksamkeit?
Schauen Sie gerade? Hören Sie gerade? Denken Sie gerade jetzt?
Nehmen Sie wahr, wie Ihre Aufmerksamkeit ständig von einem zum nächsten Objekt wandert?
Diese Wechsel geschehen oft sehr schnell.
Durch die aufmerksame Wahrnehmung wird dieser Prozess verlangsamt und Sie können ihn genauer studieren.
Was sind die Kriterien, nach denen Sie wechseln? Vorlieben, Abneigungen oder einfach nur Gewohnheiten?
Versuchen Sie, das herauszufinden. Auch das wird Ihren Prozess der Wahrnehmung verlangsamen.
Ihr jeweiliger Fokus ist Ihr jetziger Augenblick.
Wenn möglich, versuchen Sie, dort für eine Zeit lang zu verweilen.

Der Augenblick ist eine höchst komplexe Zusammenstellung vieler Informationsquellen zu einem jeweiligen Moment im Hier und Jetzt. Jeder Mensch ist aktiv an diesen Prozessen beteiligt, greift immer wieder ein und nimmt somit starken Einfluss auf das Gesamtgeschehen. Ob dies nun bewusst oder weniger bewusst geschieht, hängt von der Wachheit und Selbstreflexion der Person ab. Letztendlich jedoch muss für alle Handlungen die Verantwortung übernommen werden. Dies kann als ein weiterer Grund dafür angesehen werden, eine Achtsamkeitspraxis zu entwickeln. Zum Schluss ist all dies in einem Schaubild zusammengefasst (Abbildung 5).

**Abbildung 5:** Die Vijñānas in ihrer Gesamtheit

## 4. Der Augenblick als Raum

Mit jedem Blick und jedem Hören, mit jedem seiner Sinne eröffnet der Mensch einen Raum zwischen dem Sinnesorgan und dem Objekt. Mit jedem Erstellen eines neuen Raumes entsteht ein neuer Jetzt-Raum. So betrachtet sind die Sinne eine Raumerweiterung in die Welt, in den Kosmos. Man denke hier nur an die Möglichkeiten, in das Weltall zu schauen. Die Raumerweiterung bis zum geschauten Mond beträgt durchschnittlich 385.000 Kilometer. Das Hören erweitert den Hörraum hinauf bis zu einem vorbeifliegenden Flugzeug.

Der Betrachter sieht das Objekt, zum Beispiel einen Menschen, lässt es in seinem Geist entstehen und stellt es/ihn damit her. Das Objekt sieht den Betrachter, das Subjekt, ebenfalls und stellt ihn/es somit her. Der so entstandene Raum kann als Augenblicksraum bezeichnet werden und besteht so lange, bis der Betrachter oder das Objekt den Kontakt beendet. Dann bricht die Verbindung ab und der von beiden Seiten hergestellte und gehaltene Raum wird aufgelöst.

Mit jedem Kontakt entsteht über die jeweiligen Sinnesorgane ein solcher Raum, manchmal nur für einen kurzen Augenblick, kaum

**Abbildung 6:** Der Subjekt-Objekt-Raum

wahrnehmbar, manchmal länger. Jedes Mal gibt es einen Anfang und ein Ende mit einer entsprechenden Auflösung.

Dieser hier vorgestellte Augenblick als Raum basiert auf der allgemeinen Annahme, dass Raum trennt. Das ist faktisch natürlich richtig. Richtig ist aber auch, dass Raum verbindet. In Abbildung 6 geht es daher um den verbindenden Anteil des Raumes zwischen dem Subjekt und dem Objekt.

ÜBUNG

Jedes Mal, wenn Sie etwas anschauen, entsteht zwischen Ihnen und dem Objekt ein Raum.
Nehmen Sie diesen Sehraum wahr, er verbindet Sie mit dem Objekt.
Wenn Sie ein Geräusch wahrnehmen, entsteht ebenfalls ein Raum zwischen dem Ton erzeugenden Objekt und Ihnen. Nehmen Sie diesen Tonraum wahr.
Nehmen Sie sich immer wieder die Zeit, solche verbindenden Räume zu erleben.

## 5. Der Augenblick der Fünf Kennzeichen

Eine der Grundannahmen der buddhistischen Philosophie und Praxis ist die Tatsache, dass sich alles immer in Veränderung befindet. Eine Aussage, die jeder klar denkende Mensch sofort unterschreiben wird. Dennoch ist diese Aussage bei genauerem Untersuchen nur schwer anzunehmen. Wenn alles immer im Wandel ist, bedeutet das in seiner Konsequenz, dass nirgendwo ein unveränderlicher Kern zu finden ist. Diese Aussage stellt das Grundverständnis des westlichen Weltbildes in Frage, geht dieses doch davon aus, dass es so etwas wie einen Urgrund gibt, etwas, das allem zugrunde liegt, dass es einen Anfang, einen Urknall und dass es so etwas wie ein Ende gibt.[15] In einem Koan heißt es dazu:

> Ruiyan fragte Yantou: »Was ist das grundlegende beständige Prinzip?«
> Yantou sagte: »Bewegung«.
> Ruiyan sagte: »Wenn da Bewegung ist, was dann?«
> Yantou sagte: »Du siehst das grundlegende beständige Prinzip nicht.«
> Ruiyan stand dort und dachte nach.
> Yantou sagte: »Wenn du zustimmst, dann bist du noch nicht frei von Sinneswahrnehmung und Materie. Wenn du nicht zustimmst, dann bist du für immer versunken in Geburt und Tod.«
>
> (BOS, 1990, S. 316, eigene Übersetzung)

»Wenn du es ›so‹ nennst, hat es sich bereits verändert« (BOS, 1990, S. 316, eigene Übersetzung) heißt es dazu anmerkend in der Einführung des Falls. Hier wird darauf hingewiesen, dass schon ein Gedanke (hier von Zustimmung oder Ablehnung) eine Bewegung und somit Veränderung bedeutet.

Allein die Frage nach einem grundlegenden, beständigen Prinzip lässt aufhorchen. Hier hat sich jemand wirklich Gedanken gemacht. Als Antwort hätte man vielleicht Aussagen von Einstein erwartet oder über geheimnisvolle Kräfte im Weltall, die noch der Entdeckung bedürfen. Stattdessen kommt die fast banale Antwort: Bewegung ist das grundlegende beständige Prinzip.[16]

---

15 Sie hierzu auch die Ausführungen über die Leerheit im Abschnitt »Mādhyamika – Über die Leerheit« (S. 184 ff.); sowie auch Weischede und Zwiebel, 2009, S. 145 ff.

16 Weitere Kommentare zu diesem Koan finden sich im Abschnitt »Mādhyamika – Über die Leerheit« (S. 184 ff.), wo das Koan noch einmal aufgegriffen wird.

Bewegung, Wandel und Veränderung als das »grundlegende beständige Prinzip« können in den folgenden fünf Schritten am Beispiel einer Blume beschrieben werden:

1. Entstehen (Geburt): Eine Blume keimt, wächst und entsteht.
2. Entfaltung: Die Blume entfaltet sich und kommt zum Erblühen.
3. Vergehen: Die Blume beginnt zu verwelken und zu vergehen.
4. Beenden (Tod): Die Blume stirbt.
5. Auflösung: Die Beziehung zwischen der Blume und dem Beobachter dieses Prozesses wird aufgelöst.

Wie im vorherigen Kapitel angesprochen entsteht bei einer Kontaktaufnahme mit der Welt, einem Objekt oder auch einer Person, ein Feld zwischen dem Subjekt und dem Objekt. Dieses Feld wird von beiden, dem Subjekt und dem Objekt, hergestellt. In diesem Feld definieren sich beide gegenseitig, das Subjekt definiert das Objekt, das Objekt definiert das Subjekt. (Ich definiere die Person, die Person definiert mich.)

Bei der Beendigung des Kontakts wird dieses gemeinsam hergestellte und aufrechterhaltene Feld aufgelöst. Damit einhergehend löst sich auch die gegenseitige Definition auf, das Feld, das Ich und das Du lösen sich auf. Diese Situation, in der sich alles aufgelöst hat, kann man als ein Nicht-mehr beschreiben. Alles ist für einen kurzen Augenblick *vollständig* beendet. In der Regel beginnt dann sofort wieder eine neue Aktivität, mit einem Entstehen bis hin zu einem Beenden und einer Auflösung.

An dieser Stelle jedoch ergibt es Sinn, innezuhalten und diesen entstandenen Raum zwischen *Nicht-mehr* und *Noch-nicht* (die nächste Bewegung in der Zukunft ist noch nicht) genauer zu untersuchen. Es ist ein Raum, der für einen Augenblick offen ist für Unvorhergesehenes, für Neues. Dieser Raum wird gehalten durch die Nicht-Reaktion des Geistes. Darauf weist Nagarjuna im Zitat weiter unten hin, wenn er diese Stille des Geistes als ein beglückendes Zur-Ruhe-Kommen beschreibt.

Es ist ein Raum, ein Feld von Offenheit, Potenzialität, offener Weite, traditionell auch *Leerheit* genannt. Die Bedeutung dieses wichtigen Begriffs der Leerheit in der buddhistischen Tradition wird im Kapitel »Achtsamkeit – Über den Geist: Die traditionelle

Sicht« (S. 179 ff.) ausführlich dargelegt. Die Leerheit sollte im oben beschriebenen Kontext, aber auch im Folgenden eher als *Fülle* betrachtet werden. Eine Fülle von Lebendigkeit und Möglichkeiten, die jederzeit das Potenzial zur Formwerdung in sich birgt.

Diese Offenheit, diese offene Weite, dieses Potenzial, in dem vieles möglich *werden könnte,* ist der Grund dafür, dass die Zukunft nicht berechenbar ist, dass die Zukunft wirklich offen ist. Für einen Augenblick ist die Bewegung zur Ruhe gekommen, aber auch der Geist ist beglückt zur Ruhe gekommen, für einen Augenblick entfaltet er sich nicht.

Nagarjuna schreibt dazu:
»Diejenigen aber, die ›Existenz‹ und ›Nicht-Existenz‹ der Dinge sehen, sind von geringerer Einsicht; sie sehen nicht das beglückende Zur-Ruhe-Kommen des Sichtbaren« [...] »Heilvoll ist die Beruhigung aller Wahrnehmungen, die Beruhigung der Entfaltung.«

(Weber-Brosamer und Back, 2005, S. 20 und S. 100)

Dies ist der im Kapitel »Über das menschliche Leiden, Krankheit und Gesundheit« beschriebene »schweigende Geist« (S. 42 ff.), den Vimalakirti praktiziert.

Hier haben wir nun die Beschreibung eines Augenblicks, der zwischen zwei Aktivitäten liegt: das beglückende Zur-Ruhe-Kommen aller Bewegung. Dies deutet auf eine Offenheit und eine Weite hin, die in der Regel nicht wahrgenommen oder aber oft übergangen werden. Das liegt an der Geschwindigkeit, mit der der menschliche Geist arbeitet und aktiv ist. Um diesen Augenblick wahrnehmen zu können, bedarf es der stillen Meditation, einer Praxis, in der Körper und Geist wirklich nicht mehr bewegt werden. Die Grundregel lautet hier: »Bewege dich nicht. Weder Körper noch Geist.« Dies ist in der Regel nur durch lange Meditationspraxis umsetzbar. Hier endet der Weg der Sprache und der Worte.

In Abbildung 7 (S. 94) wird das bisher Beschriebene in einer bildlichen Darstellung noch einmal veranschaulicht. Die linke Seite beschreibt den Beginn, das Entstehen, das Entfalten, das Erblühen, das Verblühen und das Vergehen (noch einmal) am Beispiel einer Blume. Beendet wird dieser Prozess durch den Zerfall und die Auf-

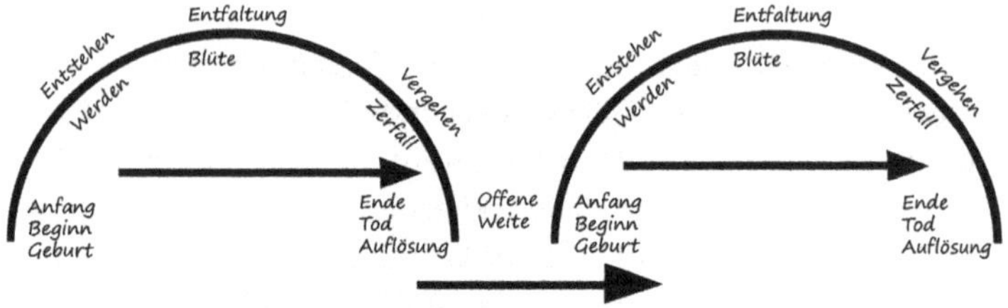


**Abbildung 7:** Entstehen, Entfalten, Vergehen

lösung. Dann entsteht idealerweise eine Pause. Dieser Bereich zwischen den beiden Halbkreisen kann auch der Augenblick des Nicht-Handelns, Nicht-Sprechens, der Nicht-Aktivität genannt werden. Hier wird er »Offene Weite« genannt und ist in seinen Einzelheiten in Abbildung 8 genauer dargestellt. Nach dieser Pause entfaltet sich ein neues Objekt in gleicher Weise wie das erste Objekt.

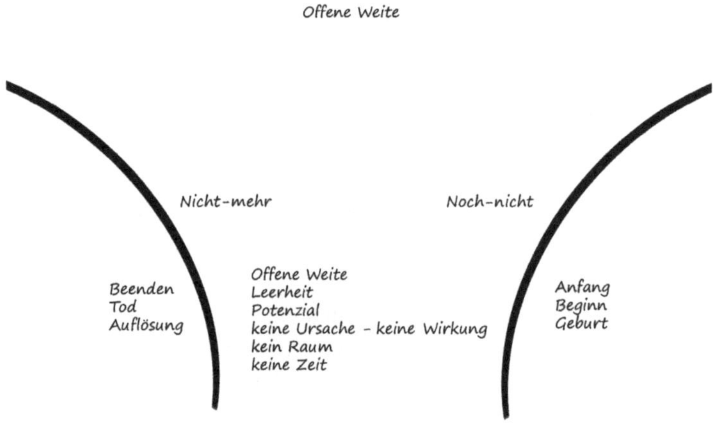


**Abbildung 8:** Die offene Weite

Die offene Weite entsteht durch das Ende einer Aktivität, aber auch durch das Beenden aller geistigen Aktivitäten. Körper und Geist sind beglückend zur Ruhe gekommen. Es ist ein Moment von Potenzialität, offen für eine neue Entfaltung. Kann dieser Raum der offenen Weite länger gehalten werden, so wird deutlich, dass gewohnte

Wahrnehmungen, gewohnte Muster noch nicht in Kraft sind. Genau genommen enden Sprache und Worte hier nicht, sondern sie sind noch nicht vorhanden. Selbst die für normal genommenen Erfahrungen von Ursache und Wirkung, von erlebtem Raum und erlebter Zeit haben sich noch nicht entfaltet. Alles steht für einen Augenblick still. Aber nicht im Sinne von Stillstand, sondern im Sinne von noch nicht Form gewordener, reiner Lebendigkeit in ihrer ganzen Fülle.

Im Folgenden wird dieser Raum in einer sehr bildhaften, poetischen Art beschrieben. Es sind einige Zitate aus einem traditionellen Koan:

> »Das ›Vorher‹ vergessend und das ›Danach‹ verlierend:
> Nun, wenn ich von Wissen spreche, müssen wir Wissen nicht kennen, wisst einfach, das ist alles. ›Vorher‹ meint, die Auslöschung nicht fortzusetzten, ›danach‹ meint, keine Herstellung mehr hervorzubringen; die Kontinuität von ›Vorher‹ und ›Danach‹ ist unterbrochen [...] Der Weg der Worte und der Sprache endet; es ist nicht Vergangenheit, Zukunft oder Gegenwart.«
>
> »Subhuti pries die Sprachlosigkeit, um den *Weg* zu enthüllen; Indra und Brahma, jenseits von Hören, ließen Blumen regnen. All dies, weil die Wahrheit durch spirituelles Wissen gemeistert wird und Sprache nicht mehr vonnöten ist.«
>
> »Selbst wenn unsere subtilsten Möglichkeiten unbegrenzt sind, gibt es einen Ort, wo wir nicht einmal beginnen können zu handeln. Selbst wenn unsere Redegewandtheit ungehindert ist, gibt es eine Zeit, in der wir sprachlos sind. Longya war wie ein handloser Mann, der boxte. Jianshan machte es einem Mann ohne Zunge möglich zu sprechen.«
>
> (BOS, 1990, S. 201–204, eigene Übersetzung)

Das Bild der abgeschnittenen Zunge: die Sprachlosigkeit, der schweigende Geist. Das Bild eines handlosen Mannes: Nicht-Greifen, Nicht-Handeln. Dies ist das Aussteigen aus der Struktur des immer zielgerichteten und absichtsvollen Tuns.

Was für ein Augenblick ist das? Alles ist angehalten, Pause, Stille, Schweigen, reine Lebendigkeit.

ÜBUNG

Halten Sie in Ihren alltäglichen Aktivitäten immer wieder für einen Moment an.
Halten Sie in Ihrer Bewegung inne, richten Sie Ihre Aufmerksamkeit auf den Atem.
Nehmen Sie die momentane Situation, in der Sie sich befinden, wahr: die Aktivität, die Sie gerade unterbrochen haben, den Raum, in dem diese stattgefunden hat.
Schließen Sie die ganze Umgebung in Ihre Wahrnehmung ein.
Das ist Achtsamkeitspraxis.
Wenn Sie möchten, können Sie diesen Augenblick des Innehaltens noch ein wenig verlängern, bevor Sie mit einer neuen Aktivität beginnen.
Gönnen Sie sich diese achtsame Unterbrechung Ihrer Aktivitäten des Öfteren am Tag.

## 6. Der Augenblick im Samādhi oder Nullpunkt-Samādhi

Das Wort *Samādhi* kommt aus dem Sanskrit und bedeutet wörtlich »festmachen«. Dabei wird bei der Meditation der Geist auf ein einziges Objekt gerichtet und dort fixiert und so in einer Art Gleichgewicht gehalten. Das Objekt und der Geist werden so im Laufe der Zeit zu einer Einheit und es entsteht ein nichtdualistischer Geisteszustand. Einzig die direkte Erfahrung bleibt.

Der im vorherigen Abschnitt beschriebene Augenblick von Nicht-mehr und Noch-nicht geht über diese Einheit von Geist und Objekt hinaus. An dieser Stelle der offenen Weite gibt es überhaupt kein Objekt der Wahrnehmung mehr, der Geist ist zur beglückenden, gleichmütigen Ruhe gekommen, nur noch lebendig. »Das Sanskritwort *Samādhi* bedeutet Gleichgewicht – nicht unachtsam, nicht aufgeregt, in Gleichmut verweilend« (BOS, 1990, S. 74, eigene Übersetzung). Dōgen Zenji beschreibt dies als ein Gleichgewicht, »in dem Körper und Geist sich (wieder) in ihrer Einheit und Ganzheit zusammenfinden« (Dōgen, 2001, Bd. 1, S. 44, Anmerkung 3).

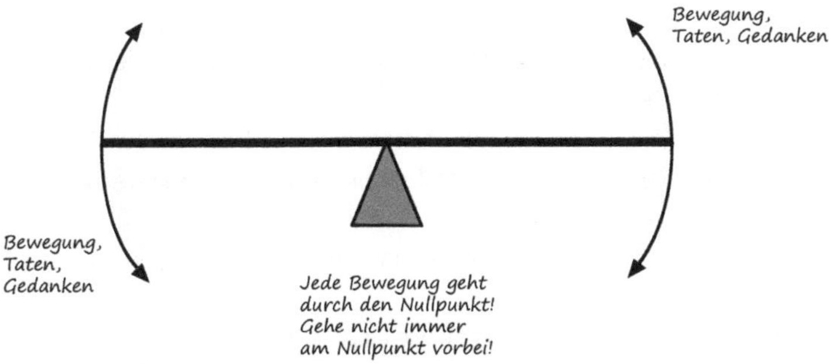


**Abbildung 9:** Der Nullpunkt-Samādhi

Ein schönes Bild für einen solchen Geisteszustand ist das einer Balkenwaage, wenn sie im Gleichgewicht ist und der Zeiger am Nullpunkt steht. Die kleinste Aktivität des Geistes bringt die Waage aus ihrem Gleichgewicht; wie eine Fliege, die selbst in ihrer Leichtigkeit die Balkenwaage und somit die Meditation aus dem Gleichgewicht bringen kann.

Findet nun eine Aktivität des Geistes statt, neigt sich der Waagebalken zu einer Seite. Mit dem Beenden der neuen Aktivität bewegt sich der Balken dann zurück in Richtung Nullpunkt, durchläuft ihn und neigt sich zur anderen Seite, die nächste Aktivität beginnt. Ist diese beendet, strebt der Waagbalken wieder der Waagerechten entgegen. So bewegt sich die Waage hin und her, fast immer aktiv. Dabei durchläuft sie, und das ist hier das Entscheidende, kontinuierlich den Nullpunkt. Die Aufgabe innerhalb einer Achtsamkeitspraxis liegt nun darin, diesen Nullpunkt immer wieder wahrzunehmen, dort *innezuhalten und zu pausieren.* Für einen Augenblick wird der Geist, wird seine Aktivität in der Waage gehalten, wird die Welt »angehalten«. Die bekannte Welt endet hier. Der Geist schweigt.

Langfristig ist es erstrebenswert, den Geist hier zu etablieren, dass also dieser Nullpunkt der Ort ist, an den der Geist immer dann zurückkehrt, wenn es nichts Wichtiges zu tun gibt, auch immer dann, wenn der Geist in das Tagträumen abdriftet oder wenn geistige Wiederholungen auftauchen. Dann wird der Geist achtsam zum Nicht-Tun geführt, zum Nullpunkt der Waage.

ÜBUNG

Von meinem Lehrer Richard Baker Roshi gibt es einen wunderbaren Praxishinweis:

»Es gibt nichts zu tun. Ich muss nirgendwo hin.« Diese beiden Sätze weisen sowohl auf den Nullpunkt der Balkenwaage hin als auch darauf, immer wieder anzuhalten, gerade im Alltag.

Halten Sie für einen Augenblick inne und erleben Sie den Gegenwartsmoment direkt.

Verwenden Sie die beiden Sätze wie eine Art Mantra.

Verknüpfen Sie die Augenblicke des Pausierens, des Innhaltens, mit der jetzigen Situation:

Ich muss nirgendwo hin. Es gibt jetzt gerade nichts zu tun.

Dieses Anhalten, mitten im geschäftigen Alltag, hat immer wieder erstaunliche Wirkungen.

Angekommen!

»Geh nicht am Nullpunkt vorbei.«[17]

Gehen Sie nicht (immer wieder) am jetzigen Augenblick vorbei.

Der Geist ist vollständig in diesen Augenblick absorbiert. Hier fällt auch die letzte Anstrengung weg: Der Geist ruht ganz in sich, die entstandene Stille ist an *keine* Aktivität mehr gebunden.

17 BOS, 1990, S. 75, eigene Übersetzung.

# Über den Atem

## Der Atem als Lebensgrundlage

Der menschliche Atem steht im Zentrum vieler spiritueller Traditionen: In der griechischen Tradition bedeutete der Begriff *Pneuma* sowohl Atem als auch Geist, der Begriff *Odem* die bewegte Luftmenge, im Christentum hat Gott dem Menschen Lebensatem eingehaucht. Der Atem als die Lebenskraft schlechthin klingt an im Wort *Ruach* im Alten Testament, im Hinduismus in den Worten *Atman* und *Prāna*, im chinesischen im Wort *Qi*, im japanischen Wort *Ki* oder im tibetischen Wort *Lung*.

Der Atem ist die erste Bewegung, die ein Neugeborenes tut: Es atmet ein. Und es ist die letzte Bewegung, die der Mensch tut, bevor er aus dem Leben scheidet: Er atmet aus. Zwischen dem ersten Einatmen und dem letzten Ausatmen findet das statt, was Leben oder Lebensspanne genannt wird.

In der Regel wird der Atem als etwas Normales betrachtet, es muss ihm keine weitere Aufmerksamkeit geschenkt werden, funktioniert er doch automatisch, das heißt, er läuft autonom ab, ob er nun beachtet wird oder nicht.

Die buddhistische Praxis der Achtsamkeit räumt dem Atem hingegen eine zentrale Stellung ein. Zum einen ist es die Anerkennung der Wichtigkeit des Atems als *der* zentralen Aktivität, die Leben ermöglicht, zum anderen die Erkenntnis, dass der Atem als Werkzeug sehr gute Dienste leisten kann. Dabei geht es um die Erforschung und Untersuchung des menschlichen Körpers und die Erforschung des Geistes, die mit der Atemaufmerksamkeit eine wunderbare Grundlage haben. Es ist diese Erforschung des menschlichen Geistes, die den Buddhismus so einzigartig macht. Mit der Achtsamkeitspraxis hat er ein Werkzeug entwickelt, das eine direkte Untersuchung des Geistes ermöglicht. Hier ist der historisch wohl einzigartige Versuch unternommen worden, den menschlichen Geist durch sich selbst zu untersuchen, ihn also nicht von außen und objektiv, wie in der zeitgenössischen Wissenschaft, zu betrachten, sondern von innen heraus: Der Geist untersucht sich selbst. Der Mensch wird so zum sich selbst untersuchenden Objekt ohne Umweg über das sogenannte Außen.

Im Folgenden werden traditionelle buddhistische Ansätze und Methoden zur Praxis des Atems vorgestellt. Dabei geht es um sechs »subtile Methoden«, die auch als Einstieg in eine achtsame Atempraxis betrachtet werden können.

Jeder Atemzug beginnt mit einem Einatem-Impuls: In diesem Moment beginnt die Luft einzuströmen durch die Nase oder den Mund in die Lunge. Beim Aufnehmen der Luft weitet sich die Lunge und damit der Oberkörper, das Zwerchfell wird nach unten gedrückt und erzeugt so den Eindruck von einer Atembewegung bis hinunter zum Beckenboden. Dieser Prozess ergreift somit den ganzen Oberkörper als fließende, erweiternde Bewegung, die als aufnehmende Aktion erfahren wird (siehe hierzu auch den Abschnitt »Der Atem in der Achtsamkeitspraxis (ānāpānasati)«, S. 114 ff.).

Zen-Meister Suzuki Roshi beschreibt diese Bewegung so: »Wenn wir einatmen, kommt die Luft in die innere Welt. Wenn wir ausatmen, geht die Luft hinaus zur äußeren Welt. Die innere Welt ist ohne Grenzen und auch die äußere Welt ist ohne Grenzen. Wir sagen ›innere Welt‹ oder ›äußere Welt‹, doch in Wirklichkeit gibt es einfach nur eine ganze Welt« (Suzuki, 1990, S. 29).

Am Ende dieser Einatmung, wenn die Lunge genügend mit Luft gefüllt ist, endet die Bewegung und verharrt für einen Moment. Hier entsteht eine kurze Pause, es gibt keine weitere Bewegung. Dann setzt die Ausatmung ein: Die Luft strömt zurück in die äußere Welt, die Lunge entlässt ihren Inhalt, der Oberkörper entspannt sich und wird etwas kleiner, das Zwerchfell bewegt sich nach oben zurück in seine entspannte Grundhaltung. Ist die Lunge dann entleert und alles entspannt, entsteht wieder eine Pause, dieses Mal etwas länger. Diese Pause hat etwas Entscheidendes: Sie ermöglicht das komplette Loslassen der Atemluft, aber auch das Loslassen von Gedanken und im übertragenden Sinn das Loslassen »von allem«. Loslassen meint hier das Sein-Lassen von allen körperlichen und geistigen Aktivitäten: Der Körper entspannt sich, der Geist lässt seine Aktivitäten für einen Moment sein, alle bewussten Aktivitäten kommen zu einem (kurzen) Ende.

Im Englischen heißt einatmen *to inspire,* es hat die gleiche Wurzel wie das Wort *Inspiration: einwehen, einhauchen.* Auf der Grundlage tiefer Entspannung, einer leeren Pause erst kann der Mensch inspiriert werden. Inspiration taucht unvorhergesehen in einer Art leerem Raum auf. In diesen Raum hinein kommt dann der Einatem-Impuls, vielleicht besser bezeichnet als Lebensimpuls. Der neue Atem füllt inspirierend den zuvor geleerten Raum und der Zyklus beginnt *von Neuem.* Es ist eben keine Wiederholung im Sinne von »das Gleiche passiert immer und immer wieder«, sondern der jeweilige Einatem ist immer wieder neu.

ÜBUNG

Nehmen Sie Ihren Einatem wahr, seine Dauer und seine Bewegung.
Nehmen Sie Ihre Ausatmung wahr, ihre Dauer und ihre Bewegung.
Nehmen Sie die dann folgende Pause wahr.
Es ist eine wirkliche Pause: Es gibt nichts zu tun. Ich muss nirgendwo hin.
Der Körper ist bewegungslos und still.
Der Geist reagiert auf keinen Impuls. Der Geist schweigt.
Mehr oder weniger plötzlich kommt der Einatem-Impuls. Lassen Sie sich von ihm inspirieren.

## Die sechs subtilen Methoden

Die Grundlage jeder Achtsamkeitspraxis ist, wie schon mehrfach gesagt, das stille Sitzen auf dem Kissen, dem Bänkchen oder dem Stuhl. Wenn der Körper nach einigen Minuten dann vollständig bewegungslos geworden ist, richtet der Meditierende in einem ersten Schritt seine Aufmerksamkeit auf den Atem.

Im »Book of Serenity« (BOS) dem »Buch der heiteren Gelassenheit«, einer bekannten Koan-Sammlung, die vor etwa 800 Jahren zusammengestellt worden ist, werden sechs subtile Methoden aufgelistet, um den Atem als Werkzeug einzusetzen:

1. In einem ersten Schritt wird traditionell empfohlen, den Atem zu *zählen.* Dabei wird der Ausatem von eins bis zehn gezählt, wobei ein Abschweifen in Gedanken als Unterbrechung betrachtet wird und das Zählen dann wieder bei eins beginnen sollte. Mit dieser Methode wird der Tendenz des Geistes entgegengewirkt, abzuschweifen und sich ablenken zu lassen.
2. In einem nächsten Schritt wird dem Atem *gefolgt* und die Aufmerksamkeit kontinuierlich auf seine Bewegung gerichtet und dort gehalten. Hier wird die Atembewegung erst einmal an einem Punkt des Körpers wahrgenommen, wie zum Beispiel das Weiten und Verengen der Bauchdecke bei der Ein- und Ausatmung. Später wird der Atem als Auslöser einer Bewegung studiert, die den Oberkörper von den Schultern und dem Unterkörper bis zum Beckenboden als einen ganzen Atemraum einschließt.
3. Der dritte Schritt dieser subtilen Methoden wird *Anhalten* oder *Stillstand* genannt. Dabei wird der Atem so fein, dass er kaum noch wahrgenommen werden kann, gleichzeitig hört jede mentale Aktivität auf. In der Regel wird dies nur durch eingehendes Üben der ersten beiden Schritte möglich. Es entsteht so eine tiefe Ruhe.
4. Die vierte Methode wird *Kontemplation* genannt. Der Geist wird wieder aktiviert und beginnt, aus der entstandenen Ruhe heraus, die einzelnen Bestandteile des Körpers wahrzunehmen und sich bildlich vorzustellen. Bei dieser Methode wird ein Verständnis dafür verinnerlicht, dass der Körper aus vielen Teilen zusammengesetzt ist, diese voneinander abhängig sind und der kontinuierlichen Veränderung und dem Wandel unterworfen sind. Diese Veränderungen wahrzunehmen ist ein erster Schritt, diese Veränderung zu *werden* ist ein nächster (auf den weiter unten genauer eingegangen wird). Ein weiterer Grund für diese Übung der Kontemplation besteht darin, »dem verführerischen Rausch, der durch diese Ruhe des Stillstands entsteht, dadurch entgegenzuwirken, dass man erkennt, dass er vom Körper-Geist abhängig, deswegen von Natur aus vergänglich und damit letztlich nicht verlässlich ist« (BOS, 1990, Einleitung, S. XX, eigene Übersetzung).

   Die dritte Methode wird oft erlebt als ein »angekommen sein« und als »Ziel« der Meditation betrachtet. Sie stellt sich als sehr verführerisch heraus, hat sie doch endlich zu der lang ersehnten Stille und Ruhe geführt. Dieser stille und ruhige Geist jedoch ist selbst nur ein Werkzeug für weitere Untersuchungen, hier in einem ersten Schritt die Untersuchung des eigenen Körpers. Im nächsten Schritt tritt nun der Geist selbst in den Fokus der Aufmerksamkeit.

5. »Die fünfte subtile Methode, die *Rückkehr,* zerschneidet auf ähnliche Art die Fesseln, die einen an die vorherige Stufe der Kontemplation binden. Das wird dadurch erreicht, dass man die Aufmerksamkeit vom Gegenstand der Kontemplation weg auf den kontemplierenden Geist selbst richtet« (BOS, 1990, S. XX, eigene Übersetzung; Hervorhebung G. W.).
   Hier wird der Meditierende aufgefordert, die Aufmerksamkeit von den äußeren Objekten abzuwenden und nach dem Geist selbst zu suchen, nach der »unbegreiflichen Essenz des eigenen Bewusstseins« (BOS, 1990, Einleitung, S. XX, eigene Übersetzung). Was ist der Geist? Gibt es so etwas wie einen ursprünglichen Geist? Hat der Geist eine ursprüngliche Reinheit? Dies sind Fragen, die beim Meditierenden im Laufe der Zeit auftauchen und beantwortet werden wollen.
6. Die sechste der subtilen Methoden wird *Reinheit* genannt. Hier erfährt die oder der Meditierende (endlich) die sogenannte Spontaneität.

In der vierten der beschriebenen Methoden beginnt der sehr ruhige Geist in einem ersten Schritt, den eigenen Körper zu untersuchen. Die Vipassanā-Meditation hat dies in den Mittelpunkt gestellt: In einem jeweils einstündigen Durchgang wird von der Kopfspitze bis hin zu den Zehenspitzen der ganze Körper in seinen Teilen intensiv wahrgenommen. Wahrnehmen meint, den jeweiligen Körperteil zu erleben als angenehm, der Körperteil fühlt sich gut an, oder als unangenehm, was sich oft in Schmerzen ausdrückt. Es kann aber auch vorkommen, dass Körperteile weder als angenehm noch als unangenehm erlebt werden, fast wie neutral. Im Rahmen dieser Prozesse stellt sich dann bald die Frage, ob die jeweilige Wahrnehmung des Körperteils eine direkte Wahrnehmung ist oder ob eine Art Bild des Körperteils wahrgenommen wird. Die grundlegende Frage lautet also:

Hat sich der Meditierende ein Bild von seinem Körper gemacht, lebt er in und mit einem Körperbild, oder erlebt er seinen Körper ganz direkt? Es ist gar nicht einfach, dies genau zu unterscheiden, und es bedarf einiger Übung, zu einer direkten Wahrnehmung zu kommen.

Eine so entwickelte direkte Wahrnehmung ermöglicht beispielsweise, eine Schmerzwahrnehmung wie aus dem Inneren des Körperteils heraus zu erleben, der Schmerz wird so aus sich selbst heraus erlebt. Dies ist gemeint mit den Aussagen »Ich werde mein Schmerz« oder »Ich bin mein Schmerz«. In diesen beiden Aussagen sind »Ich« und »mein« allerdings ein Zusatz; wenn sie weggelassen werden, bleibt: Schmerz erlebt Schmerz. Durch dieses direkte Erleben ist der Schmerz kein Objekt mehr, die Trennung vom wahrnehmenden Subjekt und wahrgenommenen Objekt ist aufgehoben und damit auch eine Identifikation mit dem Schmerz. Dies ist kein leichtes Unterfangen, denn in der Regel ist die Identifikation mit den jeweiligen Handlungen sehr stark mit den jeweiligen Gedanken und Gefühlen verknüpft.

Diese Nicht-Identifikation macht nun den Weg frei für eine noch genauere Untersuchung der Körpersensation »Schmerz«. Es wird möglich, die direkte Erfahrung von Wandel und Veränderung zu erleben: Der Schmerz »tut weh«, das ist die eine Erkenntnis, er ist aber gleichzeitig auch in ständiger Veränderung, das ist die weitere Erkenntnis. Mal ist der Schmerz stark, mal schwach, mal pulsiert er, mal sticht es wie mit einem Messer. Der Schmerz ist in ständiger Veränderung, bis hin zu seinem Verschwinden. Im Rahmen dieser Prozesse wird dann aus der Aussage »der Körper ist in ständigem Wandel« die Erfahrung »ich bin ständige Veränderung«. Damit ist die direkte Erfahrung gemeint, dass (mein) Körper Veränderung ist, dies meint darüber hinaus aber auch, dass ein wie auch immer definiertes Ich-Selbst ebenfalls Veränderung ist. Ich bin Veränderung. Ein stabiles Ich-Selbst muss aus dieser Erfahrung heraus ersetzt werden durch ein jeweils vorläufiges, immer im Wandel befindliches Ich-Selbst. Diese Erfahrung kann im Rahmen eines intensiven Erkenntnis- und Erfahrungsprozesses tiefgreifende Konsequenzen haben.

In der fünften Methode wird nun über die Reinheit des Geistes gesprochen: Seine ursprüngliche Reinheit erlangt der Geist dadurch, dass er sich abwendet von den Objekten der (äußeren) Welt hin zu sich selbst. In einer Begegnung zwischen einem Lehrer und Mönch in einem Koan heißt es:

> »Yangshan sagte: ›Der Denker ist der Geist und das Gedachte ist die umgebende Welt. Darin sind Berge, Flüsse, die Landmassen, Gebäude, Türme, Hallen und Kammern, Leute, Tiere und so weiter. Wende deine Gedanken zurück zum denkenden Geist – gibt es da so viele Dinge?‹
>
> Der Mönch sagte: ›Wenn ich das erreiche, dann sehe ich nichts Existierendes.‹« (BOS, 1990, S. 140, eigene Übersetzung)

Der Geist, der sich von den in ihm erscheinenden Dingen ab- und sich selbst zuwendet, findet Stille vor, Schweigen und Nicht-Reaktion auf die an ihn herangetragenen Impulse. Wenn Yangshan sich diesem schweigenden Geist zuwendet, findet er nichts Existierendes vor. Dies kann als die ursprüngliche Reinheit des Geistes beschrieben werden (weitere Ausführungen hierzu im Kapitel »Achtsamkeit – Über den Geist: Die traditionelle Sicht«, S. 179 ff.).

Die sechste subtile Methode beschreibt das Erreichen der sogenannten Spontaneität. Diese wird oft beschrieben als Handeln, ohne nachzudenken, aber auch als ein spontanes Handeln »aus dem Bauch heraus«. Bei genauerer Betrachtung dieser Reaktionen stellt sich aber oft heraus, dass sie entgegen allen Annahmen bekannten Mustern unterliegen. Diese sind in der Regel nach Vorlieben und Abneigungen strukturiert und eben nicht neu, sondern bekannte Reaktionsmuster, welche die vorhandenen Strukturen oft verstärken.

Wie im Kapitel »Über das menschliche Leiden, Krankheit und Gesundheit« (S. 42 ff.) ausgeführt, antwortet der Mensch in der Regel mit einer Vielzahl von Reaktionen auf eine jeweilige Wahrnehmung. Dies geschieht, so wurde dargelegt, im vierten Skandha. In diesem sehr schnell ablaufenden Prozess wird jede Wahrnehmung mit Persönlichem belegt und so zu »meiner Wahrnehmung«. Eine solche Wahrnehmung kann als eine von Persönlichem »überschattete« aufgefasst werden, in Teilen vielleicht sogar als eine getäuschte Wahrnehmung.

Die hier in der sechsten subtilen Methode angesprochene neue Spontaneität bezieht sich auf die Wahrnehmung im ersten Skandha, das heißt, vor *jeder* Reaktion, sei diese gefühlsmäßig oder auch sprachlich. Hier ist der Geist noch in einer Klarheit und einem direkten unvermittelten Kontakt mit dem Wahrnehmungsobjekt. Dieser Geist ist (siehe Kapitel »Über das menschliche Leiden, Krankheit und Gesundheit«, S. 42 ff.) als »ungeborener Geist« beschrieben worden, ein Geist, in dem (noch) nichts erschienen oder geboren ist.

Auf dieser Grundlage von Klarheit und direktem Kontakt kann sich nun ein neues Handeln entfalten. Hier werden Handlungen möglich, die in der Klarheit des Geistes spontan auftauchen und umgesetzt werden und die in einer gegebenen Situation stimmig sind.

Spontaneität in diesem neuen Sinne setzt zweierlei voraus: Zum einen geschieht sie aus der Rücknahme des Ich-Selbst, die Reaktion ist also nicht durch Egoismus oder Ich-Bezogenheit, sondern durch eine Selbstzurücknahme geprägt. Damit ist nicht eine asketische Form von Rücknahme gemeint, als eine Abwendung von der Welt, sondern eine Hinwendung zur Welt als Bewegung und Wandel. Es ist ein Selbst, das sich zurücknehmen kann und fähig ist, Bewegung und Veränderung in den Mittelpunkt zu stellen und so nicht mehr starr daran festhält, von diesem Wandel ausgenommen zu sein, sondern selbst dieser Wandel sein kann.[18]

Dies ist die Voraussetzung dafür, dass zum anderen die jeweilige Handlungssituation nicht aus der Ich-Perspektive betrachtet wird, sondern aus einer Wir-Perspektive. Die Gesamtsituation wird in den Mittelpunkt gestellt und damit das Wohl aller Beteiligten. Eine solche Reaktion findet außerhalb der bekannten Muster statt, ist neu und erfrischend für alle Beteiligten und schließt alle Mitwirkenden ein.

All dies kann und sollte als neue Freiheiten verstanden werden, Freiheiten, die in der Regel sonst so nicht erkannt werden; es sind Freiheiten, die neue Handlungsräume eröffnen. Sie sind darin begründet, dass sie frei machen von Mustern, Vorlieben, Ablehnungen, Meinungen und Vorurteilen. Hier muss nicht mehr auf Bekanntes zurückgegriffen werden, ohne Rückversicherung und

18 Siehe hierzu den Abschnitt »Das Ich-Selbst« (S. 56 ff.) sowie auch Elberfeld, 2010, S. 55 f.; Zwiebel und Weischede, 2017, S. 158.

*ohne Angst* kann man sich auf die jeweilige Situation *neu* einlassen. Aber nicht nur das: Sie machen frei von der Sprache als symbolvermittelte Wirklichkeit. Die Objekte können unvermittelt wahrgenommen werden, vor der Benennung, also vor der Sprache. Diese *neue* Spontaneität ist ganz in diesem Augenblick verwurzelt.

Die Grundlage der sechs subtilen Methoden ist, um dies noch einmal zu verdeutlichen, den Atem gründlich zu kennen und zu studieren. Dies ist schwieriger, als es auf den ersten Blick erscheint. Der Atem ist als Werkzeug bezeichnet worden, zu diesem Werkzeug muss der Atem aber erst gemacht werden. Der Atem wird somit zu einem Schlüssel, der verschlossene Tore öffnen hilft, Tore, von denen oft nicht einmal eine Ahnung vorhanden war, dass sie überhaupt existieren, geschweige denn, wie sie zu öffnen seien. Der Atem kann neue Räume und Welten erschließen, die immer schon wirksam, in der Regel aber unbekannt waren.

Prajnatara, der Legende nach der Lehrer von Bodhidharma, der wiederum den Buddhismus nach China gebracht haben soll, war ein in Indien bekannter Lehrer. Er wird eines Tages von einem lokalen Fürsten zu einem Fest eingeladen und dort gefragt, warum er denn die Schriften nicht lesen würde. Zu der damaligen Zeit gab es im indischen Buddhismus eine starke Strömung, den Buddhismus auf der Grundlage von Schriften weiterzugeben, und viele Gelehrte machten sich an diese Aufgabe. Prajnatara war dafür bekannt, seine Schüler zu direkten Erfahrungen zu führen, ohne eine Grundlage von Schriftwissen haben zu müssen. In diesem Umfeld war er natürlich auch eine Provokation und er wurde gefragt, warum er denn nicht lese. Seine berühmte Antwort:

»Dieser arme Umherreisende verweilt beim Einatmen nicht in den Bereichen von Körper oder Geist; wenn er ausatmet, verstrickt er sich nicht in unzählige Umstände – solch eine Schrift wiederhole ich ständig, Hunderte, Tausende, Millionen von Schriftrollen.«

(BOS, 1990, S. 11, eigene Übersetzung)

Prajnatara macht hier deutlich, dass seine Praxis die des Atems ist. Dies ist insofern überraschend, als eine Atemaufmerksamkeit in der Regel als Anfängerpraxis betrachtet wird, und wenn diese erst einmal erlernt ist, geht der Praktizierende zu weiterführenden Praktiken über. Prajnatara betont hier jedoch, dass der Atem selbst seine ausschließliche Praxis sei. Und nicht nur das, für ihn ist der Atem selbst wie eine Schrift, der Atem *ist* die Schrift, die er ständig wiederholt, Hunderte, Tausende, Millionen Mal, eine »Schrift«, die immer wieder neu gelesen werden kann und die alles enthüllt.

Was bedeutet das Lesen des Atems? So wie ein Text Wort für Wort gelesen wird, so wird der Atem in kleinen Einheiten untersucht: Der Einatem wird aufgeteilt in viele kleine Einheiten, die zum Beispiel dadurch entstehen, dass während des Einatems von eins bis zehn gezählt wird. Durch diese Aufteilung wird die Bewegung des Atems sehr viel besser spürbar, der Brustkorb erweitert sich Raum für Raum und wird Abschnitt für Abschnitt als Bewegung wahrgenommen bis hin zum Beckenboden.

Parallel hierzu werden die die Bewegung begleitenden Gefühle wahrgenommen und beobachtet. Gemeint sind hiermit zum einen die auftauchenden Emotionen in diesem Prozess, zum anderen, und dies scheint hier der wichtigere Aspekt zu sein, den Atem und die körperlichen Bewegungen zu *fühlen,* sie leiblich zu erspüren.

Am Ende dieses Einatem-Prozesses steht eine kurze Pause, die dann übergeleitet wird in den Ausatemprozess. Auch dieser Teil des Atemzyklus wird in viele kleine Einheiten aufgeteilt, sodass er genau und präzise studiert werden kann: das Zählen von eins bis zehn, das Wahrnehmen der herausströmenden Luft und die damit einhergehende Verkleinerung des Brustkorbs, bis zum natürlichen Ende der Ausatmung. Die Lunge ist nicht ganz leer, da der Ausatem nicht herausgepresst wird, aber der Körper ist entspannt, die Bewegung kommt zu ihrem Ende und mündet in eine etwas längere Pause. Diese ist gekennzeichnet durch Bewegungslosigkeit, Loslassen und Leerheit und führt dann zum nächsten Einatmen, ausgelöst durch den Einatem-Impuls und einer möglichen »Inspiration«.

Hier ist der Satz, hier ist die Schriftrolle, von der Prajnatara spricht, zu Ende gelesen und die nächste Schriftrolle kann enthüllt werden. So liest Prajnatara Satz für Satz, Rolle für Rolle, ohne bei der Einatmung im Bereich des Körpers zu verweilen und ohne im Bereich des Geistes zu verweilen. Bei der Ausatmung dann verstrickt er sich nicht in die unzähligen Umstände der ihn umgebenden Welt.

Der Atem kann so kontinuierlich fließen, ohne Widerstände, ohne Anhalten, ohne Anhaftung, ein unendlicher Strom. Diese andauernde Kontinuität ist dann wie eine Reise durch immer wieder neue »Gegenden«, alles ist neu, wird einfach nur beobachtet, ohne irgendwelche Reaktionen des Geistes, und dann losgelassen, um Platz zu machen für die nächste Erfahrung von reiner Bewegung und reinem Beobachten. Vieles kann hier direkt erfahren werden: der Körper, der Geist, die umgebende Welt, das jetzige Leben, wie es sich in diesem Augenblick darbietet, entsteht, entfaltet und vergeht. Ein jeweils kompletter Atemzyklus, der die Geburt (des Atems) erleben lässt, seine Entfaltung, sein Vergehen und sein Ende – stellvertretend für das Entstehen und das Vergehen allen Daseins. Hier wird deutlich, warum Prajnatara diese Praxis zum Mittelpunkt seiner Praxis gemacht hat: Er ist mitten im Leben, mitten in der Lebendigkeit und mitten im Sterben und Tod angekommen, einer unendlichen Bewegung von Geburt und Tod.

ÜBUNG

Nehmen Sie Ihre Einatmung wahr.
Nehmen Sie Ihre Ausatmung wahr.
Wenn Sie mit Ihren Augen ein Objekt wahrnehmen, spüren Sie gleichzeitig Ihren Atem.
So können Sie beginnen, das Objekt mit Ihrem Atem zu »belegen«.
Versuchen Sie dies im Laufe Ihrer Übungszeit mit allen Objekten zu tun, mit denen sie in Kontakt treten.
Sie beginnen die Welt zu »beatmen«.

# Achtsamkeit – Traditionelle Grundlagen

Dieses Kapitel ist eng verknüpft mit den Ausführungen im vorherigen Kapitel (»Über den Atem«, S. 99 ff.), in dem die sechs subtilen Methoden der Atemachtsamkeit vorgestellt wurden: das Zählen des Atems, dem Folgen des Atems, der Stillstand des Atems, die Untersuchung der Bestandteile des Körpers, die Untersuchung des eigenen Geistes und die Erfahrung der Spontaneität.

An dieser Stelle ist es sinnvoll, sich noch einmal das Schaubild im Kapitel »Annäherungen – Ein erster Überblick« in Erinnerung zu rufen (Abbildung 1, S. 21). Dort wird ein allgemeiner Überblick über die Achtsamkeit dargestellt. Der Atem, oben rechts in der Abbildung, spielt in der Achtsamkeitspraxis eine sehr zentrale Rolle und soll nun im Rahmen der Darstellung der Atempraxis weiter vertieft werden.

Die im Folgenden vorgestellten Grundlagen umfassen die Entwicklung von Konzentration, von Wachheit, von Klarheit, von Einsicht und von Gleichmut. Diese Grundlagen ermöglichen die sogenannten Versenkungen. Es geht also um Konzentration und Versenkung.

Hier ist es sicher noch einmal angebracht, darauf hinzuweisen, dass die folgenden Praktiken im Laufe der Zeit von vielen Meditierenden entwickelt worden sind. So wie sie hier vorgestellt werden, sind sie das Resultat vieler und langer Bemühungen, dargelegt in einem Text namens »Anapanasati« (Nagasena, 1980). Dieser soll den Leser zum einen motivieren, die dort dargestellten Übungen auszuprobieren und anzuwenden. Zum anderen bietet ein solcher Text natürlich auch eine Art Blaupause, an der die eigenen Meditationserfahrungen abgeglichen werden können. Der Text hat somit schon fast den Charakter eines Übungshandbuches.

## Die Beobachterposition: Reines Beobachten

Die Grundlage einer jeden Achtsamkeitspraxis ist die Fähigkeit, aufmerksam zu sein, und die Fähigkeit, das sogenannte reine Beobachten zu praktizieren. Praktisch gesprochen meint dies die Etablierung einer Beobachterposition, in der es möglich ist, das jeweilige Objekt der Aufmerksamkeit aus einem Abstand heraus wahrzunehmen. Die Vorrausetzung, um eine solche Haltung einnehmen zu können, ist die Fähigkeit, sich mit dem Objekt nicht (mehr) zu identifizieren. Dies ist bezogen auf Objekte in der Außenwelt relativ einfach; geht es jedoch um die Wahrnehmung der eigenen geistigen Aktivitäten, so wird die Etablierung einer Beobachterposition schon schwieriger. Denken ist oft verknüpft mit dem Ich-Selbst: »Ich bin meine geistigen Aktivitäten« oder »Ich bin mein Denken«.

An dieser Stelle wird deutlich, dass ein großer Teil der menschlichen Identität in den geistigen Aktivitäten verortet wird. Unter Identität kann eine Charakterisierung der eigenen Person verstanden werden, die in einem selbsterzählenden Kontext eine Beschreibung bestimmter Eigenschaften vornimmt. In einem solchen narrativen Feld entsteht dann ein jeweiliges Selbstverständnis, das mit sich verändernden Situationen immer wieder neu und anders erzählt wird. Identität kann als eine Geschichte verstanden werden, die sich der Mensch über sich selbst immer wieder neu erzählt.

Eine Beobachterposition ermöglicht es, diese Geschichten als solche wahrzunehmen, sie einfach nur zu beobachten und dabei den Wunsch, sich damit zu identifizieren, zu erkennen, ihm aber nicht nachzugeben. Auch in Bezug auf den menschlichen Körper identifiziert sich der Mensch immer wieder mit dem Vorgefundenen, seien es Unwohlsein, Schmerzen oder auch Wohlbefinden und Freude. Durch klare oder reine Beobachtung wird eine Nicht-Identifikation mit dem jeweils Vorgefundenem angestrebt, sodass eine *vorbehaltlose Untersuchung* möglich wird.

In seinen Ausführungen zur Achtsamkeit des reinen Beobachtens – als Klarheit und Einsicht – schreibt Nyanaponika: Es ist »das klare, unabgelenkte Beobachten dessen, was im Augenblick der jeweils gegenwärtigen Erfahrung (einer äußeren oder inneren) wirklich vor sich geht. Es ist die unmittelbare Anschauung der eigenen körperlichen und geistigen Daseinsvorgänge« (Nyanaponika, 1979, S. 26). »Reines Beobachten ist das bloße Registrieren des Objekts, seine genaue Bestimmung und Abgrenzung«. Es ist »die Gewinnung eines reinen Objekts ohne Beimischungen und ohne Ich-Bezogenheit« (S. 29 f.).

Diese Beobachterposition spielt bei der Achtsamkeitspraxis eine sehr wichtige Rolle: Der Abstand zum und die Nicht-Identifikation mit dem momentanen Geschehen führen zu Klarheit und Einsicht in diesem Prozess. Dies wird traditionell das *rechte Verstehen* genannt. Dabei ist die grundlegende Einstellung dieses rechten Verstehens: Was auch immer auftaucht, nichts ist eine Anhaftung wert. Der so entstehende Gleichmut wird somit bei allen Gelegenheiten und allen auftauchenden Dingen zur Grundlage der Wahrnehmung (Nagasena, 1980, S. 248)

Gleichmut kann schon an dieser Stelle als eine der wichtigsten Grundlagen der Achtsamkeitspraxis erkannt werden: Gleichmut ermöglicht eine Wahrnehmung, die nicht wertet, nicht ändert und nicht eingreift. Abbildung 1 (S. 21) mit dem Überblick über die Praxis der Achtsamkeit listet auf der linken Seite genau diese Fähigkeiten auf.

Aufmerksamkeit, als weitere Grundlage der Achtsamkeit, ist Wachheit, Wachheit ist Lebendigkeit, der Mensch ist lebendig, aufmerksam und wach. Diese wache Aufmerksamkeit ist erst einmal ungerichtet, springt von Aufmerksamkeitsobjekt zu Aufmerksamkeitsobjekt und lässt sich nur selten irgendwo nieder. Tut sie es doch, so kann dies Konzentration genannt werden.

## Die Konzentration

Konzentration ist die Fähigkeit des Geistes, stetig, das heißt über einen längeren Zeitraum hinweg, bei einem Aufmerksamkeitsobjekt zu verweilen. Dabei wird er durch kein anderes Aufmerksamkeitsobjekt gestört. Diese Konzentration ist die Grundlage für die Praxis der Achtsamkeit. Ihre Eigenschaften sind

- die Nicht-Störbarkeit im Aufrechterhalten der Fokussierung auf ein einziges Objekt,
- die Fähigkeit der erneuten Fokussierung auf das Objekt, wenn doch eine Ablenkung stattgefunden hat,

- das Nicht-Schwanken in der Durchführung dieses Konzentrationsprozesses
- und das Erreichen von Stille.

Diese Konzentrationsfähigkeit kann durch kontinuierliches Üben etabliert und im Laufe der Zeit verfeinert werden. Ist das erreicht, muss sie nicht mehr gehalten werden, sie kann einfach ganz und gar bei dem ausgewählten Objekt verweilen. In diesem Prozess wird der Geist still.

## Der stille Geist in der Achtsamkeitspraxis

Ein so entstandener stiller Geist ist in der Lage, in jeder Wahrnehmung und in jeder Handlung drei grundlegende Merkmale zu erkennen und zu verwirklichen. Werden diese Merkmale ignoriert, führen sie immer wieder zu Leiden. Es ist dies das Erkennen,
- dass alles unbeständig und im ununterbrochenen Wandel ist,
- dass diese Vergänglichkeit keine dauerhafte Befriedigung schafft,
- dass das Ich-Selbst, wahrgenommen als Person, ebenfalls Wandel ist und somit ebenso unbeständig.

Das Wahrnehmen, das genaue Studieren und die Fähigkeit, sich in den Atem zu versenken, sind die weiteren Grundlagen für die Achtsamkeitspraxis. Dies soll hier noch einmal betont werden: Den Atem durch und durch zu kennen ist die Voraussetzung für eine erfolgreiche Achtsamkeitspraxis. Mit dieser Atempraxis werden folgende Achtsamkeitsfähigkeiten entwickelt und eingeübt:
- die Fähigkeit, dem jeweiligen Aufmerksamkeitsobjekt nichts hinzuzufügen;
- die Fähigkeit, vom jeweiligen Aufmerksamkeitsobjekt nichts wegzunehmen;
- die Dinge also so zu lassen, wie sie sind;
- die Fähigkeit, das jeweilige Aufmerksamkeitsobjekt oder die Situation nicht zu bewerten, weder positiv noch negativ.

Grundlage für die Entwicklung dieser Fähigkeiten ist ein stiller, ein schweigender Geist, traditionell der Geist in Samādhi genannt (siehe S. 96 ff.). Dieser schweigende Geist, der gleichzeitig erkennender Geist

ist, kann nun jederzeit etabliert werden (Ausführlicheres hierzu im Kapitel »Achtsamkeit – Über den Geist: Die traditionelle Sicht«, S. 179 ff.). Er wird dann genutzt, um den Körper genau zu untersuchen, die Gefühle zu studieren, die Geistesinhalte wahrzunehmen und den Geist selbst zu erkennen.

## Der Atem in der Achtsamkeitspraxis (ānāpānasati)

Die in der Konzentrationspraxis geübte stete Aufmerksamkeit auf ein Objekt wird nun auf den Atem gerichtet als »sich in den Atem versenken« (Grundlegendes zum Atem im Kapitel »Über den Atem«, S. 99 ff.). Dabei werden der Ausatem (āna) und der Einatem (āpāna) getrennt studiert. Das Erlernen der Achtsamkeit mit dem Ausatem und dem Einatem wird ānāpānasati genannt. »Breathing in and out« (Nagasena, 1980, S. 102).

ÜBUNG

Lassen Sie sich still nieder und nehmen Sie Ihren Atem wahr.
Beginnen Sie mit einem langen Ausatem. Seien Sie sich dieses Ausatems ganz bewusst.
Nehmen Sie die sich anschließende Pause bewusst wahr.
Nehmen Sie den nun folgenden Einatemimpuls wahr.
Nehmen Sie die nun einsetzende Einatmung bewusst wahr.
Sie ist etwas kürzer als die Ausatmung.
Am Ende der Einatmung entsteht eine kurze Pause.
Nun beginnt das nächste lange Ausatmen, gefolgt von einer Pause.
Verweilen Sie einige Zeit in dieser Übung.
Spüren Sie die daraus entstehenden Veränderungen Ihres Körpergefühls und die Beruhigung Ihrer geistigen Aktivitäten.[19]

Das Studieren der Atmung als das Studieren der Luft ist schwierig: Die Luft selbst ist zu fein und ungreifbar, um sie wahrnehmen zu können. Daher ist nur die Berührung durch den Atem am jeweiligen Körperteil wahrnehmbar. Wahrgenommen und gefühlt beginnt

19 Siehe hierzu auch Nagasena, 1980, S. 103.

jeder Einatem an den Nasenflügeln, dort, wo die einströmende Luft zum ersten Mal gespürt wird. Der Einatem endet gefühlsmäßig beim Nabel, dort endet die wahrnehmbare Einatem-Bewegung.

Der Ausatem-Prozess beginnt dann umgekehrt beim Nabel und endet an den Nasenflügeln. Im Einzelnen sind dies:

- die Nase mit den Nasenflügeln
- der Gaumen
- der Kehlkopf
- die Luftröhre
- die Lunge
- das Zwerchfell
- die Bauchdecke/Nabel

Diese Räume zwischen der Nase und dem Nabel gilt es, Schritt für Schritt genau zu untersuchen und zu studieren. Dazu ist es sinnvoll und hilfreich, während des jeweiligen Ein- oder Ausatems von eins bis zehn zu zählen. Die Einatmung wird somit in zehn Schritte aufgeteilt, ebenso die Ausatmung. So kann verhindert werden, dass der Geist zwischendurch abschweift und vom Weg der Konzentration auf den Atem abkommt.

Da der Geist über die Konzentration fest an den Atem geknüpft ist, bietet sich auch folgendes Bild an: Der Geist wird vom Atem in den Körper hinein- und wieder hinausgezogen (Nagasena, 1980, S. 128 f.). Die Konzentration wird dadurch kraftvoll an den Atem gebunden. Durch diese unbedingte Konzentration auf den Atem wird alles andere ausgeschlossen, jede Störung, jede ablenkende Aktivität. Auf dieser Basis entsteht schon jetzt ein Wissen als klare Erkenntnis über jede Atembewegung und jede Atemberührung.

Diese Wahrnehmung wird immer feiner und es kann eine Art Versunkenheit in und mit dem Atem festgestellt werden. Die so entstehende erweiterte Konzentration des Geistes, traditionell *Einspitzigkeit*[20] genannt, wenn der Geist komplett auf den Atem gerichtet ist, führt zu Gelassenheit und Gleichmut hinsichtlich der möglichen

20 Das Wort »Einspitzigkeit« ist an dieser Stelle etwas verwirrend. Mit Einspitzigkeit wird traditionell ein Geisteszustand bezeichnet, der konzentriert ist, hier auf den Atem, und gleichzeitig den größeren Raum, in dem die At-

störenden Geistesobjekte: Sie werden gelassen wahrgenommen und es kann immer wieder zum Atem zurückgekehrt werden. Es entsteht so eine Art automatische Achtsamkeit: Die Achtsamkeit auf den Atem kann ununterbrochen aufrechterhalten werden und die oder der Praktizierende ist sich dessen in jedem Augenblick gewahr.

Der Atem ist in der buddhistischen Praxis so zentral, dass er als die Basis für das menschliche Leben schlechthin bezeichnet wird. In dem hier betrachteten Zusammenhang wird er als die Basis des physischen Körpers betrachtet, aber auch als die Basis des mentalen Körpers.

Im Kapitel »Über das menschliche Leiden, Krankheit und Gesundheit« (S. 42 ff.) sind die fünf Skandhas (Kontakt, Gefühle, Wahrnehmung, mentale Konditionierung und Bewusstsein) ausführlich dargestellt worden. Sie werden hier im Zusammenhang mit dem Atem auch als *mentale Körper* bezeichnet.

Der Atem übernimmt im Rahmen seiner zentralen Stellung somit hier die Funktion eines Körper-Herstellers: Der Atem bedingt den physischen Körper, der wiederum die Kontinuität des mentalen Körpers möglich macht. Der Atem bringt diese beiden Körper zusammen, hält sie zusammen, sodass an dieser Stelle von einem *subtilen Atemkörper* gesprochen werden kann.

Der Meditierende und Praktizierende studiert nun diesen Atemkörper als einen »Körper im Körper«, studiert den Atemkörper im physischen Körper. Dies ist die Basis für die Atemachtsamkeit (ānāpānasati) beim Einatmen und beim Ausatmen und damit die Grundlage des Wahrnehmens und Studierens des gesamten Atemprozesses in all seinen Einzelheiten (Nagasena, 1980, S. 124 ff.).

Die beschriebene Konzentration führt zu einer Beruhigung des Geistes und damit zur Grundlage von Klarheit und Einsicht. Die enge Verbindung von Atem und Körper kann ebenfalls zur Beruhigung *aller* Aktivitäten genutzt werden: Ein absichtsvoll beruhigter Atem führt zu einer Beruhigung des Körpers, ein beruhigter Körper führt zu einem beruhigten Geist.

---

mung stattfindet, einschließt, hier die gesamte Atembewegung, aber auch das Umfeld, in dem sich der Praktizierende gerade befindet. Der bessere Begriff ist »erweiterte Konzentration«.

> Den Atem kontrollieren zu können, bedeutet den Körper kontrollieren zu können.
> Den Körper zu kontrollieren bedeutet den Atem zu kontrollieren.
> Atem und Körper kontrollieren zu können bedeutet,
> den Geist kontrollieren zu können. (siehe Nagasena, 1980, S. 132).

Im Laufe eines solchen Prozesses wird der Atem so ruhig, dass er kaum noch wahrnehmbar ist, und der Geist so ruhig, dass von einem sogenannten Atem- und Geistesstillstand gesprochen werden kann. Dieser dritte Schritt der sechs subtilen Atemmethoden ist im Kapitel »Über den Atem« (S. 99 ff.) als Anhalten oder Stillstand beschrieben worden.

Dieser Stillstand ist natürlich nicht als ein Ende gemeint, sondern als ein Versenken in einen extrem langsamen Atem und ein Versenken in einen extrem beruhigten Geist. Es ist dies der Geist der Nicht-Reaktion oder der Geist von Samādhi (siehe hierzu auch den Abschnitt »Der Augenblick im Samādhi oder Nullpunkt-Samādhi«, S. 96 ff.).

Dieser beruhigte Geist kann als ein aufnehmender Geist verstanden werden. Es ist das Erkennen und Verwirklichen der Welt, so wie sie sich darbietet und nicht so, wie sie sich vorgestellt wird. Es ist das Erwachen in genau diesen jetzigen Augenblick hinein. Der jetzige Augenblick, sonst nichts, kein Vorher, kein Nachher, einfach nur *Jetzt.* Traditionell wird dies die Verwirklichung von *Soheit* genannt.

Das Interessante und Verblüffende daran ist, dass ein solches Erwachen in den jetzigen Augenblick hinein ausschließlich mit Hilfe des Atems möglich ist. Es sind die Früchte einer intensiven und verwirklichten Achtsamkeitspraxis.

## Die Versenkungen (Jhānas)

Nach einer grundlegenden Übersicht über den Stellenwert der Konzentration in der Achtsamkeitspraxis und ihre Erarbeitung und Verfeinerung am und mit dem Atem geht es im Folgenden um die sogenannten Versenkungen. Es ist dies die Fähigkeit, ganz mit dem Aufmerksamkeitsobjekt zu verschmelzen, um sich dann in einem nächsten Schritt ganz von ihm lösen zu können. Es bleiben Gelassenheit und Gleichmut, die eine neue, wache Wahrnehmung auf die Welt der Phänomene ermöglichen.

ÜBUNG

Lassen Sie sich still nieder. Nehmen Sie Ihren Atem wahr.
Nehmen Sie wahr, wo der erste Kontakt des Atems spürbar ist: an den Nasenflügeln.
Verweilen Sie immer wieder mit Ihrer Aufmerksamkeit bei den Nasenflügeln. Dies vertieft Ihre Konzentration.
Nehmen Sie nun Ihren Ausatem wahr.
Nehmen Sie keinen Einfluss auf die Länge oder Tiefe des Atems.
Nehmen Sie ihn einfach nur wahr, so wie er ist.
Beobachten Sie mögliche Veränderungen.
Nun folgen Sie ihrem Einatem von den Nasenflügeln bis zur Bauchdecke.
Dann folgen Sie der Ausatmung von der Bauchdecke zurück zur Nase.
Binden Sie ihre Aufmerksamkeit so eng wie möglich an den Atem.
Im Laufe der Übungen beruhigt und verlangsamt sich Ihr Atem.
Auch Ihre geistigen Aktivitäten beruhigen sich.
Atem ist kontinuierliche Bewegung.
Im Laufe der Zeit stellen Sie fest, dass Ihr ganzer Körper aus kontinuierlichen Aktivitäten besteht.
Dies verändert Ihr Bild von der Festigkeit Ihres Körpers: Auch er ist (im) Wandel.

Die in der Übung beschriebenen Schritte können in folgenden fünf Punkten zusammengefasst werden. Sie werden traditionell auch die fünf Versenkungen oder *Jhānas* genannt, ein Begriff aus dem Pali. In Sanskrit lautet der entsprechend Ausdruck *Dhyāna,* im Chinesischen *Ch'an* und im Japanischen *Zen.* Alle haben die Bedeutung von Sammlung und Versenkung.

1. Durch die Einübung der Konzentration ist der Geist in der Lage, über einen längeren Zeitraum hinweg bei einem Aufmerksamkeitsobjekt zu verweilen. In der Regel wird dies am Atem eingeübt, später kann dies auf alle Objekte der Wahrnehmung übertragen werden. Traditionell wird dies *Vitakka* (Pali) genannt und

bedeutet, etwas fixieren zu können, ein Objekt wird zum Beispiel mit den Augen gehalten.

2. Durch die Einübung der Konzentration wird das Objekt der Wahrnehmung durch und durch kennengelernt. Traditionell wird dies *Vicāra* (Pali) genannt und bedeutet, ein Objekt gründlich und sorgfältig zu kennen.
   Bei der Einübung der Konzentration laufen beide Aspekte, Vitakka und Vicāra, gleichzeitig ab: Ein Objekt wird gehalten und gleichzeitig genau erkannt.
   Im ersten Schritt bleibt ein Kontakt erst einmal oberflächlich, der zweite Aspekt benötigt Innehalten. Dies ermöglicht ein genaues Untersuchen und genaues Wahrnehmen des Objekts.
3. Mit der Einübung der Konzentration und dem genauen Studieren des Wahrnehmungsobjekts entsteht, ganz ohne Grund, Entzücken und Verzückung. Dies scheint auf den ersten Blick überraschend, aber in der Regel machen Meditierende genau diese Erfahrung durch die unbedingte Konzentration, die durch nichts abgelenkt ist. Es ist hier wichtig zu betonen, dass dieses Entzücken nicht abhängig ist von sinnlichem Wünschen oder Verlangen und davon auch nicht ausgelöst wird. Dies wird traditionell *Pīti* (Pali) genannt und bedeutet Verzückung.
4. Aus Verzückung und Entzücken entsteht Freude. Auch diese Freude scheint wie aus dem Nichts zu kommen und ist ebenfalls nicht ausgelöst durch sinnliches Wünschen oder Verlangen. Dies wird traditionell *Sukha* (Pali) genannt und bedeutet Freude und Glück.
5. Im Laufe der Einübung kann der Geist nun ein Beobachtungsobjekt über einen längeren Zeitraum hinweg halten. Dies wird erweiterte Konzentration genannt oder auch Einspitzigkeit (siehe hierzu Fußnote 20). Es ist verwirklichtes Samādhi: Der Geist verweilt in einem ungestörten und unstörbaren Nullpunkt. Der Geist reagiert auf keinen Impuls und verweilt ganz und gar beim Objekt (siehe hierzu den Abschnitt »Der Augenblick im Samādhi oder Nullpunkt-Samādhi«, S. 96 ff.). Dies wird traditionell *Ekāggatā* genannt und bedeutet gerichtet sein auf einen einzigen Gegenstand.

## Die Meisterschaft: Die praktische Verwirklichung der Jhānas

Der Geist ist in der Lage, die Aufmerksamkeit auf ein Objekt zu richten und sich so zu sammeln. Auf diese Weise wird die Fähigkeit entwickelt, diese Aufmerksamkeit zu halten, zu festigen und zu etablieren. Die so entwickelte Fähigkeit wird Versenkung genannt.

In diesem Prozess wird gleichzeitig die Fähigkeit entwickelt, aus dieser Versenkung wieder herauszutreten, als ein intentionaler Akt. Ziel ist die Fähigkeit, jederzeit willentlich in die Versenkung einzutreten, zu verweilen und wieder herauszutreten (Nagasena, 1980, S. 315).

Wird nun der Atem als Aufmerksamkeitsobjekt in den Fokus genommen, dann geht es um das genaue Studium des Einatems und des Ausatems in all seinen Details. Jeder Aspekt des Atems wird konzentriert studiert, bis der Atem so ruhig wird, dass er so gut wie nicht mehr wahrgenommen werden kann. Der Atem scheint wie ausgelöscht oder zum Stillstand gekommen. Aber auch der Geist wird ganz still, er hat aufgehört zu reagieren, er schweigt. Unter diesen Voraussetzungen kann nun die Versenkung in den Atem stattfinden: Der Meditierende wird sein Atem. Atem atmet Atem.

*Nun kann der Eintritt in die »große Stille« erfolgen: erst als Glückseligkeit, dann als das Glück jeglicher Nicht-Reaktionen* (siehe Nagasena, 1980, S. 319 f.). Das ist gemeint, wenn Suzuki Roshi die Meditierenden auffordert, den Satz »Ich atme« genau zu untersuchen, um dann das »Ich« wegzulassen: »Wenn ihr denkt: ›Ich atme‹, so ist das ›Ich‹ ein Zusatz. Es gibt kein Du, das ›Ich‹ sagen könnte. Was wir Ich nennen, ist nichts als eine Drehtür, die sich bewegt, wenn wir ein- und ausatmen« (Suzuki, 1990, S. 29).

In diesem Sinne definiert Nagarjuna das Glück in seiner ihm eigenen Art und Weise:
*»Diejenigen aber, die ›Existenz‹ und ›Nicht-Existenz‹ der Dinge sehen, sind von geringerer Einsicht; sie sehen nicht das beglückende Zur-Ruhe-Kommen des Sichtbaren […] Heilvoll ist die Beruhigung aller Wahrnehmungen, die Beruhigung der Entfaltung.«*
(Weischede und Zwiebel, 2009, S. 154)

## Schwierigkeiten und Hindernisse in der Achtsamkeitspraxis

In einem Vortrag[21] hat mein Lehrer Richard Baker Roshi sich mit fünf Aspekten der Jhānas beschäftigt, die an dieser Stelle als Hindernisse oder auch als Widerstände aufgefasst werden können. Solche Schwierigkeiten sind wohl jedem Praktizierenden bekannt, können aber gerade für Anfänger und Anfängerinnen eine gute Möglichkeit bieten, in die Praxis der Jhānas einzusteigen.

- Der Mensch hat die Tendenz zu *greifen*. Greifen meint zu-greifen, sich zu-wenden etwas zu er-greifen. Zum Greifen gehören nicht nur Dinge, sondern auch Gefühle und Gedanken. Grundsätzlich geschieht dies auf der Grundlage des Wohl-Fühlens.
- Eine weitere Tendenz des Menschen ist die des *Ablehnens*. Dies meint ab-wenden, weg-stoßen, ignorieren, nicht haben wollen. Dies basiert auf der Grundlage eines Un-Wohl-Seins.
- Oft erlebt der Mensch *Trägheit* oder einfach keine Energie zu haben, *Energielosigkeit* bis hin zu depressiven Episoden.
- Der Gegenpol zur Energielosigkeit ist die *Unruhe* oder *Erregung*. Beide Zustände haben erst einmal keine wahrnehmbare Ursache, sie tauchen (scheinbar) grundlos auf.
- Der *Zweifel* ist ein weiterer Aspekt im Rahmen der Beschreibung der Jhānas. Zweifel kann eher als eine Art Haltung oder Grundhaltung beschrieben werden. Aus der Sicht von Baker Roshi gibt es zwei Arten des Zweifels: der *zersetzende Zweifel*, der tendenziell zerstörerisch ist und oft wie eine Art Säure wirken kann. Der *begleitende Zweifel* hingegen ist einer, der den Meditierenden auf dem Weg hält, ihn davon abhält, allzu große Umwege einzuschlagen. Er kann eher als guter Begleiter bezeichnet werden.

Alle fünf Aspekte greifen in die Praxis der Aufmerksamkeit ein. Damit ist gemeint, dass die Aufmerksamkeit ganz praktisch immer wieder gestört oder absorbiert wird:

21 Vortrag vom 25.2.2021 im Dharma Sangha, Buddhistisches Zentrum Schwarzwald.

- durch das Ergreifen von allem, was von der Praxis ablenken kann, eine ganz typische Verhaltensweise; eigentlich einer der größten Widerstände.
- durch das Ablehnen des Unangenehmen.
- durch Trägheit oder das Zurücknehmen der Energie.
- durch Unruhe und Erregung.
- durch Zweifel.

Diese fünf Aspekte, die auch als Hindernisse gesehen werden können, hindern den Achtsamkeitspraktizierenden, für sich wach zu sein und wach zu bleiben. Grundsätzlich ist es daher erst einmal entscheidend, eine Sensitivität für diese Befindlichkeiten zu entwickeln, sie wahrzunehmen und in der Lage zu sein, mit ihnen zu arbeiten. Dabei ist es hilfreich, sie schwerpunktmäßig erst einmal körperlich zu erspüren und wahrzunehmen. Dies kann insbesondere für Anfängerinnen und Anfänger eine große Hilfe sein.

Die genannten fünf Aspekte führen in der Regel zu einem unruhigen Geist. Mit Hilfe der Achtsamkeit kann der Geist geglättet werden. Dabei wird er mehr und mehr zu einer glatten, reflektierenden Oberfläche, wie ein klarer Spiegel. Ein wichtiger Aspekt dieses Spiegels ist neben seiner Reflexion auch eine ruhige, aufnehmende Fähigkeit, ein ruhiger, aufnehmender Meditationsgeist. Die Voraussetzung hierfür ist das Aufgeben des diskursiven Denkens. Dieses Denken beinhaltet einen unruhigen, von Objekt zu Objekt springenden Geist, der sich nie wirklich irgendwo niederlässt. Dies meint nicht, nicht zu denken. Es meint, nicht über das Denken nachzudenken. Das Denken wird nicht fortgesetzt, der Meditierende reagiert nicht (mehr) auf seine eigenen Gedanken. Der Geist wird still und aufnehmend.

Die aufgeführten Schwierigkeiten, mit denen sich ein jeder, der sich mit der Achtsamkeitspraxis beschäftigt, konfrontiert sieht, müssen immer wieder erkannt werden als Widerstände, als Strukturen, die über viele Jahre eingeübt worden sind. Das ist der erste und wichtigste Schritt, um sie verändern zu können.

Grundsätzlich erfordert eine Achtsamkeitspraxis kontinuierliche Aufmerksamkeit, aber eben auch Disziplin. Die Hindernisse untergraben diese hehren Absichten immer wieder. Daher ist das Erkennen dieser Hindernisse so wichtig.

Traditionell werden diese Hindernisse oder Widerstände in der folgenden Auflistung zusammengefasst:

1. Sinnliches Verlangen kann eine starke Ablenkung von der jeweiligen Praxis bedeuten.
2. Groll und Feindseligkeit: Dies bedeutet eine grundsätzliche Ablehnung, ein Sich-Abwenden von der Praxis. Wohlwollen ist erst einmal ausgeschlossen.
3. Erstarrung, Unbeweglichkeit, Apathie und Langeweile: Diese Reaktionen tauchen dann auf, wenn die Praxis der Achtsamkeit schwierig wird.
4. Ruhelosigkeit und Sorge: Auch diese Reaktionen tauchen mit zunehmenden Schwierigkeiten in der Praxis auf, oft verknüpft mit vermehrten geistigen Aktivitäten wie das Denken. Stetigkeit und Beständigkeit in der Praxis sind noch nicht entwickelt.
5. Skeptischer Zweifel: Dies kann unter Umständen dazu führen, die Praxis der Achtsamkeit als Ganze in Frage zu stellen. Ein Vertrauen in die eigene Praxis ist noch nicht entwickelt.

## Das Auflösen der Hindernisse

Wie können nun diese Hindernisse aus dem Weg geräumt werden? An dieser Stelle ist es wichtig, darauf hinzuweisen, dass alle in diesem Buch vorgestellten Praktiken, so auch diese, eines Entschlusses bedürfen. Es ist der Entschluss und die Entscheidung, sich mit aller Kraft in die jeweilige Praxis hineinzugeben.

Dies ist hier die Praxis der Konzentration auf den Atem und die Fähigkeit, sich ganz in den Atem zu versenken, ganz der Atem zu *werden*. Diese Konzentration verhindert, oder besser: behindert das Auftauchen der Hindernisse; sie ist so stark, dass überhaupt kein Raum mehr für irgendeine andere geistige Aktivität bleibt. Diese Ausschließlichkeit, alles bis auf den Atem wird ausgeschlossen, gibt den Hindernissen keinen Raum mehr, sie werden blockiert, sinnliches Verlangen, Groll, Apathie, Ruhelosigkeit und Zweifel erhalten im Prozess der Konzentration auf den Atem keinen Raum, keinen Einlass mehr (Nagasena, 1980, S. 200).

Aus der erweiterten Konzentration als der Fähigkeit, auf keine Störung zu reagieren und ganz beim Objekt der Aufmerksamkeit zu verweilen, wird im Laufe des Übungsprozesses ein ganz entspannter Prozess, der als ein Ablegen der Aufmerksamkeit auf das jeweilige Objekt beschrieben werden kann. Durch konsequentes Abhalten jeglicher Störungen beim konzentrierten Sich-Beschäftigen mit einem Objekt, hier dem Atem, wird das Aufrechterhalten der Konzentration immer leichter. Sie wird im Laufe der Zeit zu einem *Verweilen beim Objekt.* Dies geschieht nun ganz ohne Mühen. Wird das Objekt der Aufmerksamkeit dann gewechselt, wird ein Abwenden, ein Loslassen auch immer leichter gelingen. Dann entsteht ein neuer Kontakt, jetzt schon viel ruhiger, da die Konzentration, ohne große Störungen, sofort wieder praktiziert wird. Immer mehr gelingen so ein müheloses Verweilen, ein müheloses Loslassen, ein ruhiges Abwenden und ein ruhiger neuer, erster und direkter Kontakt mit einem neuen Objekt der Aufmerksamkeit.[22]

Aus dieser gelingenden Konzentration wird so eine ruhige und in sich ruhenden Aufmerksamkeit. Sie ist ein sehr wichtiges Element der Achtsamkeitspraxis. Diese macht es dann möglich, dem Objekt der Wahrnehmung nichts hinzuzufügen, nichts wegzunehmen und es nicht zu werten. Zu Beginn ist die Aufmerksamkeit auf ein Objekt gerichtet, nach und nach jedoch wird die erweiterte Gesamtsituation, in der sich das Objekt befindet, mit einbezogen.

*Dieses Miteinbeziehen der Umgebung ist ein entscheidender Aspekt in der Praxis der Achtsamkeit: Es entsteht so eine erweiterte, entspannte, sehr wache, den gesamten Raum miteinbeziehende Wahrnehmung. Dies ist Achtsamkeit in ihrer Vollendung.*

Grundlage all dieser Prozesse ist letztendlich die Fähigkeit, Stille zu praktizieren, körperliche und geistige Stille:

- Stille erzeugt stillen Körper und stillen Geist.
- Die Stille von Körper und Geist ermöglicht Konzentration.
- Konzentration führt zur Ausgeglichenheit des Geistes als Gleichmut und Gelassenheit.
- Der Geist ist befriedet (siehe Nagasena, 1980, S. 250).

22 Im Rahmen der Beschreibung der fünf Skandhas wurde dieser erste, direkte Kontakt im ersten Skandha verortet (siehe hierzu den Abschnitt »Die fünf Skandhas«, S. 54.). Es ist ein ganz entspanntes Herangehen in diesen ersten Kontakt, ohne Reaktionen, gleichmütig und gelassen.

Im Laufe der Ausführungen ist klar geworden, welche große Bedeutung hier der Konzentration beigemessen wird. Ein Objekt in der Aufmerksamkeit zu halten, ohne auch nur für einen kurzen Augenblick abzuschweifen, es wirklich ganz in den *Mittelpunkt* (französisch: concentre) zu stellen, ist *die* grundlegende Fähigkeit, eine entwickelte Praxis der Achtsamkeit aufzubauen und aufrechtzuerhalten. In diesem Sinne kann man ohne Übertreibung sagen:

*Konzentration entwickelt am Atem ist Erwachen.*

## Über die Freude und das Glück

Freude ist zunächst einmal verbunden mit dem Erlangen eines erwünschten Objekts. Diese Freude meint den Weg hin zum Objekt als mentales Begehren (Pali: *Pīti*). Davon unterschieden wird die direkt erlebte Freude nach dem Erlagen des begehrten Objekts im direkten Kontakt und ist somit ein Gefühl (Pali: *Sukha*). Die auftauchenden Freuden, in der Erwartung, ein begehrtes Objekt zu erlangen, können beschrieben werden als kleine Freude, kurzzeitige Freude, wellenartige Freude, aufrichtende Freude und durchdringende Freude (siehe auch Sīlānanda, 1990, S. 132 f.).

Eine weiter Freude ist die Mitfreude, die Freude an der Freude anderer (siehe hierzu die Brama-Vihāras: Die grenzenlose, mitfühlende Freude, Pali: *Mudita*). Aber es gibt auch die grundlose Freude, die keine wahrnehmbaren oder fühlbaren Gründe hat und wie »aus heiterem Himmel« auftaucht.

Freude und Glückseligkeit spielen in der Achtsamkeitspraxis oft eine untergeordnete Rolle. Letztendlich scheint es aber im Leben um Freude und Glück zu gehen. Erlebte und gelebte Freude, entstanden durch die Praxis der Konzentration, ist eine starke Motivation, diese Praxis weiterzuverfolgen. Durch die Praxis der anstrengungslosen und sehr entspannten Konzentration entstehen Entzücken, Freude und Glück, wie aus dem Nichts, ganz ohne Grund. Für einen Moment lang ist der Mensch ganz Freude und Glück.

Neben dem emotionalen und geistigen Gefühl des Glücks entsteht auch ein körperliches. In der buddhistischen Tradition gibt hierfür den Ausdruck des *Glückseligkeits-Körpers*, auch *Sambogakaja-Körper* genannt (siehe hierzu das Kapitel »Achtsamkeit – Der Körper«, S. 128 ff.).

Leider aber unterliegen auch Freude und Glückseligkeit dem Wandel, auch sie vergehen, was in der Regel oft mit einem Bedauern begleitet ist. An dieser Stelle der Achtsamkeitspraxis geschieht dies jedoch nicht. Die Veränderung von Freude und Glück wird hier als ein »so ist es« angesehen, als *Prozesse* der Veränderung, die *überall* vorzufinden sind. Nichts hat einen unveränderlichen Kern, *alles ist Wandel.* Dies ist die Grundlage der buddhistischen Philosophie und jeder Meditationserfahrung und wird mit dem Begriff der *Leerheit* zusammengefasst (siehe hierzu das Kapitel »Achtsamkeit – Über den Geist: Die traditionelle Sicht«, S. 179 ff.).

Vergehen nun Freude und Glück, machen sie Platz für etwas anderes. Durch die Erlangung höchster Konzentration wird ein müheloses Verweilen beim jeweiligen Objekt möglich, hier beim Vergehen von Freude und Glück. Dieses ruhige In-sich-Verweilen, diese in sich ruhende Aufmerksamkeit, wird als klares Erkennen oder reine Wahrnehmung beschrieben. Sie kann ohne Unterbrechung und Ablenkung aufrechterhalten werden, oft auch als ursprünglicher Geist bezeichnet, getragen von Gelassenheit und Gleichmut. Dieser Gleichmut erzeugt keine Vorlieben, keine Abneigungen und keine Wertungen. Auch dies sind die Früchte einer intensiven und verwirklichten Achtsamkeitspraxis.

»Der höchste Weg ist nicht schwierig für diejenigen, die keine Vorlieben haben.
Wenn beides, Liebe und Hass vergangen sind, wird alles klar und unverhüllt.
Wenn du das Verlangen hast, die Wahrheit zu sehen,
dann hege keine Anschauungen für oder gegen etwas.«
(Weischede, 2006, S. 155)

ÜBUNG

Erlernen Sie die Konzentration mit Hilfe Ihres Atems:
Sie studieren Ihren Einatem. Sie studieren Ihren Ausatem.
Sie verweilen in der Pause nach der Ausatmung. Sie erleben Ihren Einatemimpuls.
Kehren Sie mit Ihrer Aufmerksamkeit immer wieder zu Ihrem Atem zurück.

Anfänglich tun Sie dies mit intensiver Konzentration. Lassen Sie sich durch nichts stören.
Zunehmend wird Ihre Konzentration immer anstrengungsloser und immer weniger störbar.
Das Untersuchungsobjekt Atem kann jetzt anstrengungslos gehalten werden.
Mit immer weiter zunehmender Stille des Geistes können Sie auch diese erweiterte Konzentration loslassen. Nun können Sie Ihren Atem »einfach lassen«, so wie er ist. Das ist gelebte *Soheit*.
So entsteht im Laufe der Zeit eine Loslösung vom Untersuchungsobjekt Atem. Es findet keinerlei Identifikation (mehr) mit ihm statt.
Für Augenblicke erleben Sie Freude und Glück, einfach so.
Jetzt treten klares Erkennen und reine Wahrnehmung mehr und mehr in den Vordergrund.
Gelassenheit und Gleichmut sind ihre Grundlage.[23]

Traditionell werden die obigen Ausführungen so zusammengefasst:

1. *Versenkung: Konzentration.* Konzentriertes Halten der Aufmerksamkeit auf das Untersuchungsobjekt.
2. *Versenkung: Konzentration ist nicht mehr vonnöten.* Das Untersuchungsobjekt kann anstrengungslos gehalten werden.
3. *Versenkung: Nicht-Identifikation.* Die Loslösung vom Untersuchungsobjekt. Es findet keinerlei Identifikation (mehr) mit ihm statt. Grundlos entstehen Freude und Glück.
4. *Versenkung: Klares Erkennen.* Erweiterte Konzentration und Freude und Glück sind immer noch Verweilzustände des Geistes. Im Laufe der Zeit machen sie Platz für das klare Erkennen und die reine Wahrnehmung.
5. *Versenkung: Gelassenheit und Gleichmut.* Jenseits von Entzücken und Freude bleiben nur noch Gelassenheit und Gleichmut.

23 Siehe Nagasena, 1980, S. 295 f.

# Achtsamkeit – Der Körper

Das achtsame Studium des Atems, die achtsame Einübung der Konzentration und die Fähigkeit der Versenkung sind die Grundlagen für eine vorbehaltlose Untersuchung dessen, was *mit dem Körper erlebt* wird.

Dem menschlichen Körper wird traditionell eine sehr große Aufmerksamkeit zuteil. Anfänger in der Meditation sind immer wieder überrascht, wie sehr ein Fokus auf eine entsprechende Körperhaltung und Körperaufmerksamkeit gelegt wird. Dies wird auch daran deutlich, wie viele unterschiedliche Definitionen von Körper es in den buddhistischen Traditionen gibt.

Traditionell wird im Rahmen einer Körperachtsamkeit mit den Körperhaltungen begonnen. Das ist natürlich sinnvoll, denn der Mensch nimmt immer eine *Haltung* ein. Dennoch ist es überraschend, weil es deutlich macht, wie selbstverständlich eine jede Haltung des Körpers genommen wird, ohne ihr in der Regel größere Beachtung zu schenken. Eine Haltung kann Ausdruck für die Verfasstheit des Trägers sein, eine Haltung kann aber auch »eingenommen« werden.

Aus Praxissicht spielt die Frage nach der Haltung des Geistes, mit der der Mensch durch den Alltag geht, ebenfalls eine wichtige Rolle. Die Frage nach einer vorgefundenen Geisteshaltung und einer anzustrebenden Geisteshaltung durchzieht die Praxis der Achtsamkeit wie ein roter Faden.

## Achtsamkeit auf die Körperhaltungen

Die vier grundlegenden Köperhaltungen, auch die »vier edlen Köperhaltungen« genannt, sind das Gehen, das Stehen, das Sitzen und das Liegen einschließlich der damit verbundenen Übergänge zwischen den Haltungen. Die Aufmerksamkeit bei der Betrachtung liegt ausschließlich auf der jeweiligen Haltung:

- Wenn ich gehe, weiß ich und nehme wahr, dass ich mit meinem ganzen Körper gehe.
- Wenn ich stehe, weiß ich und nehme wahr, dass ich mit meinem ganzen Körper stehe.
- Wenn ich sitze, weiß ich und nehme wahr, dass ich mit meinem ganzen Körper sitze.
- Wenn ich liege, weiß ich und nehme wahr, dass ich mit meinem ganzen Körper liege.

In einem weiteren Schritt werden dann all die kleinen Bewegungen wie Beugen, Strecken usw. mit in die Körperaufmerksamkeit einbezogen. Die Aufmerksamkeit ruht somit kontinuierlich auf den vier Grundhaltungen und allen daraus entstehenden weiteren Zwischenhaltungen und ihren Bewegungen (Sīlānanda, 1990, S. 39 f., eigene Übersetzung).

## Das Gehen

Am Beispiel des Gehens wird in den folgenden Ausführungen ein Versuch unternommen, die Komplexität der obigen vier Aussagen zu verdeutlichen. »Wenn ich gehe, weiß ich und nehme wahr, dass ich mit meinem ganzen Körper gehe.« Wann beginnt Gehen? Das Gehen beginnt mit der Absicht zu gehen. Dies ist zum einen ein zeitlich sehr kurzer Augenblick und nur mit viel Übung wahrzunehmen, zum anderen ist es erst einmal nicht klar, wo genau der erste Impuls auftaucht: Ist es ein körperlicher Impuls, welcher der bewussten Wahrnehmung vorausgeht, oder ist es ein mentaler Impuls, der dann körperlich umgesetzt wird?

In der Regel werden mentale und körperliche Bewegungen als *eine* Bewegung wahrgenommen. Diese Erfahrung ist bei genauerem Studium jedoch nicht mehr haltbar. Vielmehr gehen aufeinanderfolgende Momente von Absichten und mentalen Bewegungen des Geistes den Bewegungen des Körpers voraus. Diese fungieren dann als Auslöser für eine körperliche Bewegung. Dieser Gesamtablauf von mentaler Absicht bis hin zur Ausführung hat jeweils einen Beginn und ein Ende, um dann wieder mit einer neuen (mentalen) Absicht in den nächsten Bewegungsablauf zu gehen (Sīlānanda, 1990, S. 41).

Die Grundlage, diese Unterscheidungen klar sehen zu können, liegt in der Fähigkeit, solche Abläufe wahrnehmbar verlangsamen zu können. Als Übungsplatz dient hierzu die stille Meditation, welche die Gehmeditation einschließt: ein bewusstes, langsames Gehen zwischen den Sitzperioden. Dabei wird jeder Schritt wahrgenommen: das Anheben des Fußes mit der Einatmung, das Nach-vorne-Bewegen und das Absetzen des Fußes mit der Ausatmung. Die Belastung des Fußes und eine kurze Pause, die gleichzeitig auch die Atempause nach der Ausatmung ist. Dann das Gleiche mit dem anderen Fuß.

Nāgārjuna, ein bedeutender Lehrer und Philosoph des Mahāyāna-Buddhismus, der in der zweiten Hälfte des dritten Jahrhunderts unserer Zeitrechnung lehrte, hat sich in seiner Philosophie der Leere mit der Begrenztheit der Sprache beschäftigt (Näheres hierzu im Kapitel »Achtsamkeit – Über den Geist: Die traditionelle Sicht«, S. 179 ff.). Rein logisch betrachtet, so seine Darlegungen, kann über die jeweilige Wirklichkeit keine Aussage gemacht werden. Nāgārjuna treibt das Denken an einen Punkt, wo der Schritt vom Denken in das Nicht-Denken unausweichlich wird. Der Schritt vom Wissen zum Nicht-Wissen muss somit notwendigerweise getan werden, um die Komplexität der Wirklichkeit annähernd zu erahnen. Direkt erfahren werden kann dies auf dem Sitzkissen in der Nicht-Bewegtheit von Körper und Geist. Aber auch am Beispiel des Gehens kann dies ansatzweise verdeutlicht werden.

Die folgenden Ausführungen über das Gehen führen den Praktizierenden der Achtsamkeit an den Rand dessen, was intellektuell begreifbar, aber für eine intensive buddhistische Meditationspraxis charakteristisch ist. Eine solche Vorgehensweise beinhaltet drei Schritte:

- Bedenke das Problem sehr gründlich.
- Gehe über die Grenzen dieses Denkens hinaus.
- Dann lasse dein Denken los und gehe in die direkte Erfahrung.

Nāgārjuna unterteilt das Gehen in drei Aspekte: das Zu-Begehende (der Raum, der durchschritten wird), ein Geher und das Gehen. Den Raum oder die durchschrittene Strecke unterteilt er in: das Gegangene (Vergangenheit), das Jetzt-Begangene (Gegenwart), das Noch-nicht-Gegangene (Zukunft).

Auf diesen Grundlagen stellt Nāgārjuna folgende Fragen: Wo genau wird gegangen? Wer genau geht? Hat das Gehen einen Anfang und ein Ende? Was ist das Verhältnis vom Geher zum Gehen? (Weber-Brosamer und Back, 2005, S. 5 f.).

### *Wo wird gegangen?*

Der begangene Raum oder die zu begehende Strecke wird eingerahmt von der Vergangenheit und von der Zukunft: Das Schon-Gegangene wird nicht (mehr) gegangen, ist also die Vergangenheit. Das Nicht-Gegangene ist noch nicht gegangen, ist also die Zukunft. Zwischen der Vergangenheit, Schon-Gegangen, und der Zukunft, Nicht-Gegangen, befindet sich der gegenwärtige Augenblick, das Gegenwärtig-Begangene.

Nāgārjuna unterscheidet nun zwischen dem Gehen und dem Begangenen, also zwischen der Strecke, die begangen wird, und dem Gehen selbst. Denkt der Geher beim Gehen über seine Handlung nach, geht er zwar noch, ist aber mit seiner Aufmerksamkeit im Denken. Er bedenkt sein Gehen. Denken aber ist Denken über Vergangenes: Wenn das Gehen als Jetzt-Gehen *mental* beschrieben wird, ist es Schon-Gegangenes, also Vergangenes. Das Jetzt-Gehen ist hingegen gleichzeitig das Gehen und das Begangene (als Raum und Strecke), kann also *erfahrungsmäßig* nicht voneinander getrennt werden: Das Gegenwärtig-Begangene ist »so«, weder gegangen noch nicht gegangen. Dies ist Jetzt-Gehen ohne geistige Reaktion. Man kann auch sagen: »Gehen geht.« Eine Aussage über das Jetzt-Gehen kann (noch) nicht gemacht werden, da diese dann eine Beschreibung von Vergangenem wäre. Keine Aussage zu machen aber ist der jetzige Augenblick: weder gegangen (Zukunft) noch nicht gegangen (Vergangenheit). *Dies ist der jetzige Augenblick in der Achtsamkeitspraxis.*

### *Wer geht?*

Ein Gehen ohne einen Geher ist nicht möglich. Die Aussage »ein Geher geht« ist eine Tautologie. Wer dennoch auf dieser Aussage besteht, muss dann auch auf einem Geher ohne das Gehen bestehen, aber dies wäre eine stehende Person. Es bleibt »das Gehen«. Wer geht? Gehen geht.

*Gibt es einen Anfang und ein Ende des Gehens?*

Wann beginnt Gehen? Was liegt vor dem jetzigen Gehen? Das schon Gegangene? Aber wann ist dies zu Ende? Was liegt nach dem jetzigen Gehen? Das Noch-nicht-Gegangene? Wann aber beginnt dieses? Eindeutige Aussagen können zu keiner dieser Fragen gemacht werden. Auch hier bleibt die direkte Erfahrung von Gehen. »Gehen, Beginnen und Enden des Gehens fallen in eins (weil ununterscheidbar)« (Weber-Brosamer und Back, 2005, S. 13).

*Was ist das Verhältnis von Geher zum Gehen?*

Hier stellt Nāgārjuna zwei Thesen gegenüber:

1. Das Gehen ist dasselbe wie der Geher.
2. Der Geher ist etwas anderes als das Gehen.

Würde die erste These zutreffen, so wären Gehen und Geher ein Eins-Sein, Täter und Tat dasselbe. Die Aussage trifft also nicht zu, so die Schlussfolgerung von Nāgārjuna.

Würde man aber behaupten, Gehen sei etwas anderes als Geher, so würde ein Gehen ohne Geher und ein Geher ohne Gehen existieren. Diese Aussage trifft also ebenfalls nicht zu.

Weder Eins-Sein noch Unterschieden-Sein löst das Problem auf der Ebene des Verstehens. Weder gibt es einen Geher getrennt vom Gehen, noch gibt es ein Gehen getrennt vom Geher. Eine eindeutige Aussage kann weder gemacht noch nicht gemacht werden. Wieder bleibt die direkte Erfahrung (Weber-Brosamer und Back, 2005, S. 11 ff.).

Erfahren werden Aktivitäten, Bewegungen, Prozesse. Hierin ist nichts zu finden, das so etwas wie Festigkeit oder Dauer aufweisen würde. *Das Gehen, als eine der vier Körperhaltungen, ist somit die direkte Erfahrung von immerwährender Bewegung.*

Die Frage »Wer geht?« wird aus einer Sicht des Alltagsbewusstseins in der Regel so beantwortet: »Eine Person geht.« Es ist das Gehen dieser Person. Diese Person hat entschieden zu gehen. Nur wer ist diese »Person«? Wenn sich der Meditierende auf die Suche nach dieser Person macht, wird er kein dauerhaftes Wesen finden, sondern nur andauernde Veränderungen, Bewegungen und Aktivitäten. Diese werden ausgelöst durch eine *Absicht,* sich zu bewegen, und die *Fähigkeit*, sich zu bewegen: Dann entsteht Bewegung. Mehr kann nicht gefunden werden.

Absichten und Handlungen wechseln sich ab, ohne dass dahinter ein Ich-Selbst oder eine Person getrennt von diesen Absichten und Handlungen sichtbar wird (siehe auch Sīlānanda, 1990, S. 43). *Person, Absicht und Handlung sind ein und derselbe Prozess, in Erscheinung tretend und wieder vergehend.*

Dieses Kommen und Gehen, dieses Erscheinen, Sich-Entfalten und Vergehen, diese grundlegende Unbeständigkeit als eine erkannte, verstandene und direkt erfahrene Aktivität, führen dazu, dass ein mögliches Begehren und ein daraus resultierendes Greifen und Anhaften vermieden werden oder zumindest schwächer werden können. Im nächsten Abschnitt »Achtsamkeit auf die Körperteile« wird dies beschrieben als eine Abschwächung des allgemeinen Begehrens und Verlangens, verstanden als Gegentendenz zur Anhaftung und Gier.[24]

All diese hier beschriebenen Erkenntnisse und Erfahrungen können gleichermaßen angewendet werden auf die weiteren drei Körperhaltungen Stehen, Sitzen und Liegen: Das Gehen *ist* Veränderung und Wandel. Für das Stehen, das Sitzen und das Liegen trifft diese Aussage ebenfalls zu.

Das gründliche Studium dieser vier Aktivitäten begründet so eine weitere Grundlage für die Praxis der Achtsamkeit: *das Studium des Körpers im Körper durch den Körper.*

## Achtsamkeit auf die Körperteile

Nach dem Studium der Körperhaltung steht in einem nächsten Schritt die Untersuchung des Körpers an. Damit ist gemeint, den Körper in seinen Einzelteilen genau zu analysieren. Traditionell geschieht dies auf dem Sitzkissen in einer Haltung der körperlichen Unbewegtheit.

24 Oft ist die Absicht einer Bewegung begründet in Begehren, das dann zu Anhaftung und Leiden führen kann. Wenn dies erkannt wird, ist es möglich, eine Bewegung zu unterbrechen, eine Pause einzulegen, Klarheit über die Absicht zu erlangen, um dann angemessen Handeln zu können. Siehe auch Abbildung 10 »Innehalten«, S. 152.

Bekannt für diese Form der stillen Untersuchung ist die Vipassanā-Meditation. Das Wort kommt aus dem Pali und bedeutet »Einsicht, Hellblick; intuitives Erkennen der sogenannten drei Merkmale des Daseins, nämlich der Vergänglichkeit, Leidhaftigkeit und Unpersönlichkeit aller körperlichen und geistigen Erscheinungen« (Lexikon d. ö. W., 1986, S. 434).

Im Rahmen der Vipassanā-Meditation wird nun eine von Aufmerksamkeit getragene Körperreise auf dem Sitzkissen unternommen. Dabei wird vom Scheitel bis zu den Füßen eine Bestandsaufnahme dessen gemacht, was in jedem Körperteil vorzufinden ist. Vorzufinden sind ein Gefühl von angenehm oder unangenehm, Körpersensationen wie warm oder kalt, Schmerzen oder keine Schmerzen und was immer sonst noch auffällig ist; dazu gehört es auch, nichts Besonderes oder Auffälliges wahrzunehmen. Es ist somit eine Bestandsaufnahme des Körpers zum »jetzigen Zeitpunkt«.

Traditionell dauert ein solcher Durchgang durch den gesamten Köper in der Regel etwa eine Stunde. Nach einer Pause beginnt eine neue Bestandsaufnahme, wieder vom Scheitel bis zu den Zehen. Der Beobachter nimmt nun die Veränderungen im Vergleich zum vorherigen Durchgang wahr, und in der Regel haben sich die Bedingungen verändert: Dort, wo Schmerzen waren, sind oft keine mehr, an anderen Stellen sind neue aufgetreten; dort, wo es vorher angenehm war, fühlt es sich jetzt unangenehm an. Diese Art der Meditation und der Untersuchung ist die direkte Wahrnehmung von Veränderung im eigenen Körper, unmittelbar und nicht zu leugnen.

*Der Beobachter stellt fest: Mein Körper verändert sich andauernd.*

In vielen weiteren Durchgängen und zunehmender Vertiefung in das jeweils körperlich Vorgefundene beginnt die Beobachterin oder der Beobachter die jeweilige Körpersensation noch präziser wahrzunehmen. Dabei geschieht eine Absorption in das Körpergeschehen, die Position des Beobachters weicht mehr und mehr der Position des direkten Seins der Sensation. Der Meditierende *wird* der Schmerz oder *ist* das Angenehme. Das Erfahren dieser Körpersensation ist gleichzeitig auch das Erfahren – und das ist der entscheidende Punkt –, dass sich die Sensation kontinuierlich verändert. Es ist die direkte Erfahrung von immerwährender Veränderung.

*Der Beobachter stellt fest: Ich bin die Veränderung.*

Auf der Grundlage von direkt erfahrener, gelebter Veränderung, wird es zunehmend schwieriger, sich mit diesen Vorgängen zu identifizieren. Eine Beobachterposition löst sich nach und nach auf und wird zur direkten Erfahrung: Schmerz erlebt Schmerz, Wohlgefühl erlebt Wohlgefühl, Veränderung erlebt Veränderung. Wer oder was kann sich da noch mit dem Schmerz, dem Wohlbefinden oder der Veränderung identifizieren? Die Identifikation mit dem Körper weicht einem Einwilligen in die direkte Erfahrung als Veränderung. Dabei nimmt sich das Ich-Selbst mehr und mehr zurück. Ein Ich-Selbst, das sich zugunsten der direkten Erfahrung zurückgenommen hat, erlebt nun auch eine Abschwächung seines Sinnesverlangens und darüber hinaus eine Abschwächung des allgemeinen Begehrens und Verlangens.

All dies wirkt der menschlichen Tendenz zur Anhaftung und Gier entgegen und macht ein Loslassen zum richtigen Zeitpunkt eher möglich.

Es erscheint hier noch wichtig darauf hinzuweisen, dass der Mensch meist ein Bild von seinem Körper und seinen Teilen hat. Wenn beispielsweise eine Hand wahrgenommen wird, so ist dieses Wahrnehmen in der Regel das Wahrnehmen des geistigen Abbildes dieser Hand. Gefühlt wird somit das Bild der Hand, nicht die Hand selbst.

Mit den hier beschriebenen Körperwahrnehmungen wird es mehr und mehr möglich, den Körper direkt zu erleben, den Körper aus sich selbst heraus zu fühlen. Die Hand erlebt die Hand, der Körper erlebt den Körper. Es ist dies eine direkte Wahrnehmung, ohne dass das Bewusstsein als vermittelnde Instanz auftritt.

Im Laufe der Zeit entsteht dann »eine ungetrübte Ruhe und Festigkeit des Geistes, mit einem inneren Abstand vom Körper, der aus seiner nüchternen Analyse erwächst«. Man könnte auch sagen eine »unerzwungene Entfremdung« (Nyanaponika, 1979, S. 62).

ÜBUNG

Begeben Sie sich an einen ruhigen, stillen Ort.
Spüren Sie Ihren Einatem und Ihren Ausatem.
Nehmen Sie wahr, wie sich ihr Geist beruhigt.
Gehen Sie mit Ihrer Aufmerksamkeit zu Ihrem Kopf.

Was nehmen Sie wahr? Stellen Sie es einfach nur fest.
Gehen Sie mit Ihrer Aufmerksamkeit zu Ihren Schultern.
Was nehmen Sie wahr? Stellen Sie es einfach nur fest.
Gehen Sie mit Ihrer Aufmerksamkeit zu Ihrem rechten Arm und der rechten Hand,
dann zu Ihrem linken Arm und der linken Hand.
Stellen Sie einfach nur fest, welche Sensationen Sie vorfinden.
Machen Sie genau so weiter mit Ihrem Rücken,
mit der Vorderseite Ihres Oberkörpers,
mit der Bauch-Becken-Gegend,
dann mit dem rechten Bein und dem rechten Fuß
und dem linken Bein und dem linken Fuß.
Dann treten Sie innerlich zurück und betrachten den Körper wie von außen.
Wie fühlen Sie sich?
Sie können eine solche Körperreise jederzeit wiederholen.

## Achtsamkeit auf die vier Elemente

Im Rahmen der weiteren Betrachtungen und Untersuchungen des Körpers stehen hier die verschiedenen Körperelemente im Vordergrund. Dabei geht es nicht um biologische oder chemische Untersuchungen, sondern um die Erfahrung des Körpers, bestehend aus Festem, Flüssigem, Warmem und Luftigem. Diese vier Elemente, oder auch Aggregatzustände, werden, ganz traditionell, einzeln aus der Perspektive des klaren, direkten Beobachtens untersucht. Dabei ist ein solches Studieren durch fokussierte Konzentration wenig bis gar nicht störbar. Ein solcher Prozess führt nach und nach zu einer Nicht-Identifikation mit dem Körper. Diese Nicht-Identifikation wiederum macht reines Beobachten mehr und mehr möglich. *Ich bin nicht das Untersuchungsobjekt, ich bin (nur) der Beobachter dieses Objekts.*

*Das Erd-Element:* Es repräsentiert Festigkeit, Härte, Steifheit, aber auch Weichheit und Sanftheit. In der Meditationspraxis ist hiermit die Festigkeit des Umsetzens der Praxis gemeint.

*Das Wasser-Element:* Es repräsentiert Flüssiges und Kohäsion oder auch Bindekraft. Dabei steht Flüssiges für Beweglichkeit und

Anpassungsfähigkeit. Wasser oder Flüssiges hat aber auch die Eigenschaft des Bindens und des Zusammenhaltens von Elementen. (Beispiel: Wird dem Mehl Wasser hinzugefügt, wird es zu Teig, zusammengehalten vom Wasser.) Die Funktion des Flüssigen ist so das Verstärken, das Verdichten und Intensivieren der Meditationspraxis.

*Das Feuer- oder Hitze-Element:* Es repräsentiert die Temperatur, sowohl die warme als auch die kalte. Diese Elemente tragen zur Heranreifung und Ausreifung bei, zum Beispiel durch »Verbrennungsprozesse« auf dem Sitzkissen in der Meditation, und fördern so Geschmeidigkeit und Sanftheit in der Meditationspraxis.

*Das Luft-Element:* Es repräsentiert Bewegen, Strecken, Ausdehnen und Aufblähen (zum Beispiel im Magen und in den Gedärmen), alles Eigenschaften von bewegender Luft, im Speziellen ist aber auch der Atem gemeint. Es gibt den Einatem und den Ausatem in der Lunge, in der Meditationspraxis erfahren als aufsteigend oder absteigend, und den Atem, der in den verschiedenen Körpergliedern (auch als Bewegung) wahrgenommen werden kann (siehe auch Sīlānanda, 1990, S. 74 f.).

Diese vier Elemente tauchen in allen Bewegungen und Handlungen auf, sind Teil derselben und lockern die Vorstellung und das Konzept von einem Köper als etwas Substanzhaftem auf. Vielmehr wird der Köper in einer solchen Praxis *erlebt* als ein aus sehr vielen Elementen zusammengesetzter, andauernder Bewegungsprozess in kontinuierlicher Veränderung. Veränderung ist der kontinuierliche Wandel als Auftauchen, Erscheinen und Vergehen, erlebt als Beenden und Loslassen. Identifikation und eine daraus resultierende Anhaftung werden immer weniger möglich und immer weniger angestrebt.

## Die Friedhofsbetrachtungen

Die folgenden Praktiken sind so in den westlichen Kulturen nicht möglich, der Vollständigkeit halber seien sie dennoch erwähnt.

Bei diesen Betrachtungen geht es für den Meditierenden darum, den Verwesungsprozess einer Leiche zu beobachten. Dabei wird die Vergänglichkeit der Leiche in all ihren Auflösungsstadien wahrgenommen, um diese Auflösungsprozesse dann auf den eigenen Körper zu beziehen und sie als das zukünftige Schicksal dieses Körpers zu betrachten. So soll die Anhaftung an den Körper schon zu Lebzeiten aufgelöst werden. Es entsteht ein Gewahrsein für die Fäulnis- und die Auflösungsprozesse und die damit einhergehende Erfahrung der Widerlichkeit dieser Prozesse.

Diese unmittelbare Auseinandersetzung mit den Verwesungsprozessen einer Leiche auf einem Friedhof ist in unserer Zivilisation so nicht möglich. Daher können solche Betrachtungen auch auf dem Sitzkissen praktiziert werden, indem sich der Meditierende eine Leiche in verschiedenen Stadien des Verfalls intensiv vorstellt: Auch der Körper des Meditierenden wird zukünftig zerfallen, er besteht aus Lebens- und Sterbensprozessen, die vergänglicher und unpersönlicher Natur sind (siehe Sīlānanda, 1990, S. 78 f.).

## Die drei Körper

Im Westen wird in der Regel nur von dem einem Körper des Menschen gesprochen, dem Körper, den wir »haben«. Selten wird von einem »Schmerz-Körper«, einem »Schlaf-Körper«, einem »Angst-Körper« oder Ähnlichem gesprochen, noch seltener von einem Leib, der wir »sind«. Die buddhistische Sichtweise kennt im Gegensatz dazu eine Vielzahl weiterer Beschreibungen des menschlichen Körpers.

Begonnen wird hier, ganz traditionell, mit den sogenannten drei Buddha-Körpern (*Trikaya,* Sanskrit: Drei-Körper):

*Nirmānakāya = manifestierter Körper:* Dies ist der sichtbare Körper, der in Raum und Zeit lebt. Ein Körper, der geboren wird, der heranwächst, mal gesund und mal krank ist, der älter wird und irgendwann stirbt. Er muss gepflegt und gesund erhalten werden und strebt Schmerz- und Leidensfreiheit an. Wohlbefinden steht im Mittelpunkt der Bestrebungen.

*Sambogakāya = Körper des Segens:* Dies ist der Körper der Freude, der Genusskörper, aber auch der Körper der Glückseligkeit. Er ist stark geprägt vom Lust-Unlust-Prinzip, sein Bestreben ist es, das Angenehme dem Unangenehmen vorzuziehen. Dabei wechseln sich natürlicherweise Phasen des Unwohlseins ab mit solchen des Wohlbefindens, nach einem befriedigenden Kontakt entsteht Ruhe, die dann nach einiger Zeit wieder zur Unruhe wird. Ein endloses, kontinuierliches Hin und Her von Phasen des Leidens und der Leidensfreiheit. Genuss steht im Mittelpunkt der Bestrebungen.

*Dharmakāya = Dharma-Körper:* Dies ist der Körper der »Großen Ordnung«, der beschrieben wird als endloser Raum ohne Anfang und ohne Ende, der weder geboren noch ungeboren ist und in dem es kein Zentrum gibt, aber auch keine Begrenzungen. Er wird auch der Wahrheits-Körper und der Raum-Körper genannt. Der Dharmakāya steht für die offene Weite und Leerheit des Geistes und für den Körper der Wirklichkeit.

## Der Körper ist das Universum

Bis zu dieser Stelle bewegte sich die Beschreibung des menschlichen Körpers immer noch im Rahmen bekannter Vorstellungen und Bilder. Hier nun wird ein ganz anderes Bild des Körpers angesprochen: ein Körper ohne Grenzen, zusammengesetzt aus dem ganzen Universum: Der Körper ist das Universum. Dieser Sichtweise liegt ein Weltbild zugrunde, in dem das Universum als »Netz« aufgefasst wird, bekannt auch als »Indras Netz«. Dies ist das Bild eines Universums, das komplett durchzogen ist von einem Netz mit unzähligen Knoten. Richtiger wäre es zu sagen: Das Universum ist dieses Netz (siehe hierzu auch »Das Juwelennetz von Indra«, S. 236 ff.).

Jeder dieser Knoten ist ein Objekt, gleichzeitig ist in jedem Knoten ein geschliffenes Juwel angesiedelt, das die Fähigkeit hat, wie ein Spiegel zu fungieren. Jedes Objekt ist also ein Juwel, in dem *alle* anderen Objekte des Universums gespiegelt werden. Jedes Ding, jedes Lebewesen ist neben seinem Objekt-Sein *gleichzeitig* auch ein Spiegel, in dem sich das ganze Universum immerzu spiegelt.

Ein solches Bild des Universums als Netz macht zum einen deutlich, dass alles miteinander verbunden ist, alles mit allem in Beziehung steht und alles andere immer beeinflusst. Zum anderen ermöglicht der gegenseitige Spiegelungseffekt, dass sich die Dinge und Lebewesen im jeweils anderen immerzu selbst erkennen können.

Die Grundlage eines solchen Universums kann zusammenfassend beschrieben werden als eine von gegenseitiger Abhängigkeit, gegenseitigem Entstehen und gegenseitigem Durchdringen. Ein unendlich komplexer Körper, in den der Mensch eingebettet ist und der er gleichzeitig auch *ist*. Dieses Bild des Netzes umfasst alles und schließt alles ein. Ein Heraus-Treten oder Heraus-Fallen ist nicht möglich. Nichts existiert unabhängig. Es ist ein Universum, in dem Verbundenheit nicht hergestellt werden muss, in dem Verbundenheit[25] aber auch nicht aufgehoben werden kann: *Verbundenheit ist.*

Die folgenden Zitate verdeutlichen das hier Beschriebene in einer bildlichen, aber auch geheimnisvollen Art und Weise:

> »[...] das ganze Universum in allen Richtungen ist das Auge eines Mönches [...]
> das ganze Universum in allen Richtungen ist der ganze Körper eines Mönches [...]
> das ganze Universum in allen Richtungen befindet sich innerhalb des eigenen Lichtes [...]
> Im gesamten Universum in allen Richtungen ist niemand, der man nicht selbst ist.« (BOS, 1990, S. 336, eigene Übersetzung)
>
> »Himmel und Erde haben die gleichen Wurzeln, Myriaden von Dingen sind ein Körper.« (BOS, 1990, S. 390, eigene Übersetzung)

ÜBUNG

Suchen Sie einen ruhigen Ort auf.
Nehmen Sie Ihren Einatem wahr.
Nehmen Sie Ihren Ausatem wahr.
Die Luft, die Sie atmen, verbindet Sie mit der Welt. Sie nehmen die Luft der äußeren Welt auf in Ihre innere Welt.
Dann entlassen Sie die Luft wieder in die Sie umgebende Welt. Sie sind in einem Kreislauf von ununterbrochenem Austausch.
Es ist Luft, die viele andere Lebewesen ebenfalls zum Atmen genutzt haben.

25 Siehe hierzu »Das Juwelennetz von Indra«, S. 236ff.

Ohne diesen Austausch können Sie nicht leben.
Der Sauerstoff in Ihrer Atemluft ist produziert von Bäumen und Pflanzen ganz in Ihrer Nähe.
Diese Pflanzen machen es möglich, dass Sie leben können. Sie sind direkt mit Ihnen verbunden,
*über Ihren* Einatem und Ihren Ausatem.
Dieses Verbundensein kann nun erweitert werden auf Ihre Nahrung, auf Ihre Arbeit, auf Ihre sozialen Kontakte, einfach auf alles.
Ohne dieses andauernde gegenseitiges Entstehen und die gegenseitige Abhängigkeit ist Ihr Leben nicht möglich.

## Der Praxis-Körper

Ein weiterer Körper aus buddhistischer Sichtweise ist der Praxis-Körper, der Körper der täglichen Praxis.

Natürlich ist jeder menschliche Körper einer andauernden Veränderung unterworfen, der Körper *ist* diese Veränderung, wie im obigen Abschnitt über die Achtsamkeit auf die Körperteile deutlich geworden ist. Allerdings hat der Mensch einen Einfluss auf die Richtung der Veränderungen. Es macht einen Unterschied, ob jemand seiner inneren Unruhe folgt, indem er andauernd in Bewegung ist – oder sich ab und zu, vielleicht sogar regelmäßig, auf sein Sitzkissen setzt und in eine bewegungslose Stille eintaucht. Eine solche Praxis beeinflusst die emotionalen, die psychischen, aber auch die physiologischen Prozesse so, dass Veränderungen eine gewollte und angestrebte Richtung erhalten. Eine Richtung, die geprägt ist von körperlicher und geistiger Stille, von einem Geist, der in der Lage ist zu schweigen. Dies ist an anderer Stelle auch als Nullpunkt-Samādhi bezeichnet worden: der Augenblick zwischen dem Nicht-mehr und dem Noch-nicht (siehe hierzu den Abschnitt »Der Augenblick im Samādhi oder Nullpunkt-Samādhi«, S. 96 ff.).

Den menschlichen Körper zu einem Praxis-Körper zu machen bedeutet auch, ihn zu erweitern. Dabei kann der gesamte Körper zu einem Wahrnehmungsorgan werden. Eine solche Wahrnehmungserweiterung bezieht sich in erster Linie auf die Sinne. Grundsätzlich kann gesagt werden, dass die Sinne auf ihre jeweiligen Fähigkeiten beschränkt sind. Allerdings ist ihre Beschränkung *auch* durch ihre jeweilige Definition hervorgerufen. Ziel einer transformativen Praxis ist es, diese Beschränkungen, soweit es möglich ist, zu erweitern, vielleicht sogar aufzuheben.

Am Beispiel des Hörens kann deutlich werden, dass das Hören per Definition auf das Organ Ohr beschränkt ist. Dies ist eine Beschränkung, nimmt der Mensch Töne doch auch immer mit seinem ganzen Körper wahr. Um diese einschränkenden Definitionen und die dazu gehörenden Konzepte zu erweitern bzw. fallen zu lassen, wird den Meditierenden und den Praktizierenden empfohlen, doch einmal »mit den Augen zu hören«, »mit den Ohren zu sehen« oder »mit den Händen zu sehen«. Hier besteht die Möglichkeit, übernommene oder verinnerlichte Konzepte der Sinne fallen zu lassen, um sich so auf neue Formen der Wahrnehmung einlassen zu können.

> *»Der Buddha sprach von den austauschbaren Funktionen der sechs Sinne – das ist wahr, ohne einen Zweifel.«*
>
> (BOS, 1990, S. 230, eigene Übersetzung)

Buddhismus ist, aus einer solchen Sicht betrachtet, experimentell; die buddhistische Theorie und Praxis gehen davon aus, dass die Begrenzungen der Wahrnehmungen und die Begrenzungen des Bewusstseins nicht die Grenzen der Welt sind. Eine Befreiung von Kategorien wie »das Auge kann nur sehen« oder »das Ohr kann nur hören« und anderen »Beschränkungen« eröffnet möglicherweise eine Welt, die viel mehr ist als das, was die definierten Sinne vermitteln. Es öffnet ein Mysterium, an dem der Mensch teilhat, in dessen Mitte er lebt und das ihn umgibt.

Wenn alle Kategorien durchlässig werden können, können möglicherweise auch solche von Raum und Zeit als durchlässig erlebt werden. Und nicht nur das: Sie können dann als solche erlebt werden, die vom Menschen mit hergestellt sind. Der Urknall fand nicht statt *in* Raum und Zeit, der Urknall *erschaffte* Raum und Zeit. Wenn alles als Aktivitäten, Bewegung, als Kommen und Gehen aufgefasst werden kann, dann sind mit diesem Moment des Urknalls Raum und Zeit nicht als *feste* Konstante entstanden, sondern auch sie werden immer wieder neu hergestellt.

Immerzu nimmt der Mensch Raum und Zeit auf, jedes der »zehntausend Dinge« ist Raum und Zeit, er ergreift sie, frischt sie auf, stellt sie her und lässt sie wieder los. Es ist ein erfahrbares Mysterium vor jeder Sprache und jedem Bewusstsein, eine direkte Erfahrung von Leerheit. Dies ist die Beschreibung des Praxis-Körpers.

Das hier immer wieder beschriebene Anhalten, Pausieren oder Innehalten auf körperlicher und auf geistiger Ebene kann auch verstanden werden als das Innehalten im Dharmakāya-Körper, dem Körper der »Großen Ordnung«. Es ist dies der Körper der offenen Weite, der Leerheit, aber auch der Körper der Fülle oder des Potenzials, aus dem sich immer wieder unzählige Formen manifestieren, um dann wieder zu vergehen.

Hier verweilen zu können, erst für einen kurzen Augenblick, dann vielleicht länger und entspannt erwarten, was in diesem Raum des Potenzials, dem Raum der unendlichen Möglichkeiten, in die Erscheinung treten wird, ist eines der Resultate einer transformativen Praxis.

Der hier beschriebene Praxis-Körper wird so nach und nach zu einem Ankerpunkt, ein Körper, in den der Praktizierende immer wieder zurückkehren und in den er, besonders in Stress- und Krisensituationen, immer wieder zurückfallen kann. *Es ist dies die Rückkehr in die Stille, die Nicht-Aktivität.*

Der Praxis-Körper zeichnet sich im Laufe der Zeit dadurch aus, dass er eine gute Balance etabliert zwischen Bewegen und Nicht-Bewegen, von Denken und Nicht-Denken. Er kann auch als neuer, transformierter Erfahrungs-Körper, bezeichnet werden.

## Der Körper der Transformation – Eine Zusammenfassung

Es ist mit diesem Kapitel sicher deutlich geworden, welche große Rolle die Körperlichkeit in der buddhistischen Praxis spielt. Wenn man sich in der Welt umschaut, so besteht die sichtbare Welt scheinbar nur aus Körpern, die eine Masse haben und einen Raum einnehmen, sie sind Raum-Körper. Eine buddhistische Praxis legt allerdings Wert darauf, auch nichtmaterielle Räume wahrzunehmen, sie vielleicht sogar räumlich zu spüren. Der Körper einer wirklich weisen Person kann aus buddhistischer Sicht als Weisheit-Körper aufgefasst werden. Es ist nicht sichtbar, dennoch *verkörpert* eine solche Person Weisheit. Der Körper eines erwachten Wesens ist ebenfalls nicht direkt sichtbar, dennoch für den Erlebenden, aber auch für die Mitwelt, spürbar.

Erwachen, so wurde gesagt, ist das Erwachen in den jetzigen Augenblick. Dies wird als ein geistiges *und* als ein körperliches Erwachen erlebt. Geist und Körper können dabei eine überwältigende Veränderung erleben, jetzt in diesem Augenblick. Dies kann als Körper eines Erwachten bezeichnet werden.

Jeder Körper unterliegt normaler kontinuierlicher Veränderung. Im Rahmen einer Achtsamkeits- und Meditationspraxis kann jedoch in die Veränderung eingegriffen werden. Eingriff meint in diesem Fall, dass der Veränderung eine gewünschte Richtung gegeben wird, etwa hin zu Weisheit und Mitgefühl. Der Körper beginnt sich in die anzustrebende Richtung zu verändern und wird so zu einem Transformations-Körper. Der buddhistische Lehrkanon ist voll von Listen, die anzustrebende Veränderungen aufzählen, die, wenn sie regelmäßig und gründlich praktiziert werden, zu einer gewollten und erwünschten Veränderung führen können. Dazu gehören zum Beispiel die sechs Vollkommenheiten, auch die *sechs Paramitas* genannt. Sie sollen hier im Rahmen einer Übung vorgestellt werden. Es hat sich als sinnvoll erwiesen, jeden Aspekt der folgenden Übung einzeln für eine Zeit lang in den Mittelpunkt des Alltags zu stellen:

ÜBUNG

1. Großzügigkeit

Stellen Sie für einen Tag Ihre Großzügigkeit in den Mittelpunkt der Achtsamkeitspraxis. Großzügig zu sein meint offen zu sein für die eigenen Bedürfnisse und die der Mitmenschen. Es ist die Bereitschaft zu geben. Ihrer Großzügigkeit liegt ein Ja und ein Willkommen zugrunde.

2. Disziplin

Seien Sie diszipliniert in der Ausführung Ihrer Achtsamkeit. Es geht dabei nicht um eine preußische Disziplin, sondern um die Fähigkeit, lernen zu wollen und anzunehmen.

3. Geduld
Stellen Sie für einen Tag Ihre Geduld in den Mittelpunkt. Geduldig zu sein meint, warten zu können. Geduldig zu sein meint, das Reifen einer Situation zu ermöglichen.

4. Energie
Ihre Energie ist Ihre Vitalität. Stellen Sie Ihre Energie immer wieder in den Dienst Ihrer Achtsamkeitspraxis. Machen Sie sich hin und wieder deutlich, wie wichtig Ihnen diese Praxis ist. Fördern Sie Ihre Absicht zur Praxis.

5. Meditation
Meditieren sie regelmäßig. Das Geheimnis eines »Meditations-Erfolgs« ist die Regelmäßigkeit. Meditation ist die Realisierung eines Geistes ohne Gedanken. Es ist dies das Wahrnehmen, ohne zu denken.

6. Weisheit
Wie existieren wir? Wie existieren die Dinge? Wie existiert die Welt wirklich? Diese Fragen – und ihre Beantwortung stehen im Mittelpunkt Ihrer entwickelten und gelebten Weisheit.

Mit solchen und anderen Übungen entwickelt sich im Laufe der Zeit ein Transformations-Körper. Der Körper einer Person mit viel Achtsamkeits- und Meditationserfahrung und entsprechenden Veränderungen kann als »Buddha-Körper« bezeichnet werden.

Folgende zwei Fragen können noch aus einer anderen Perspektive deutlich machen, worum es bei einer solchen Transformation gehen kann.[26] Es sind zwei Fragen, die sich ein Praktizierender ab und zu stellen sollte: Was für ein Mensch bin ich? Was für ein Mensch möchte ich werden?

26 Die folgenden Ausführungen sind sinngemäß von meinem Lehrer Richard Baker Roshi geprägt. Ihm war und ihm ist es wichtig, dass eine transformative Praxis immer auch dem Wohle aller Wesen dienen sollte.

In der ersten Frage geht es der oder dem Praktizierenden darum, so genau wie möglich herauszufinden, wer sie bzw. er eigentlich ist. Was findet sie bzw. er vor?

Die zweite Frage beschäftigt sich damit, wer oder was ich sein möchte. Es ist die Frage nach den Eigenschaften, die für erstrebenswert gehalten werden.

Die daraus resultierende weitere Frage könnte dann lauten: Wünschen Sie allen Menschen auf diesem Planeten diese Eigenschaften? Aus einer Praxissicht stünde dann folgende Schlussfolgerung an: Entwickeln Sie die so erkannten Eigenschaften, warten Sie nicht darauf, dass andere es tun. *Werden* Sie die Person mit diesen Eigenschaften, werden Sie eine dieser Personen, die Sie auf diesem Planeten sehen möchten. *Beginnen Sie jetzt damit.*

Dies ist, so könnte man sagen, eine zielgerichtete Transformation zum Wohle[27] aller Wesen.

Neben den Veränderungen, auf die Einfluss genommen werden kann, gibt es auch solche, auf die *kein* Einfluss genommen werden sollte. Dies wird deutlich, wenn gesagt wird: Setze dich auf dein Sitzkissen und tue nicht. Sitze auf dem Kissen und werde absichtslos. Dies meint: einfach nur Sitzen, ohne Ziel und ohne Intention. Dies ist das wirkliche Heraustreten aus den Tagesaktivitäten, die in der Regel geprägt oder gar getrieben sind von zielgerichtetem, absichtsvollem Handeln, von Immer-unterwegs-Sein, von Immer-etwas-zu-tun-zu-Haben.

---

27 Diese Liste ist die Grundlage für die Gelöbniszeremonie im Grasberg-Tempel, dem Meditationsplatz des »Lebendigen Zen« in Göttingen. Die Gelöbnisse dienen dem Wohle der Person, die sie ablegt, und dem Wohle aller Wesen:
Ein Schüler des Buddha tötet nicht.
Ein Schüler des Buddha nimmt nicht, was ihm nicht gegeben wurde.
Ein Schüler des Buddha ist nicht in sexuelles Fehlverhalten verstrickt.
Ein Schüler des Buddha lügt nicht.
Ein Schüler des Buddha führt andere nicht in die Irre.
Ein Schüler des Buddha verleumdet andere nicht.
Ein Schüler des Buddha lobt sich nicht selbst.
Ein Schüler des Buddha nimmt andere Menschen, Reichtum oder die Lehre nicht in Besitz.
Ein Schüler des Buddha hegt kein Übelwollen.
Ein Schüler des Buddha missbraucht die drei Juwelen nicht.

Das Beenden dieser Aktivitäten hinein in die Nicht-Bewegung, in die Nicht-Aktivität ist der entscheidende Schritt. Dieser Schritt ist das Sich-Setzen auf das Meditationskissen, es sind dies aber auch kleine Pausen mitten im Alltäglichen: zwischen zwei Aktivitäten für einen Augenblick innezuhalten, keine Absicht zu haben.

Hier verweilen zu können, erst für einen kurzen Augenblick, dann vielleicht für länger, und entspannt erwarten, was in diesem Raum des Nicht-Tuns, als einem Raum des Potenzials, der unendlichen Möglichkeiten, in Erscheinung treten wird, ist eine der Fähigkeiten einer transformativen Praxis.

*In der Achtsamkeitspraxis hat die Absichtslosigkeit einen hohen Stellenwert.*

ÜBUNG

Setzen Sie sich ab und zu hin, lassen Sie sich ganz nieder, werden Sie still.
Es gibt nichts zu tun. Sie müssen nirgendwo hin. Es gibt wirklich nichts zu tun.
Auch die Kontrolle kann aufgegeben werden. Das aber braucht großes Vertrauen in den nicht mehr kontrollierten Körper und Geist.
Sich wirklich tief in Ruhe zu lassen ist eine Kunst.
So geschieht Transformation.
Ganz ohne Absicht.

Körper sind, wie ausgeführt, weit mehr als etwas, das eine Masse hat und einen Raum einnimmt. Die dem Buddhismus zugrunde liegende Idee (und Erfahrung) ist, dass alles immer einen Raum einnimmt, sichtbar oder nicht sichtbar. Eine solche Sichtweise geht davon aus, dass Räume Wirkungen haben, sie wirksam sind, und genau diese Wirkungen sind erwünscht. Gerade im Rahmen der hier behandelten Praxis der Achtsamkeit kann das Verständnis einer (erweiterten) Raumerfahrung die Praxis ganz entscheidend unterstützen. Beispiele für die Etablierung von Räumen sind in den bisherigen Ausführungen deutlich geworden:

- Mit dem Atem wird ein Atem-Raum etabliert.
- Mit der Körperachtsamkeit tritt der Körper als Körper-Raum in den Vordergrund.

- Gehen als Gehen im Raum und als das Herstellen eines Geh-Raumes.
- Das Denken als eines in einem Denk-Raum, der im Akt des Denkens jeweils hergestellt wird.
- Das Sitzen auf dem Meditationskissen als das Herstellen eines Buddha-Raumes.

Solche Räume haben eine Ausdehnung, sie haben etwas Taktiles, sie sind spürbar und sie haben eine Wirkung. Im Rahmen der Achtsamkeitspraxis beruht ihre Wirkung auf der Verlangsamung und der Stille, ihre Wirksamkeit ist in der Nicht-Bewegung begründet. Die Wirksamkeit der Langsamkeit wie zum Beispiel in der Geh-Meditation oder der Nicht-Aktivität, wie auf dem Sitzkissen, wird erst dann deutlich, wenn sie der Alltagsaktivität gegenübergestellt wird. Hier die immerwährende Bewegung, das zielgerichtete, absichtsvolle Unterwegs-Sein, dort die Nicht-Bewegung als ruhender Gegenpool.

*Bewegung erzeugt andere Räume als die Nicht-Bewegung.*

An dieser Stelle kommt der Körper[28] der Transformation, aber auch der Praxis-Körper wieder in den Blickpunkt. Welche Veränderung

---

28 Weitere Beispiele sind, ganz traditionell, die zehn Körper des Buddha und die vierzehn Körper einer vollständig erleuchteten Person. Hier wird noch einmal sehr deutlich, wie vergleichsweise vielfältig der Körper im Rahmen der Praxis der Achtsamkeit beschrieben werden kann. Eine weitergehende inhaltliche Ausführung kann an dieser Stelle nicht geleistet werden.
»Die zehn Körper eines Buddhas sind:
- der Körper der fühlenden Wesen,
- der Körper der Länder,
- der Körper der Folge von Handlungen, Ursache-Wirkung, Karma,
- der Körper der Schüler,
- der Körper der Selbst-Erleuchteten,
- der Körper von erleuchtenden Wesen,
- der Körper derjenigen, die vollständige Erleuchtung verwirklichen,
- der Körper der Weisheit (Weisheits-Körper)
- der Körper der Wahrheit (Wahrheits-Körper)
- der Körper als Raum.«

Die folgenden Körper benennen Körper, die als Resultate langer (Achtsamkeits-)Praxis betrachtet werden können. Es sind dies folgende Verwirklichungskörper und beschreiben:

ist erwünscht, welche Praktiken können und sollen welche Veränderungen hervorrufen? *Welcher Mensch bin ich? Welcher Mensch möchte ich sein?*

Zum Schluss des Kapitels eine Übung, die, ähnlich wie bei den weiter oben vorgestellten sechs Paramitas, eine Übungsabfolge darstellt. Beide bringen im Rahmen der Achtsamkeitspraxis wichtige transformative Elemente in den Alltag. Es sind hier die vier Brama-Vihāras, auch die »Vier Unermesslichen« genannt, und können als Tugend-Übungen angesehen werden. Es hat sich (auch hier) als sinnvoll erwiesen, jeden Aspekt der Übung einzeln für eine Zeit lang in den Mittelpunkt des Alltags zu stellen.

ÜBUNG

1. Grenzenlose, unbegrenzte Freundlichkeit (Sanskrit: *Metta/Maitri*):
Grenzenlose Güte und grundlegende Freundlichkeit stehen im Mittelpunkt. Seien Sie grundsätzlich freundlich. Stellen Sie diese Freundlichkeit immer wieder in den Mittelpunkt Ihres Alltags.

2. Grenzenlose, mitfühlende Freude (Sanskrit: *Muditā*):
Erfreuen Sie sich an der Freude anderer, dies wird auch empathische Mitfreude genannt. Es ist ein wirkliches Mit-Freuen und kann als der Gegenpol zur Schadenfreude betrachtet werden.

---

- »den Körper der Erleuchtung,
- den Körper der Gelöbnisse,
- den inkarnierten Körper,
- den Körper der praktischen Anwendung,
- den Körper der Kraft,
- den Körper der Tugenden,
- den Körper des Wissens,
- den Körper der Nicht-Anhaftung,
- den Körper des Nirwana,
- den Körper des Universums,
- den Geist-Körper,
- den Meditations-Körper,
- den Körper der grundlegenden Natur,
- den Körper der Wirklichkeit«

(BOS, 1990, S. 443 f., eigene Übersetzung).

3. Grenzenloser Gleichmut (Sanskrit: *Upekshā*):
Gleichmut hat etwas mit Gelassenheit und innerer Ruhe zu tun. Wenn Sie Gleichmut üben, bekommt alles, was Sie wahrnehmen, einen »gleichen Geschmack«. Sie beenden das Vergleichen und verweilen somit ganz in der Gegenwärtigkeit.

4. Grenzenloses Mitgefühl (Sanskrit: *Karunā*):
Dies ist die Tugend des Mitgefühls oder auch des Erbarmens und wird vom Bodhisattva Avalokiteśvara verkörpert.[29] Sie begegnen Ihren Mitmenschen mit grundlegender Hilfsbereitschaft und Mitgefühl. Dies meint auch, dass Sie sich mitfühlend in die Lage Ihres Gegenübers versetzen können.

29 Vorgestellt im Kapitel »Kleine Schriften über den Geist«, S. 242 f.

# Achtsamkeit – Die Gefühle

Hier wird nun das zweite große Kapitel im Rahmen der Achtsamkeit aufgeschlagen: die Gefühle. Gefühle sind psychische Erfahrungen oder Reaktionen wie Angst, Ärger oder Freude, die, wenn versprachlicht, als individuelle, subjektive Bewusstseinsqualitäten beschrieben werden können. Gefühle sind Ergebnisse der Verarbeitung von Reizen, ursprünglich jeweils ausgelöst durch die Sinnesorgane. Die Reaktion auf diese Reize kann als die individuelle *Beurteilung* der Situation angesehen werden. Reize werden über die Sinne aufgenommen, aber aus buddhistischer Sicht wird darüber hinaus der ganze Körper als Wahrnehmungsorgan betrachtet.

In den fünf Skandhas wurde dargelegt, wie im ersten Skandha Kontakt mit einem Objekt entsteht. Im Rahmen der Achtsamkeitspraxis wurde es als sinnvoll erachtet, bei diesem Erstkontakt zu verweilen. Das wird dadurch möglich, dass auf die Reizimpulse zunächst nicht reagiert wird. Dies, so wurde ausgeführt, ermöglicht eine *direkte* Erfahrung mit dem jeweiligen Objekt.

In einem nächsten Schritt, im zweiten Skandha, erfolgt dann eine Reaktion. Diese allererste Reaktion ist noch relativ undifferenziert und kann als direkte Körperreaktion aufgefasst werden. Der ganze Körper reagiert hier mit dem Gefühl des Angenehmen oder des Unangenehmen. Eine dritte Reaktion ist die des Indifferenten, weder angenehm noch unangenehm.

Die beiden Gefühlsqualitäten »angenehm« und »unangenehm« sind von grundlegender menschlicher Natur, die den Menschen immer begleiten und zugleich auf das grundlegende Prinzip von Lust und Unlust verweisen.

Auf dieser Grundlage differenzieren sich die Reaktionsweisen dann später weiter aus zu Affekten und Emotionen. Die Achtsamkeitspraxis ist aber zunächst einmal an dieser allerersten Reaktion interessiert, diese wird hier *Gefühl* genannt.

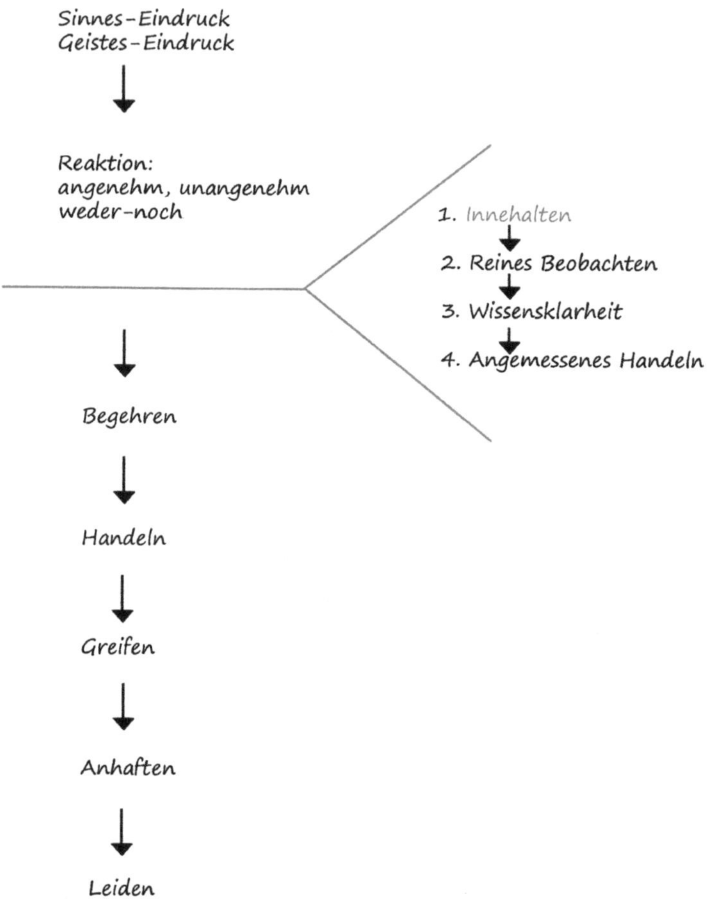


**Abbildung 10:** Das Innehalten

Im oberen Teil der Abbildung ist das bisher Beschriebene dargestellt: Sinnes- oder Geisteseindrücke führen zu einer angenehmen oder unangenehmen Reaktion. Der Mensch ist eine Reaktionswesen: Nach einem ersten Kontakt mit einem Wahrnehmungsobjekt ist fast immer eine Reaktion auf diesen Kontakt zu erwarten. (In einer entwickelten Meditationspraxis ist eine Nicht-Reaktion dennoch auch möglich, siehe weiter unten, S. 154.)

Diese Erstreaktion ist immer zuerst eine körperliche, fast biologische: Ist die jeweilige neue Situation gefahrenfrei, reagiert der Körper mit einem angenehmen Gefühl und entspannt sich. Fühlt sich eine Situation dagegen unangenehm an, es besteht möglicherweise »Gefahr«, signalisiert der Körper dies unmissverständlich, unter anderem auch dadurch, dass er sich anspannt.

Solche Körpersignale und -reaktionen sind so gut wie nicht zu unterbinden, sie kommen fast gleichzeitig mit dem jeweiligen Kontakt.

Nach dieser ersten Reaktion auf einen Kontakt reagiert der Mensch, wieder als Reaktionswesen, unmittelbar mit einer Art Reflex oder Reaktionsmuster: Es wird versucht, das angenehme Gefühl zu halten und, wenn es geht, zu verlängern, das unangenehme Gefühl so kurz wie möglich zu halten. Dabei wird es weggestoßen oder es wird sich von ihm abgewendet. Hier wird deutlich, wie sehr solche Reaktionen von einem grundlegenden Lust-Unlust-Prinzip geprägt sind.

In einem weiteren Schritt entsteht dann der Entschluss zu handeln. Dem Lust-Unlust-Prinzip folgend, entscheidet sich der Mensch in der Regel für das Angenehme. Dieses Angenehme löst ein Begehren danach oder nach diesem Objekt aus und führt dann zu einer Tat: Der Mensch greift nach dem Objekt in der Hoffnung, etwas Angenehmes zu erleben. Ist dies der Fall, besteht die Tendenz, dieses angenehme Gefühl verlängern zu wollen oder sein Vergehen zumindest hinauszuzögern. Hier beginnt ein Prozess des Anhaftens oder anders ausgedrückt: Das Loslassen zum richtigen Zeitpunkt kann zu einem Problem werden.

Dieser ganze Prozess läuft in der Regel sehr schnell ab, meistens nicht bewusst und nach »eingeübten« Mustern und kann ob seiner Regelmäßigkeit immer wieder zu Leiden führen.

Die Abbildung 10 zeigt nun, wo dieser Prozess am sinnvollsten unterbrochen werden kann, um kein oder zumindest weniger Leiden zu erzeugen: direkt nach der Gefühlsreaktion. An dieser Stelle hält er oder sie inne. Dieses Innehalten ist der entscheidende Augenblick. Der die Achtsamkeit Praktizierende beginnt an dieser Stelle den bisherigen Prozess der reinen Beobachtung zu unterwerfen. Dabei werden aus dieser Beobachterposition heraus die Reaktionen analysiert und auf ihre Muster hin untersucht. Nach und nach entsteht so eine Wissensklarheit, die es möglich macht, für die Situation *angemessene* Handlungen zu erkennen und dann auszuführen.

Durch dieses reine Beobachten, als Klarheit und Einsicht, werden den Gefühlen ihr emotionaler Charakter und ihre Ich-Bezogenheit genommen. Was bleibt ist freudig-angenehm, leidig-unangenehm oder weder freudig noch leidig (Nyanaponika, 1979, S. 65 f.).

»Doch die stille Stimme der Gefühlsbetrachtung spricht: ›Es ist ein Freude-Gefühl wie viele andere auch – sonst nichts! Es ist ein Schmerz-Gefühl, wie viele andere auch – sonst nichts!‹ Eine solche Fähigkeit, von den eigenen Gefühlen inneren Abstand zu gewinnen, ist inmitten der Wechselfälle des Lebens gewiss von größter Wichtigkeit. Doch auch wenn der ruhige Blick der Achtsamkeit den Gefühlen ihr Ungestüm nimmt, so beeinträchtigt er damit nicht ihre menschliche Wärme« (Nyanaponika, 1979, S. 67; siehe zum reinen Beobachten, S. 111, siehe zur Achtsamkeit, S. 179 ff.).

## Die Nicht-Reaktion

Eine weitere mögliche Reaktion ist die einer »wirklichen« Nicht-Reaktion: Die erlebende Person entwickelt in einer fortgeschrittenen Meditationspraxis die Fähigkeit, überhaupt keine Reaktionen auf einen Kontakt zu zeigen, weder eine angenehme noch eine unangenehme. Wenn dieser Geisteszustand des Gar-nicht-Reagierens aufrechterhalten wird, vordem beschrieben als das Schweigen des Geistes, kann ein Objekt nach dem anderen auftauchen, ein Kontakt nach dem anderen stattfinden. Das Objekt wird dann einfach nur wahrgenommen, es ist reines Beobachten. Gleichmütig und gelassen werden die auftauchenden und wieder vergehenden Objekte erlebt, ohne eine Reaktion. Die Welt als Objekte der Wahrnehmung kommt nach vorne, entfaltet sich, zeigt sich und zieht sich wieder zurück, um anderen Objekten Platz zu machen. Die dies alles erlebende Person zeigt keine Reaktion.

## Über Emotionen und die Beobachterposition

Über diese grundlegenden Gefühle von angenehm, unangenehm und »weder noch« hinaus gibt es natürlich menschliche Emotionen wie Trauer, Wut oder Freude. Der Buddha hat deutlich darauf hingewiesen, dass es von großer Wichtigkeit ist, speziell mit der Emotion Wut oder Hass umgehen zu lernen: Eine erste Person löst in einer zweiten Person eine starke negative Emotion aus. Die zweite Person wird von einer Wut ergriffen, die gegen die erste Person gerichtet wird, die der Auslöser war. Eine solche Wut kann schnell zu Hass werden.

Von einer Perspektive der Beobachtung aus ist die erste Person nur der Auslöser für eine Emotion. Diese Emotion entfaltet sich dann in der zweiten Person und wird zu einer eigenen Geschichte. Diese Geschichte ist die jeweils spezifische Reaktion, abhängig von den vielen Erfahrungen, die die Person in ihrem Leben gemacht hat. Die Person wird von der Emotion ergriffen, verliert die Kontrolle und sucht ein Objekt, auf das sie diese Emotion richten kann. Es bietet sich natürlicherweise die Person an, die die Emotion ausgelöst hat.

Diese erfährt einen kaum kontrollierten Wutausbruch der zweiten Person, ein Konglomerat von aktuellen Problemen, vermischt mit früheren Erfahrungen und alten Verletzungen, die in der Regel kaum noch etwas mit der aktuellen Situation zu tun haben. Hier kann eine Kontrolle nun ganz verloren gehen und der Streit wird endlos und möglicherweise gefährlich, worauf der Buddha hinweisen wollte.

Aus Praxissicht wäre es sinnvoll, an dem Punkt innezuhalten, an dem die Emotion, die die erste Person ausgelöst hat, für die zweite Person wahrnehmbar wird. Wenn eine solches Innehalten oder Anhalten gelingt, wird deutlich, dass es »nur« eine Emotion ist, ausgelöst von der ersten Person. Mehr nicht. Es ist die Emotion der zweiten Person, es ist »ihre« Emotion. Dies wahrnehmen zu können, bedeutet, eine Beobachterposition einzunehmen, die von der Emotion nicht ergriffen ist. Dieses gleichzeitig Nicht-ergriffen-Sein inmitten des Emotionssturms ermöglicht die Freiheit, aus dem Sturm herauszutreten, ihn zu beobachten und ihn einfach nur vorbeiziehen zu lassen, ohne daraus Reaktionen abzuleiten.

Die von Sigmund Freud gestellte Frage, wer eigentlich Herr im eigenen Haus des Ich ist, wird hier konkret beantwortet: Der Beobachter hat die Kontrolle über die Situation, sie ist ihm nicht entglitten. Nach dem Abzug des Sturms ist dann hoffentlich Verständigung möglich.

Die Grundlage für die Freiheit, aus der Aktualität der Situation herauszutreten, ist die Fähigkeit, genau zu beobachten, was passiert, und die Möglichkeit des Unterbrechens, des Pausierens an der Stelle, *bevor* der Kontrollverlust eintritt. Stoppen, Innehalten, Pausieren, Vorüberziehen-Lassen der Emotion, neuer Kontakt. Dies ist die Nicht-Reaktion auf das Geschehen.

Das setzt Aufmerksamkeit und Achtsamkeit voraus, beides wird mit der Achtsamkeitspraxis kultiviert.

## Die sechs Gefühlseigenschaften

Im Folgenden nun werden die Gefühle aus einem etwas anderen, sehr traditionellen Blickwinkel näher untersucht. Dieser Blickwinkel kann in der heutigen Zeit schon etwas befremdlich wirken, werden den Gefühlen doch in der Regel positive Eigenschaften zugebilligt. Die traditionellen Betrachtungen gehen von folgenden Eigenschaften der Gefühle aus: Sie sind unbeständig, sie sind unbefriedigend und werden von einer Person, die sich als stetigen Wandel begreift, erlebt. Im Laufe der Zeit führt dies zur Ermüdung der Gefühle, zum Aufgeben der Leidenschaften und zum Beenden und zum Aufgeben der Gefühle insgesamt.

Im folgenden Text werden, im Gegensatz zu der bisherigen Betrachtungsweise, Gefühle und Emotionen synonym verwendet. So wird es möglich, allgemeinere Aussagen zu den Gefühlseigenschaften zu machen.

### *1. Die Unbeständigkeit*

Alle Gefühle sind unbeständig, sie werden erlebt als angenehm, nicht angenehm und »weder noch«. Dies ist auf der Ebene des Verstehens einfach anzunehmen, auf der Ebene der alltäglichen Erfahrungen schwierig umzusetzen. Dabei helfen die direkte Erfahrung und Einsicht auf dem Sitzkissen: Ein Gefühl steigt auf und wird wahrgenommen. Durch die Verlangsamung dieses Wahrnehmungsprozesses wird das Gefühl als Veränderung erlebt. Das Gefühl selbst *ist* Veränderung. Diese Einsicht führt dazu, diese Erfahrung zu verallgemeinern: Alle Gefühle sind unbeständig. Alle Gefühle *sind* Veränderung. Dies kann als Grundlage dienen, jegliche Idee von Beständigkeit aufzugeben.

### *2. Das Unbefriedigende*

Gefühle sind unbefriedigend. Dies zu verstehen ist eine Sache, angenehme Gefühle und im Speziellen die Glückseligkeit und die Freude als vergänglich zu erkennen und zu erleben, ist eine andere. Das Streben des Menschen nach Glückseligkeit und Freude birgt in sich schon die Wurzel von möglichem Leiden: Jegliches Streben nach etwas speist sich aus dem Glauben, das zu Erreichende würde das Leben dauerhaft verändern. Aber auch die angestrebte Glückseligkeit und Freude sind nur momentane Erlebnisse, die sich bald wieder verändern. Die Glückserfahrung selbst ist nicht das Problem, das Problem ist das Streben danach und das Festhalten an diesem sehr angenehmen Zustand. Streben und Festhalten aber führen zu Leiden.

Daher ist die Aufforderung an den Meditierenden, *absichtslos* auf seinem Kissen zu sitzen, von so grundlegender Bedeutung.

### *3. Das Nicht-Selbst*

Wer erlebt nun all dies? Es ist klar geworden, dass Gefühle substanzlos sind, das heißt, sie haben keinen festen Kern, sind *in* Veränderung und *sind* Veränderung. Das Gleiche gilt nun auch für denjenigen, der oder die diese Gefühle erlebt. Die Person unterliegt den gleichen Bedingungen wie alles in dieser Welt auch: Das Ich-Selbst ist Veränderung.

Jede Idee von Festigkeit, jeder Wunsch nach Festhalten, führt unweigerlich zu Leiden. Veränderung erlebt Veränderung. Diese Erfahrung führt zu einem grundlegenden Nicht-Festhalten, zu einem Fließen in und mit der Veränderung.

### *4. Das Ermüden*

Die obigen Erfahrungen führen dazu, dass Glückseligkeit und Glück nicht angestrebt werden, sie *passieren* einem Meditierenden, sie passieren einem fließenden Ich-Selbst. Der immer wieder auftauchende *Wunsch* des Geistes nach Festigkeit und Festhalten wird als ermüdend erlebt – und aufgegeben.

### *5. Das Aufgeben der Leidenschaft*

In der Regel werden Leidenschaften als mit den körperlichen Sinnen verknüpft verstanden. Die Leidenschaft, der Wunsch nach starken angenehmen körperlichen Gefühlen, wird in der Regel als normal betrachtet und oft auch angestrebt.

Leidenschaft schließt neben der sinnlichen Anhaftung aber auch das Anhaften an Besitz, Reichtum, Ruhm, Macht und Anerkennung ein. Das entsprechende Verlangen wirkt sich aus wie eine Verfärbung des Geistes oder wie ein Schatten, der auf dem Geist liegt.

Durch eine regelmäßige Meditationspraxis wird die Unbeständigkeit und das daraus resultierende Unbefriedigende einer solchen Glückseligkeit direkt erlebt, die Leidenschaften ermüden und flauen nach und nach ab.

### *6. Das Beenden und das Aufgeben der Gefühle*

Durch die bisher beschriebenen Erfahrungen gibt ein Meditierender im Laufe der Zeit das aktive Erwecken von Gefühlen ganz auf, den Gefühlen an sich wird kein Wert mehr beigemessen. Natürlich werden weiterhin Gefühle auftauchen, ihnen wird aber keine Bedeutung mehr zugebilligt, es entsteht kein Verlangen nach ihnen und kein Anhaften an ihnen mehr. Gefühle passieren dem Meditierenden, mehr nicht. Das in den Gefühlen verspürte Feuer verglimmt zunehmend und eine möglicherweise erfahrene Glückseligkeit wird nur noch »kühl« wahrgenommen. Gefühle werden nicht mehr entfacht, das Erwecken der Gefühle wird insgesamt aufgegeben. Das normalerweise erlebte Feuer der Gefühle ist erloschen. Auch die Freude und die Glückseligkeit haben somit keinen Anknüpfungspunkt mehr (zu den sechs Gefühlseigenschaften siehe auch Nagasena, 1980, S. 338–348).

Zusammenfassend kann festgehalten werden, dass dieses Aufgeben, dieser Verzicht auf Gefühle der erste und grundlegende Schritt ist, Anhaftung insgesamt aufzugeben. Der Meditierende kann nun jegliches Begehren und jegliches Anhaften aufgeben, es ist, als ob das

Begehren keinen Anknüpfungspunkt mehr hat. Das Erlangen dieser Fähigkeit bedarf allerdings kontinuierlicher, akribischer und sehr sorgfältiger Übung.

Es ist sicher überraschend, dass auch Gefühle/Emotionen von Freude und Glückseligkeit nicht mehr erstrebenswert sind. Gerade Freude und Glück stehen doch allgemein hoch im Kurs des Anzustrebenden. Aber: Auch sie sind vergänglich. Es spricht nichts dagegen, sie zu erleben, sie aber zum Ziel des Handelns zu machen, führt aus buddhistischer Sicht zu Leiden. Das Feuer des Erwecken-Wollens wird nicht mehr angefacht. Das ist die Grundlage dafür, das jeweilige Abebben und Vergehen dieser äußerst angenehmen Emotionen von ganzem Herzen annehmen zu können.

Hier schließt sich der Kreis: Die im Rahmen der Jhānas (Versenkungen) beschriebene Freude, entstanden durch die Kultivierung von Konzentration, wird einfach nur als Emotion betrachtet, die kommt und geht, sie wird transzendiert (siehe hierzu das Kapitel »Achtsamkeit – Traditionelle Grundlagen«, S. 110 ff.).

Um etwaigen Missverständnissen vorzubeugen, bedarf es an dieser Stelle einiger Erläuterungen. Die bisherigen Ausführungen lassen es sinnvoll erscheinen, keine Gefühle mehr, vielleicht sogar Gefühlslosigkeit oder Gleichgültigkeit zu entwickeln. Das ist aber nicht gemeint. Jeder Mensch, auch der oder die Meditierende, wird weiterhin ein Reaktionswesen bleiben und auf die Welt reagieren. Er wird in seiner allerersten Reaktion auch weiterhin das Lust-Unlust-Prinzip vorfinden. Neu wird sein, dass der Meditierende weitere Aktionen und Handlungen nicht mehr vom Angenehmen oder Unangenehmen abhängig macht.

Der Meditierende hat sich gründlich studiert und sich ein fundiertes Wissen über seine Reaktionsprozesse angeeignet. Alle diese Analyseprozesse haben eine Wissensklarheit, aber auch eine Art Nüchternheit entstehen lassen, die eine sichere Nicht-Identifizierung mit allem Erscheinenden möglich macht. So wird im Laufe der Zeit eine Beobachterposition etabliert, aus der heraus die jeweilige Situation klar analysiert werden kann: *Ich bin nicht das, was da auftaucht.*

Es werden beim Meditierenden weiterhin starke Gefühle und Emotionen auftauchen, das Leben bleibt weiterhin farbig und lebendig. Allerdings werden diese Gefühle gründlich analysiert und auf dieser Grundlage angemessen umgesetzt. So wie Nyanaponika es formuliert hat: *Den Gefühlen ist ihr Ungestüm genommen worden, ihre menschliche Wärme aber nicht* (1979, S. 67). Ganz im Gegenteil: Große Herzlichkeit und tiefes Mitgefühl werden so zur Grundlage aller Handlungen.

ÜBUNG

Nehmen Sie ein auftauchendes angenehmes oder unangenehmes Gefühl wahr.
Treten Sie innerlich zurück und schauen Sie es sich an. Dies ist die Beobachterposition.
Widerstehen Sie dem Wunsch, sich mit dem aufgetauchten Gefühl zu identifizieren.
Hier hilft es, sich immer wieder dem Atem zuzuwenden.
Der Atem ist regelmäßig und neutral und wird so Ihre Beobachterposition stärken.
Bleiben Sie gelassen in Ihrer Beobachtung. Auf dieser Grundlage entscheiden Sie nun,
was ein angemessenes Verhalten sein kann.

# Achtsamkeit – Über den Geist: Die Wirklichkeit als Simulation

»Vom Geist gehen die Dinge aus, sind geistgeboren, geistgeführt.«
(Nyanaponika, 1979, S. 14)

»Ist der Geist erkannt, so sind alle Dinge erkannt.«
(Nyanaponika, 1979, S. 14)

»Außerhalb des Geistes gibt es keine Dinge,
blaue Berge füllen die Augen.« (BOS, 1990, S. 144, eigene Übersetzung)

Zunächst wird in diesem Kapitel der menschliche Geist (und das Bewusstsein) aus einer westlichen Perspektive beschrieben, wobei schwerpunktmäßig auf die Ausführungen von Thomas Metzinger Bezug genommen wird. Metzinger ist Philosoph und die Themenschwerpunkte seines Arbeitsgebiets sind die Philosophie des Geistes, die Verbindung der Philosophie mit den Neuro- und Kognitionswissenschaften und die angewandte Ethik. In einem zweiten Teil wird der Geist aus buddhistischer Sicht beschrieben.

Grundsätzlich werden zwei Zugänge deutlich: Im ersten wird versucht, über Beschreibungen einen Zugang zur Wirklichkeit zu erhalten, im zweiten, buddhistischen Zugang wird dies über die *Funktion* des jeweiligen Untersuchungsgegenstands und die Erfahrung mit diesem versucht. Beide Ansätze haben die Aussage »Dinge sind Erscheinungen im Geist« zu ihrer Untersuchungsgrundlage gemacht.

Im Rahmen der Untersuchung des menschlichen Geistes gibt es ein grundsätzliches Problem, das in der Frage zusammengefasst werden kann: Was ist der Unterschied zwischen Geist und Bewusstsein? In der Regel werden in einer westlichen Sichtweise Geist und Bewusstsein synonym betrachtet, oft ist eine klare Trennung auch bei Thomas Metzinger nicht erkennbar. Es ist zugegebenermaßen schwierig, hier eine klare Unterscheidung zu treffen, aus buddhistischer Sicht wird dies zumindest versucht. Geist und Bewusstsein sind nicht das Gleiche, so die buddhistische Auslegung.

Der Buddhismus hat sich einer Beschreibung des menschlichen Geistes und des Bewusstseins aus verschiedenen Richtungen angenähert, eine Definition aber immer vermieden. Definitionen sind aus dieser Sicht nicht sonderlich zielführend, sinnvoller scheint es zu sein, nach der Funktion des Geistes und des Bewusstseins zu fragen. Ein solcher Ansatz ist immer auch auf die jeweilige Situation bezogen, sehr konkret und vermeidet so in der Regel Verallgemeinerungen. Darüber hinaus wird die jeweilige Erfahrung derjenigen, die die Achtsamkeit praktizieren, immer auch in die Beschreibung der Funktion einbezogen. Somit wird der jeweilige Augenblick ganz aktuell immer einbezogen und macht das Ganze sehr direkt und lebendig, ganz im Sinne der Achtsamkeitspraxis.

Die Untersuchungsgrundlage hierbei ist, wie schon des Öfteren angedeutet, das »Labor auf dem Sitzkissen«: Das stille Schauen auf den Körper und den Geist in einer Haltung von körperlicher und geistiger Bewegungslosigkeit, auch das Sitzen in Versunkenheit *(Zazen)* genannt.

Stellt man die die Funktion in den Vordergrund, so kann gesagt werden, dass das Bewusstsein eine Funktion des Geistes ist. Wollte man eine kleine Liste von Funktionen zusammenstellen, so könnte sie in etwa so aussehen:

Das Ich-Selbst ist eine Funktion des Selbst.

Das Selbst ist eine Funktion des Bewusstseins.

Das Bewusstsein ist eine Funktion des Geistes oder des Geist-Feldes.

Der Vollständigkeit halber müsste Folgendes noch in die Liste aufgenommen werden:

Das Bewusstsein ist eine Funktion des Gewahrseins.

Das Gewahrsein ist eine Funktion des Geistes oder des Geist-Feldes.

## Über den Geist

Umgangssprachlich beschreibt der Begriff »Geist« die Fähigkeit, Informationen aufzunehmen und zu verarbeiten. Diese kognitiven Fähigkeiten schließen alle Wahrnehmungsvorgänge, die über die Sinne vermittelt werden, und alle Denkvorgänge ein und führen sie einem mentalen Ergebnis zu. Dieses Ergebnis wird dann im Bewusstsein offenbar.

Aus der Sicht einer alltäglichen Erfahrungsperspektive betrachtet ist der Geist des Menschen bei allen seinen Aktivitäten anwesend. Er wird, aus buddhistischer Sicht, somit als eine Grundlage sämtlicher Aktivitäten betrachtet und kann als Geist-Raum oder Geist-Feld bezeichnet werden.

In den westlichen Kulturen ist der Begriff des menschlichen Geistes kein einheitlich benutzter Begriff. Bei genauer Betrachtung bezieht er sich auf zwei Bedeutungsfelder:

Die kognitive Fähigkeit des Menschen, Informationen so umzugestalten, dass für das »System« Mensch eine optimale Verhaltenssteuerung möglich ist. Grundlage ist hierfür die Fähigkeit, bewusst zu sein, also Wissen über etwas zu haben. Sehr oft werden Geist und Bewusstsein daher als synonym betrachtet, was aber aus buddhistischer Sicht so nicht geteilt wird, da das Bewusstsein als eine Funktion des Geistes betrachtet wird.

Die zweite Bedeutung des Begriffs »Geist« ist eng verknüpft mit religiösen Vorstellungen wie der Annahme, der Geist sei eine vom Körper unabhängige Instanz, die immer schon vorhanden sei, alles transzendiere und von Gott geschaffen oder ihm sogar wesensgleich sei. Der sogenannte »Heilige Geist« beschreibt aus christlicher Sicht den Geist Gottes als Trinität: Vater (Gottvater), Sohn (Jesus Christus, Gottes Sohn) und Heiliger Geist (Geist Gottes). Durch solche Betrachtungen erhält der Geist eine Art Eigenständigkeit, die ihm aus buddhistischer Sicht so nicht zugebilligt werden kann.

Etwas, das nicht wirklich zu verstehen ist, wird nicht dadurch verständlicher, dass ihm eine solche Eigenständigkeit zugewiesen wird. Eher führt dies zu einer Art Spaltung, die eine direkte Beschäftigung mit dem, was »Geist« ist oder sein könnte, eher verhindert. Geist ist in jeder Aktivität des Menschen immer auch anwesend, so die Erfahrung aus buddhistischer Sicht, Geist ist immer »dabei« und kann somit immer »erfahren« werden. Diese Erfahrungen liegen *vor* der Sprache und dem Bewusstsein. Dies wird in den folgenden Ausführungen dieses Kapitels verdeutlicht.

## Die Wirklichkeit als Simulation

Natürlich gibt es auch im Westen viele Ansätze, den Geheimnissen des menschlichen Geistes und des Bewusstseins auf die Spur zu kommen (siehe hierzu zum Beispiel Kandel, 2006; Nagel, 2007; Singer, 1994). Ein wichtiger Vertreter der Bewusstseinsforschung ist Thomas Metzinger, der hier ausführlicher dargestellt wird, da sein Ansatz der buddhistischen Sichtweise ähnelt oder ihr zumindest nah kommt. Es ist der Versuch, sich über Sprache und Konzepte dem Geheimnis des Bewusstseins zumindest anzunähern.

Ein solcher Versuch ist dann lohnenswert, wenn am Ende alle Konzepte aufgegeben werden können und einer *direkten* Erfahrung von Wirklichkeit Platz machen. Dazu gehört auch das von ihm propagierte Konzept des *Ego-Tunnels,* das aus buddhistischer Sicht letztendlich ebenfalls fallen gelassen werden muss.

Die an vielen Stellen des bisherigen Textes auftauchende Formulierung »die Phänomene der Welt sind Erscheinungen im Geist« soll hier nun genauer untersucht werden. Was dieser Aussage fast so etwas wie eine Sprengkraft gibt, ist die Tatsache, dass diese Erscheinungen im Geist jeweils »hergestellt« sind. Dieser Herstellungsprozess wird im Prozess der fünf Skandhas und der acht Vijñānas aus buddhistischer Sicht genauer beschrieben (siehe hierzu die Abschnitte »Die fünf Skandhas«, S. 54 ff. und »Der Augenblick in den Vijñānas«, S. 81 ff.).

Thomas Metzinger beschreibt in seinem Buch »Der Ego-Tunnel« diesen Prozess der Herstellung der Erscheinungen im Geist als Simulationsprozess: Die Welt der Phänomene wird simuliert, der Mensch macht sich ein Bild von seiner Welt, indem er sie simuliert. Darüber hinaus ist auch das Bild vom handelnden Ich-Selbst ein hergestelltes, also ebenfalls eine Simulation. Solche Simulationsprozesse brauchen Zeit, wenngleich solche Abläufe als sehr schnell wahrgenommen werden; doch man muss hier von einer zeitversetzten Simulation der Phänomene sprechen. Ein simuliertes Ich-Selbst erlebt zeitversetzt eine simulierte Welt.

Was kann unter solchen Umständen über »die Welt« und »die Wirklichkeit« ausgesagt werden? Metzinger geht davon aus, dass alles im Geist Erscheinende Repräsentationen sind, der Geist spiegelt das

Wahrgenommene und macht sich eine innere Vorstellung davon; es entsteht so ein innerer Stellvertreter des Objekts im Geist. »Ein geistiger Zustand repräsentiert einen Teil der Wirklichkeit [...] indem er einen inneren Stellvertreter [...] erzeugt« (Metzinger, 2010, S. 18).

In diesen Prozessen entsteht ein bewusstes Modell des Organismus von sich selbst als subjektivem Ganzem. Metzinger nennt es das *phänomenale Selbstmodell (PSM).* Es »bezieht sich auf alles, das wir allein auf der Ebene des bewussten Erlebens erfahren, eben auf die Art und Weise, wie uns die Welt subjektiv *erscheint.* Der Inhalt des PSM ist das Ego.« In einem weiteren Schritt wird der Vorgang der Repräsentation noch einmal repräsentieren, der Mensch erlebt sich im Akt des Wissens. »Wir repräsentieren uns mental *als* repräsentationale Systeme, und wir tun es in phänomenologischer Echtzeit. Diese Fähigkeit verwandelt uns in Denker von Gedanken« (S. 18 f.).

Dieses bewusste Erleben wird von Metzinger als »Tunnel« beschrieben: Es ist ein »inneres Konstrukt und eine höchst selektive Form der Darstellungen von Informationen [...] Was wir sehen und hören oder ertasten und erfühlen, was wir riechen und schmecken ist nur ein kleiner Bruchteil dessen, was tatsächlich in der Außenwelt existiert. Unser bewusstes Wirklichkeitsmodell ist eine niedrigdimensionale Projektion der unvorstellbar reicheren und gehaltvolleren physikalischen Wirklichkeit, die uns umgibt und uns trägt«. Es ist also keine wahrheitsgetreue Abbildung der Wirklichkeit, sondern eine Selektion auch im Sinne der Begrenzung der Vielfalt. Dieser »kontinuierlich ablaufende Vorgang des bewussten Erlebens [ist] weniger ein Abbild der Wirklichkeit als vielmehr ein Tunnel *durch* die Wirklichkeit« (S. 21).

Eine buddhistische Sichtweise trägt dieser Reduktion von Komplexität durchaus Rechnung. Die fünf menschlichen Sinne ermöglichen nur eine jeweils eingeschränkte Wahrnehmung. Eine solche Beschränkung muss allerdings nicht zu dem Trugschluss führen, dass das *nicht* Wahrgenommene oder nicht Wahrnehmbare nicht dennoch wirksam ist. Auch wenn ein Sehen oder Hören auf seine jeweilige menschliche Sequenz reduziert ist, sind alle anderen Sequenzen dennoch wirksam.

Der Mensch lebt demnach in einem Meer von Impulsen, die alle Teil einer wirksamen Umgebung sind. Metzinger beschreibt dies als einen »Ozean aus elektromagnetischer Strahlung, eine wild wogende Mischung verschiedener Wellenlängen. Die meisten davon sind für Sie unsichtbar und können niemals Teil Ihres bewussten Realitätsmodells werden« (S. 38 f.). Dennoch sind sie wirksam.

Interessanterweise ist der Mensch in der Regel nicht in der Lage, die Simulation, aber auch das phänomenale Selbstmodell (PSM) zu erkennen. Wieso nun kann der Mensch dieses Selbstbild nicht als Selbstbild erleben? Weil es transparent ist, das Medium ist durchsichtig, es ist sich seiner selbst nicht bewusst. Das Medium »Wahrnehmung« ist wie ein Fenster, dessen Scheibe die Herstellung der Simulation ist. Diese Fensterscheibe ist im Kapitel »Über das menschliche Leiden, Krankheit und Gesundheit« im Abschnitt »Bewusstsein« (S. 64 ff.) als Brille bezeichnet worden. Dort ist auch die Frage aufgeworfen worden, ob es wohl möglich sei, die Brille abzusetzen, um so der Wirklichkeit möglicherweise ein wenig näher zu kommen.

Im Prozess der Wahrnehmung nun sieht der Mensch das Fenster oder die Brille nicht. Ein wahrgenommener Vogel beispielsweise ist somit ein erzeugtes Bild, eine Repräsentation »Vogel«. Das diesen »Vogel« herstellende System, der menschliche Geist/das Gehirn, erkennt diese Repräsentation als ein »Modell von Vogel« als solche nicht. Dieser Prozess kann als dynamische Selbstrepräsentation bezeichnet werden, wobei es konstitutionell nicht möglich erscheint, das Modell als ein hergestelltes zu erkennen.

So entstehen Modelle und Weltmodelle als Abbilder der Wirklichkeit, die der Mensch zu seinem Ego oder Selbst macht, es ist das »robuste bewusste Erleben, ein Selbst zu sein« (Metzinger, 2010, S. 23). Der Mensch schafft, und das ist hier wichtig zu betonen, keine individuelle Welt, sondern er erschafft ein jeweiliges (persönliches) Welt*modell*.

Dass es wohl doch möglich ist, aus diesen hier dargelegten Prozessen »auszusteigen«, ist in der Beschreibung der fünf Skandhas deutlich geworden. Der entscheidende Unterschied zu dem von Metzinger vorgestellten Modell der Herstellung von persönlichen Weltmodellen zu dem der Skandhas liegt darin begründet, dass es aus buddhistischer Sicht möglich ist, es erst gar nicht zu einer Modellentwicklung kommen zu lassen. Ein entsprechender Wahrnehmungsprozess kann in seinem Anfang angehalten werden. Somit wird direkte Erfahrung möglich, allerdings vor der Entstehung von

Sprache und Bewusstsein. Eine am Beginn eines solchen Prozesses erlebte Wahrnehmung ist der »Wirklichkeit« sehr viel näher, da die Vermittlungsinstanzen von Sprache und Bewusstsein (noch) nicht aufgerufen worden sind.

Hier taucht die interessante Frage auf, ob es so etwas wie eine Außenwelt und eine objektive Realität überhaupt gibt. Grundsätzlich geht der Mensch davon aus, dass es die Welt der zehntausend Dinge gibt. Diese Realität macht er mit Hilfe von Filtermechanismen zu seiner eigenen Welt, indem er einen »Realitätstunnel« herstellt, einen Tunnel durch die Wirklichkeit: »Wir befinden uns niemals in direktem Kontakt mit der Wirklichkeit an sich, weil diese Filter uns daran hindern, die Welt so zu sehen, wie sie ist. Die Filtermechanismen sind unsere Sinnessysteme und unser Gehirn, dessen funktionale Architektur wir von unseren biologischen Vorfahren geerbt haben, und natürlich sind es auch unsere bereits bestehenden Überzeugungen und impliziten Annahmen über das Wesen der Wirklichkeit« (Metzinger, 2010, S. 24).

Aus buddhistischer Sicht kann dieser Aussage generell zugestimmt werden, wenn unter dem Begriff Sinnessysteme nicht die Sinne gemeint sind. Denn: Die Sinne als reine Wahrnehmungsorgane lügen nicht, entscheidend ist der daraufhin folgende Prozess der Verarbeitung dieser Informationen zu einem jeweiligen persönlichen Weltmodell. Hingewiesen wurde auf diesen wichtigen Aspekt im Abschnitt »Der Augenblick in den Vijnānas« (S. 81 ff.).

## Über das Bewusstsein

An dieser Stelle scheint es wichtig, das menschliche Bewusstsein näher zu betrachten. Über das Bewusstsein ist an mehreren Stellen einiges vorgestellt worden (siehe hierzu auch Weischede und Zwiebel, 2009, S. 105).

- Bewusstsein ist immer Bewusstsein *von* etwas.
- Bewusstsein ist demnach abhängig von einem im Geist erscheinenden Objekt, das vom Bewusstsein wahrgenommen wird.
- Bewusstsein ist
  - erstens das Erscheinen eines Objekts und somit ist es ein phänomenales Bewusstsein;

- zweitens das Herstellen eines Welt*modells* und nicht das Herstellen einer individuellen Welt;
- drittens subjektiv und das von ihm hergestellte Weltmodell hat immer ein Zentrum: ein Ich, ein Ego, ein Selbst.

In diesem Prozess entsteht so etwas wie Innerlichkeit, die äußere Welt wird über die Bewusstwerdung zu einer Welt, die in sich selbst erscheint, das Leben wird sich seiner selbst bewusst: Der menschliche Geist kann bewusst sein, das heißt, er kann ein phänomenales Selbstmodell herstellen. Darüber hinaus kann er die Aufmerksamkeit auf die Inhalte des phänomenalen Selbstmodells lenken. Es ist dies »die Fähigkeit, die Erste-Person-Perspektive aktiv nach innen zu wenden, unsere Gefühlszustände zu erforschen und die Aufmerksamkeit auf unsere Denkvorgänge zu lenken.« Es erlaubt uns, »der Tatsache bewusst zu werden, dass wir Repräsentationssysteme sind« (Metzinger, 2010, S. 33).

Einen Schritt zurücktretend kann die dahinterliegende Biologie des Menschen beschrieben werden: »Das bewusste Gehirn ist eine biologische Maschine – ein Wirklichkeitsgenerator, der vorgibt, uns zu sagen, was existiert und was nicht existiert.« Es gibt vor unseren Augen keine Farben, vor unseren Augen »gibt es nur einen Ozean aus elektromagnetischer Strahlung, eine wild wogende Mischung verschiedener Wellenlängen. Die meisten davon sind für Sie unsichtbar und können niemals Teil Ihres bewussten Realitätsmodells werden. Was in Wirklichkeit geschieht, ist, dass das visuelle System in Ihrem Gehirn einen Tunnel durch die unvorstellbar reichhaltige physikalische Umwelt bohrt und im Verlauf dieses Vorgangs die Innenwände des Tunnels sozusagen in verschiedenen Farbtönen anmalt. *Phänomenale* Farbe. *Erscheinung.* Nur für das Auge des Bewusstseins« (Metzinger, 2010, S. 38 f.).

»Bewusste Erlebnisse sind komplett mentale Modelle in dem repräsentationalen Raum, der sich durch das gigantische neuronale Netzwerk in unseren Köpfen öffnet – und weil dieser Raum durch eine Person erzeugt wird, die ein Gedächtnis besitzt und sich in der Zeit vorwärtsbewegt, ist er gleichzeitig ein Tunnel« (S. 42).

Der Mensch ist ein bewusstes Wesen. Der Inhalt dieses Bewusstseins ist ein simuliertes, vorgetäuschtes Weltmodell; auch der Eindruck eines Gefühls von Dasein oder Anwesenheit ist Teil dieser

Simulation. Da die *Herstellung* dieser Modelle von Wirklichkeit nicht wahrgenommen wird, externalisiert der Mensch die simulierten Phänomene in die äußere Welt. Das Gehirn erzeugt somit die ständige Erfahrung, dass *»ich in einer Welt außerhalb meines Gehirns anwesend bin«* (S. 43). Auf einen Punkt gebracht kann gesagt werden, dass Bewusstsein das Wissen ist, »dass man weiß, *während* man weiß« (S. 46).

Darüber hinaus vollzieht das Bewusstsein aber noch eine weitere Funktion: Es bindet alle Inhalte des jetzigen, gegenwärtigen Erlebens scheinbar nahtlos miteinander zusammen, sodass eine Ganzheit von Welt entsteht. Bewusstsein ist so betrachtet eine »Zusammenschau« (S. 46). Diese Integrationsleistung führt subjektiv zu »Einer Welt«. Erst das Zusammenfügen aller Einzelphänomene in einem jeweiligen Augenblick lässt »Eine Welt« erscheinen. Dieser Prozess ist im Rahmen der Vijñānas ausführlich beschrieben worden und wurde definiert als »Manas«, der jetzige Augenblick, der zusammengesetzt wird aus den Informationen der sechs Sinne (Sehen, Hören, Riechen, Schmecken, Tasten, Denken/Bewusstsein) und der Vergangenheit.

Aus der Sicht der Neurowissenschaften ist das, was Bewusstsein bildet, ein »rhythmischer Tanz neuronaler Entladungen und synchroner Oszillationen«. Es ist ein Vorgang der Selbstorganisation im menschlichen Gehirn, der »eine optimale Balance zwischen Integration und Differenzierung ermöglicht, zwischen Einheit und innerem Nuancenreichtum, und auf diese Weise den wunderbaren Reichtum und die innere Vielfalt von Bewusstseinsinhalten zusammen mit dem Erleben der Einheit erzeugt« (S. 50 f.). Dabei werden weit entfernte Gehirnregionen überspannend miteinander verbunden und die verschiedenen Inhalte in eine bewusste Hierarchie eingebettet. Es ist das Herstellen einer immer genau richtigen Balance zwischen den Teilen und dem Ganzen.

»So lange ein hinreichend starkes Ausmaß an interner Korrelation und kausaler Kopplung es dieser Insel aus tanzenden Mikroereignissen erlaubt, aus der chaotischen Dynamik in unserem Gehirn aufzutauchen, leben wir in einer einzigen Wirklichkeit. Eine einzige und einheitliche Welt *erscheint* uns« (S. 52).

Bei der Entstehung eines inneren Bildes wird das gerade neu hergestellte Bild abgeglichen mit dem alten Bild von vor einigen

Millisekunden. Aber auch das alte Bild wird abgeglichen mit dem neuen. Es entsteht so ein innerer Kreislauf: »Auf diese Weise erzeugt die unmittelbar zurückliegende Vergangenheit kontinuierlich einen Kontext für die Gegenwart […] In der bewussten Wahrnehmung wird eine stehende Kontextschleife erschaffen.« So »erscheint der dynamische Fluss des bewussten Erlebens als das Ergebnis einer ständig ablaufenden Anwendung des Vorwissens, das unser Gehirn besitzt, auf die gerade gegebene Situation – und zwar in einem sehr großen, globalen Maßstab. Wenn wir bewusst sind, erzeugt der Gesamtvorgang des Wahrnehmens, Lernen und Lebens einen Kontext für sich – und genau dadurch verwandelt sich unsere Wirklichkeit[30] in eine *gelebte* Wirklichkeit« (S. 54).

## Über die Gegenwart/Über den jetzigen Augenblick

Jeder Bewusstseinsprozess findet zeitlich betrachtet im jeweiligen Hier und Jetzt statt. Es kann als eine »Innerlichkeit in der Zeit« (S. 59) bezeichnet werden. Metzinger beschreibt Vergangenheit und Zukunft als »Außenzeiten«, den jetzigen Moment, die jetzige Zeit als »Innenzeit«. Alles bewusste Denken und Fühlen findet in diesem gelebten Moment statt. »Präsenz – Gegenwärtigwerden – erzeugt das subjektive Gefühl der zeitlichen Unmittelbarkeit, indem sie einen inneren Raum für das Zeiterleben schafft« (S. 63).

Allerdings ist dieses *Jetzt* eine Illusion: Aus der Sicht der Hirnforschung kann der Mensch niemals in direkten Kontakt treten, weil jede Informationsverarbeitung Zeit benötigt. So betrachtet ist der erlebte gegenwärtige Augenblick in Wirklichkeit die Vergangenheit. Mit anderen Worten: »Das phänomenale Jetzt ist die *Erscheinung* eines Jetzt […] Es *gibt* einfach keinen unmittelbaren Kontakt mit der Wirklichkeit« (S. 63 f.). Gegenwart ist somit ebenfalls eine Erscheinung, die als real erlebt wird. Physikalisch betrachtet gibt es ein kurzes Jetzt, aber keine ausgedehnte Gegenwart, wie der Mensch sie erlebt.

---

30 Siehe hierzu nochmals den Abschnitt »Der Augenblick in den Vijñānas« sowie auch auch die Ausführungen von Daniel Stern zu diesem Thema im Kapitel »Der jetzige Augenblick« (S. 75 ff.).

Nur in dieser »Gegenwart« als »Gegenwartsfenster« ist es möglich, Wahrnehmen, Denken und bewusste Willensakte so zu organisieren, dass in der physikalischen Welt adäquat agiert werden kann. Es ist das »virtuelle Gegenwartsfenster des Bewusstseins [...] Es ist das gelebte Jetzt« (Metzinger, 2010, S. 66). Die Gegenwart ist somit eine Zeitrepräsentation, die für den menschlichen Geist transparent, durchsichtig ist und als Repräsentation nicht erkannt werden kann.

Wie ist das zu erklären? Der Grund, dass der Mensch eine nahtlose Welt als Fließen von Zeit erlebt, scheint zu sein, dass im Gehirn nicht ein einzelnes Ereignis stattfindet, sondern eine Reihe von Ereignissen, die über verschiedene Prozesse miteinander verkoppelt sind und auch in Wechselwirkung miteinander stehen. Darüber hinaus existieren in einem gegebenen Augenblick verschiedene Wahrnehmungsvorgänge gleichzeitig, die miteinander in verschiedenen Geschwindigkeiten ablaufen. Dabei ist die Vielschichtigkeit dieser Verhältnisse wohl entscheidend: Ein Sehvorgang in einem gegebenen Moment ist gleichzeitig verknüpft mit dem Hören und dem Riechen usw. All diese Impulse werden gleichzeitig integriert und so entsteht ein nahtloser Raum bewussten Erlebens, weiter oben »Zusammenschau« genannt.

Es entsteht ein subjektives Erleben, das durch verschiedene Funktionen erzeugt wird, die miteinander in Wechselbeziehung stehen, wie das Kurzzeitgedächnis, die Aufmerksamkeit, multisensorische Integration, Erinnerung usw. Die Essenz des Bewusstseins liegt darin, »dass es den Raum *intentionaler Agentivität* öffnet: Bewusste Information ist genau die Teilmenge der gegenwärtig in unserem Gehirn aktiven Informationen, auf die wir willentlich unsere Aufmerksamkeit lenken können, und zwar die Aufmerksamkeit der höchsten Stufe. Niedrigstufige Aufmerksamkeit ist automatisch und kann durch vollständig unbewusste Ereignisse ausgelöst werden« (S. 72). Es muss demnach davon ausgegangen werden, dass das meiste, dessen ein Mensch sich gewahr ist, sich außerhalb des Bewusstseins und nicht in seinem Brennpunkt befindet.[31]

31 An dieser Stelle könnte der Begriff des »Unbewussten« vielleicht noch anders betrachtet werden: Was ist mit Wahrnehmungen und niederstufiger Aufmerksamkeit, die sich nicht im Brennpunkt befinden? Sollte das nicht eher mit »jetzt gerade nicht bewusst« beschrieben werden? Hier wäre es in-

»Wir sind nicht in der Lage, unsere Aufmerksamkeit auf den Konstruktionsvorgang zu richten. Daher sind für uns die Wände des Tunnels »undurchdringlich«, denn auf der Ebene des subjektiven Erlebens haben wir keine Bezugspunkte außerhalb des Tunnels, so das Fazit von Thomas Metzinger (S. 73). Die hier auftauchende Frage, ob es möglich ist, sich außerhalb des Tunnels zu bewegen, ist nicht einfach zu beantworten. Ein Versuch wird weiter unten ausgeführt.

Aus buddhistischer Sicht ist die Aufteilung in Welt und subjektiver Tunnel eine Zweiteilung, die so nicht aufrechterhalten werden kann. Der Mensch ist immer in Kontakt mit allem. Das Bild von der Wirklichkeit als einem Netz wird im Hua-Yen-Buddhismus zur Grundlage allen Seins gemacht. Gerade dieses Bild eines Netzes veranschaulicht, dass der Mensch immer mit allem verbunden ist und die Welt mit ihm (siehe hierzu im nächsten Kapitel »Achtsamkeit – Über den Geist: Die traditionelle Sicht«, S. 179 ff.).

Diese Prozesse sind so schnell und zuverlässig über Millionen von Jahren optimiert worden, dass der Mensch von ihnen nichts mitbekommen hat. Das Gehirn wird so »unsichtbar für sich selbst« (Metzinger, 2010, S. 70). Zwar wird der Inhalt gesehen, nicht aber, dass es eine Repräsentation ist. So entsteht ein naiver »Realist«, der glaubt, dass er Zugang zu einer Welt hat, die von ihm unabhängig existiert und die nicht als Herstellungsprozess[32] erkannt wird.

In diesem Prozess ist es wichtig zu sehen, dass die biologische Weiterentwicklung eines solchen Gehirns, das seine eigenen Herstellungsprozesse erkennen würde, sehr viel mehr Energie, sprich Zucker, benötigt. Im Umkehrschluss: Eine solche Entwicklung findet nur dann statt und bleibt als Fähigkeit bestehen, wenn mit diesen neuen Fähigkeiten auch entsprechend mehr Zucker in der Umwelt zu finden ist (S. 71). Eine »höhere Weiterentwicklung« im Sinne von Metarepräsentationen, wo es möglich wäre, das Ganze als Repräsentationen zu sehen, ist im Rahmen unseres Überlebens nicht nötig.

---

teressant, das von Sigmund Freud propagierte Unbewusste unter dem hier vorgestellten Gesichtspunkt genauer zu untersuchen. Dies kann aber in diesem Rahmen nicht geleistet werden.

32 Auch hier sei noch einmal der Abschnitt »Der Augenblick in den Vijñānas« (S. 81 ff.) empfohlen.

Es bräuchte zu viel Energie und bringt keinen zusätzlichen Gewinn für das Überleben. Möglicherweise wäre dabei die Geschwindigkeit der neuronalen Informationsverarbeitung sogar herabgesetzt, so die Einschätzung von Metzinger.

Wie nun macht das Gehirn den Schritt vom inneren Weltmodell und einem Jetztmodell zum Erscheinen einer vollständigen Welt? »Wenn das System, in dem diese Modelle konstruiert werden, konstitutionell unfähig ist, sowohl das Weltmodell als auch den gegenwärtigen psychologischen Moment, das Gegenwartserleben, als ein Modell zu erkennen, als etwas, das nur eine interne Konstruktion ist, dann wird das System notwendigerweise einen Realitätstunnel erzeugen. Es wird das bewusste Erleben haben, in unmittelbarem Kontakt mit einer einzigen, einheitlichen Welt in einem einzigen Jetzt zu stehen. Für jedes System dieser Art *erscheint eine Welt.* Das entspricht dem Minimalbegriff des Bewusstseins« (Metzinger, 2010, S. 76 f.).

Zusammenfassend kann gesagt werden, dass bewusstes menschliches Erleben eine Simulation ist, die es nicht möglich macht, in *direkten* Kontakt mit der Wirklichkeit zu treten. Die Menschen lernten im Laufe ihrer Entwicklung, die objektive Welt, auch wenn sie eine Simulation ist, als »Tatsache« zu bezeichnen. Die simulierte Welt ist eine von vielen möglichen Welten, die dann zur jeweils echten Wirklichkeit auserkoren und zum Bezugspunkt für alle anderen »Welten«, wie zum Beispiel Fantasien und Tagträumen, wird. Simulationen sind Repräsentation im Geist, der menschliche Geist ist somit ein Repräsentationssystem: »Das innere Erscheinen einer vollkommenen realistischen Welt, gegenwärtig im Hier und Jetzt, war eine sehr elegante Weise, um einen Bezugsrahmen und einen zuverlässigen Ankerpunkt für all jene Arten von mentaler Aktivität zu erzeugen, die für höhere Formen von Intelligenz notwendig sind. Man kann mögliche Welten nur erfassen und entwerfen, wenn es bereits eine fest etablierte und robuste Realität erster Ordnung gibt« (S. 97).

Im Zustand des Bewusstseins ist immer die Teilmenge des menschlichen Gehirns aktiviert, die der jetzige Augenblick erfordert. Dabei wird gleichzeitig überschaut, welche möglichen Aktivitäten in der nahen Zukunft benötigt werden könnten. Ein Zugriff auf andere Informationen ist somit immer möglich. Metzinger nennt dies die »globale Verfügbarkeit« oder auch den »globalen Arbeitsspeicher«.

Das Einüben von Neuem ist immer bewusst, um dann im Laufe der Zeit unter die Schwelle des Bewusstseins zu sinken, um so zu einer Subroutine zu werden. Immer dann, wenn »das System mit einer Herausforderung durch einen neuen Kontext oder mit einer neuen Reizsituation konfrontiert wird, wird auch der globale Arbeitsspeicher aktiviert, und es entsteht eine Repräsentation im Bewusstsein« (S. 89). Hier wird sich der Mensch des Vorgangs bewusst.

Diese Vorgänge können am Beispiel eines Buches verdeutlicht werden: Wenn der Mensch ein Objekt, hier ein Buch, in der Hand hält, so wird das Buch innerlich simuliert. Dessen ist sich der Mensch nicht bewusst. Auch das Ich, das es in der Hand hält, wird simuliert. »Es gibt also ein Als-ob-Selbst und ein Als-ob-Buch, ein simuliertes Subjekt plus ein simuliertes Objekt« (S. 91). Darüber signalisiert das Gehirn Informationen über das Gewicht des Buches, seine Oberfläche usw. »In dem Moment, in dem alle diese Informationen über die Existenz und die Eigenschaften des Buches bewusstwerden, sind sie für die Aufmerksamkeitslenkung, für die weitere kognitive Verarbeitung und für flexible Verhaltensreaktionen verfügbar« (S. 91).

Das Bewusstsein macht so »bestimmte Klassen von Tatsachen für einen Organismus global verfügbar und erlaubt ihm dadurch, seine Aufmerksamkeit auf sie zu richten, über sie nachzudenken und in einer flexiblen Weise, die automatisch den Gesamtkontext berücksichtigt, auf sie zu reagieren. Nur wenn uns überhaupt *eine Welt erscheint,* können wir schrittweise die Tatsache erfassen, dass eine äußere Welt existiert. Dies wiederum ist eine notwendige Vorbedingung dafür, die Tatsache zu entdecken, dass wir *selbst* ebenfalls existieren. Nur wenn man einen Bewusstseins-Tunnel hat, kann man erkennen, dass man Teil dieser Wirklichkeit und gerade jetzt in ihr anwesend ist. Sobald diese globale Bühne – der Bewusstseins-Tunnel – sich stabilisiert hat, können außerdem viele andere Arten von virtuellen Organen erzeugt werden und ihren Tanz in unserem Nervensystem beginnen« (S. 91).

Diese »virtuellen Organe« sind 1. Gefühle, 2. phänomenales Erleben wie Farben sehen, Musik hören und Erinnerungen, die, wenn sie ihre spezifische Funktion erfüllt haben, wieder verschwinden. Dazu gehören auch 3. das Erleben als Denker von Gedanken und 4. die Fähigkeit, aus vergangenen Erfahrungen lernen zu können (S. 91 f.).

Der Mensch stellt eine »Tatsächlichkeit« her, eine »Wirklichkeitserzeugung«: Dabei integriert er sein inneres Porträt der Welt, seine »echte Wirklichkeit«, ausgesucht aus vielen Welt-Herstellungs-Möglichkeiten, mit seinem subjektiven Jetzt-Erleben und erlebt so die Welt als gegenwärtig. Auf dieser Basis wird komplexeres Interagieren möglich, weiter oben als globale Verfügbarkeit bezeichnet, auf der Basis eines ganzheitlichen Bezugsrahmens, den Metzinger als »Bewusstseins-Tunnel« beschreibt (S. 93 f.).

Dem Menschen erscheint, über seine Sinne, eine Welt. Diese Erscheinungen werden von jemandem innerlich erlebt. Diese Innerlichkeit ist ein interner Vorgang im zentralen Nervensystem. Die Innerlichkeit erzeugt das Erleben, als virtuelles Gegenwartsfenster in einer Welt zu sein, durch das der Mensch ein Jetzt erlebt.

Die Grenze zwischen Selbst und der Welt begann mit der Ausbildung des menschlichen Immunsystems, das zwischen Innen und Außen im Sinne eines Schutzes klar unterscheidet. Diese Partitionierung wird dann auf der Bewusstseinsebene ebenfalls möglich, die Wirklichkeit wird aufgeteilt in Innen und Außen, Ich und die Welt usw. Hier entsteht das phänomenale Selbst und nach und nach tritt »das bewusste Erleben des *Jemand-Seins* hervor« (S. 100). Es ist ein Selbstmodell als inneres Bild des Organismus, das eine Ganzheit darstellt. Dieses Selbstmodell hat der Mensch dann in sein Weltmodell eingebaut und so nach und nach eine Erste-Person-Perspektive etabliert.

So hat der Mensch ein Selbstmodell und ein Weltmodell entwickelt, die nicht nur erscheinen, sondern *jemandem* erscheinen.

Im Buddhismus wird davon gesprochen, dass einer jeden Wahrnehmung immer eine geistige Vorannahme vorausgeht. Wahrnehmung findet somit immer innerhalb von Konzepten statt. Diese geistige Haltung ist wie ein Raum, vielleicht auch wie ein »Tunnel«, den der Mensch vor sich ausbreitet und in dem dann seine Wahrnehmungen stattfinden. Hier scheint es sinnvoll, diese konzeptuellen Vorannahmen genauer zu untersuchen. Welche Qualitäten haben diese Konzepte? Wie sind sie entstanden: durch die Erziehung, durch Erfahrungen, durch Lernen, durch die Gesellschaft, durch die jeweilige Kultur usw.?

In der Regel erlebt der Mensch zum Beispiel die Erfahrung und das Konzept »Raum« als etwas Trennendes, Raum separiert. Ein anderes oder neues Konzept könnte sein: »Raum verbindet«. Würde ein solches Konzept, eine solche Vorannahme, die Grundlage von Wahrnehmungen und Kontakt bilden, würde der Mensch direkt andere Erfahrungen machen; die Basis wäre dann nicht: Kontakt muss (mühsam) hergestellt werden, sondern: Kontakt ist schon vorhanden und was machen wir jetzt damit?

Man kann diese mentalen Haltungen auch Welt-Sichten nennen, von denen sich der Mensch sehr viele angeeignet hat. Genauer betrachtet hat der Mensch Welt-Sichten, Selbst-Sichten und Körper-Sichten. Diese Konzepte, die einer jeden Wahrnehmung vorausgehen, können sicher verglichen werden mit der Herstellung eines jeweiligen Tunnels, als einer erlebten Beschränkung.

Sowohl die konzeptuellen Vorannahmen und Weltbilder als auch die Frage nach dem trennenden oder verbindenden Raum stehen immer wieder im Zentrum der Lehre von Richard Baker Roshi. Eines seiner Anliegen ist es, östliche und westliche Sichtweisen von Welt immer wieder in einen fruchtbaren Dialog miteinander zu bringen. Für einen in und mit der westlichen Kultur aufgewachsenen Praktizierenden ist es aus seiner Sicht sehr wichtig, die Grundlagen wirklich gut zu kennen. Angestrebte Veränderungen können nur auf einer solchen Selbst-Erkenntnis stabil etabliert werden.

Pointiert könnte man fragen: »Wo komme ich her?« und »Wo möchte ich hin?«. Können diese geistigen Vorannahmen verändert oder vielleicht sogar aufgehoben werden? Wenn diese geistigen Haltungen studiert werden und möglicherweise aufgelöst werden können, oder zumindest ihr Einfluss verringert werden könnte, wäre es dann möglich, der Welt, der Wirklichkeit »näher« zu kommen?

Kann der Aussage, dass der Mensch die Wirklichkeit nie direkt wahrnehmen kann, über die Praxis des Selbststudiums im Sinne der Meditation und der Praxis der Achtsamkeit, etwas entgegengestellt werden?

Ist es durch eine Praxis des Loslassens aller Konzepte möglich, eine Situation zu schaffen, in der nicht mehr der Mensch in die Welt hinaustritt und sie definiert, sondern er so weit zurücktritt, dass sich die Welt selbst definieren kann?

Ist es möglich, mit Hilfe der buddhistischen Achtsamkeitspraxis und der stillen Sitzmeditation das Konzept des Tunnels, des Ego-

Tunnels aufzulösen und in den direkten Kontakt mit der Welt zu treten?

Aus buddhistischer Sicht von Praxis, aber auch aus der Sicht der Achtsamkeitsmeditation, können diese Fragen mit Ja beantwortet werden.

Die Prozesse der acht Vijñānas und der fünf Skandhas ermöglichen als Praxisprozesse tiefe Erkenntnisse über die Herstellung der jeweiligen Wirklichkeit. Diese Prozesse zu kennen, sie durchschauen zu können und sie dann gar nicht erst entstehen zu lassen, macht es möglich, »der Wirklichkeit« zumindest näher zu kommen. Die Wahrnehmung und Erfahrung von Welt findet immer im Inneren statt. Der Mensch erlebt alles immer im »Inneren seines Körpers und im Inneren seines Geistes. So betrachtet ist jede Erfahrung schon immer ganz nah.

Ziel der in diesem Buch vorgestellten Meditation und Achtsamkeitspraxis ist es zum einen, den Geist so zu schulen, dass er schweigen kann. Dies meint, dass er im ersten Kontakt mit dem jeweiligen Objekt verweilen kann, es also nicht zu einer wie auch immer gearteten Bewusstwerdung kommt, es also nicht zu einem sprachlichen Verständnis der Wahrnehmung kommt. Dies wurde mit dem japanischen Ausdruck »Hishiriō« bezeichnet: wahrnehmen, ohne zu denken. Zum anderen gilt es den Geist so zu schulen, dass er nicht mehr reagiert. Dies meint, dass ein wahrgenommenes Objekt im Geist gar keine Reaktionen (mehr) auslöst. Der Geist praktiziert dann reines Wahrnehmen oder reines Beobachten.

Genau dies ist das Ziel der in diesem Buch vorgestellten Achtsamkeitspraxis: reine Wahrnehmung, ohne etwas hinzuzufügen, ohne etwas wegzunehmen und ohne zu bewerten. Genau das ist mit Satipatthāna gemeint. Eine solche Praxis ermöglicht es, einen Kontakt neu zu beginnen: offene Weite, die Vergangenheit ist beendet, das Neue hat noch nicht begonnen, ein Moment, in dem mentale Konzepte und Vorannahmen noch nicht entstanden sind. Dies ist ein Geist *vor* einem Selbstmodell, *vor* einem Weltmodell und *vor* einem Modell, das Metzinger als einen Tunnel »in die Wirklichkeit« bezeichnet.

*Der Versuch, Wirklichkeit annähernd zu beschreiben, muss scheitern, wenn versucht wird, sie ausschließlich über das Bewusstsein zu definieren.* Verstehen und Erklären kommen hier sehr schnell an ihre

Grenzen. Einen Geisteszustand zu etablieren, der in diesem Moment der offenen Weite, des Nicht-mehr und des Noch-nicht verweilen kann, sieht und erlebt Wirklichkeit sehr viel direkter. Ein solcher Geist begegnet der andauernden Bewegung und Aktivität mit Nicht-Bewegung, ist dabei wach und nur aufnehmend: *Die Welt kann sich, ohne definiert zu werden, selbst vorstellen und in Erscheinung treten.*

»Den Buddha-Weg ergründen heißt sich selbst ergründen.
Sich selbst ergründen heißt sich selbst vergessen.
Sich selbst vergessen heißt eins mit den zehntausend Dingen sein.
Eins mit den zehntausend Dingen sein heißt Körper und Geist von uns selbst und Körper und Geist der Welt [...] fallen zu lassen.
Die Spuren des Erwachens ruhen im Verborgenen, und die im Verborgenen ruhenden Spuren des Erwachens entfalten sich über einen langen Zeitraum.« (Dogen, 2001, Bd. 1, S. 58)

# Achtsamkeit – Über den Geist: Die traditionelle Sicht

> »Die Wahrnehmung ist ein Vorgang schöpferischer Imagination, der die Bilder der vermeintlichen äußeren Objekte schafft.«
>
> (Lexikon d. ö. W., 1986, S. 457)

Dieser Satz fasst stichwortartig zusammen, um was es in diesem Kapitel geht, ist aber auch eine gute Zusammenfassung dessen, was im vorherigen Kapitel dargestellt wurde. Die menschliche Wahrnehmung lässt die sogenannten Objekte der äußeren Welt im Geist erscheinen. Diese Erscheinungen sind so stark vom Wahrnehmenden beeinflusst, dass ohne Übertreibung von einem schöpferischen Akt gesprochen werden kann. Thomas Metzinger beschreibt dies als eine Simulation der Wirklichkeit.

Dass die Wirklichkeit jeweils hergestellt ist, wird auch aus buddhistischer Sicht gesehen, und auch das phänomenale Selbstmodell (PSM) kommt einer buddhistischen Beschreibung sehr nahe. Die Herstellung einer solchen Wirklichkeit wird im Buddhismus als eine *relative Wirklichkeit* bezeichnet.

Wie kann das selbst erzeugte menschliche Leiden beendet werden? Dies ist die Frage, die dieses Buch wie ein unsichtbarer roter Faden durchzieht. Dies war auch die Ausgangsfrage des historischen Buddha und ist immer noch von höchster Aktualität. Die Antwort: Wie sieht die Welt aus der Perspektive einer *fundamentalen Wirklichkeit* aus? Oder anders formuliert: Wie sieht die Welt aus, wenn sie *gleichzeitig* auch in ihrer Vergänglichkeit/Leerheit gesehen und erlebt werden kann?

Bei allem, was der Mensch tut, ist der Geist immer dabei. Diese Aussage kann als eine der grundlegenden buddhistischen Aussagen betrachtet werden. Allerdings wird diese Realität in der Regel als gegeben betrachtet, mit anderen Worten: Dass der Geist immer dabei ist, wird nicht weiter hinterfragt. Der Geist und seine Funktionen müssen aber gerade dann berücksichtigt werden, wenn es darum geht, den Ursachen des menschlichen Leidens auf die Spur zu kommen.

In den bisherigen Ausführungen standen die Achtsamkeit auf den Körper und die Achtsamkeit auf die Gefühle im Mittelpunkt, nun steht der Geist im Zentrum der Untersuchungen. Wie kann der menschliche Geist durch den Geist untersucht werden? Dies ist kein leichtes Unterfangen, bildlich gesprochen wäre es so, als ob das Auge sich selbst untersuchen wollte, ohne einen Spiegel zu benutzten.

Die Psychologie als empirische Wissenschaft untersucht menschliches Erleben und Verhalten, die Soziologie erforscht als eine Wissenschaft das soziale Verhalten im Zusammenleben von Menschen. Wie könnte eine Wissenschaft bezeichnet werden, die den Stellenwert des Geistes und seine Funktionen in diesen und anderen Wissenschaftsfeldern untersucht? Man könnte sie vielleicht »Geistologie« nennen. Eine solche Bezeichnung wäre passend, gerade hinsichtlich dessen, was eine Achtsamkeitspraxis zu leisten vermag.

Die Achtsamkeitspraxis hat immer zwei Perspektiven im Blick: zum einen die Fähigkeit, immer wieder die Position eines Beobachters einzunehmen. Durch dieses Zurücktreten wird es möglich, die ablaufenden Prozesse zu beobachten und gleichzeitig eine Identifikation mit ihnen zu vermeiden. Zum anderen betont die Achtsamkeitspraxis die Fähigkeit, eine Innenperspektive einzunehmen. Es ist die Erfahrung, dass alles immer innen geschieht als *direkte* Erfahrung. Dieser subjektive Erlebnisgehalt mentaler Zustände wird als *Qualia* bezeichnet. Es geht dabei immer wieder um die Frage: Was geschieht jetzt gerade in diesem Augenblick? Sowohl die Perspektive von außen als die von innen werden immer als gleichzeitig erlebt.

Die Grundlagen der Achtsamkeitspraxis basieren auf drei buddhistischen Schulen. Sie bilden die theoretischen Grundlagen für ein Verständnis des menschlichen Geistes. Nach einer Kurzvorstellung aller drei Schulen werden Yogāchāra und Mādhyamika ausführlicher betrachtet.

1. *Yogāchāra:* Eine im 4. Jahrhundert gegründete Schule des Mahāyāna-Buddhismus. Gegründet von Maitreyanatha, Asanga und Vasubandhu (Bruder und Schüler von Asanga). Die Blütezeit die-

ser Schule war im 6. Jahrhundert. Ihre zentrale Lehre besagt, dass die Grundlage aller wahrnehmbaren Phänomene der menschliche Geist ist. Alle Phänomene sind daher substanzlos und werden als rein geistige Projektionen betrachtet.

2. *Mādhyamika:* Eine im 2. Jahrhundert vom indischen Philosophen Nāgārjuna (siehe auch den Abschnitt »Das Gehen«, S. 129 ff.) gegründete Richtung des Buddhismus, die auch als »Mittlerer Weg« bekannt ist. Die hier entstandene Lehre über die Leerheit besagt, dass alle Phänomene immer nur aus verursachenden, also vielen Dingen zusammengesetzt sind. Diese vielen Dinge selbst sind ebenfalls aus vielen Bedingungen entstanden. Somit kann keinem Phänomen ein fester Kern oder ein eigenständiges Sein zugebilligt werden. Alle Phänomene sind somit ohne eine Eigennatur, sie sind leer. Diese allen Phänomenen zugrunde liegende Leerheit kann beschrieben werden als weder Sein noch Nicht-Sein. Jede Aussage über die Wirklichkeit ist somit immer nur vorläufig.
3. *Hua-Yen:* Eine im 7. Jahrhundert gegründete buddhistische Schule, eng verknüpft mit dem Avatamsaka-Sutra (Blumengirlandensutra). Die Grundlage ihrer Lehre ist »Indras Netz«, in dem das Universum selbst als ein Netz dargestellt wird (vorgestellt im Abschnitt »Der Körper ist das Universum« , S. 139 ff.; siehe auch: »Das Juwelennetz von Indra«, S. 236 ff.). Dabei steht die Abhängigkeit aller Dinge voneinander im Mittelpunkt, beschreibbar auch als universelle Ursächlichkeit.

Im Zentrum des Avatamsakra-Sutra stehen die Aussagen, dass jedes Phänomen alle anderen Phänomene beeinflusst, dass jedes Phänomen alle anderen ungehindert durchdringt und somit eine gegenseitige Abhängigkeit entsteht. Im Zusammenhang mit der Untersuchung des menschlichen Geistes wird in dem Sutra die Aussage gemacht, »dass der menschliche Geist das Universum selbst und identisch mit dem Buddha ist – ja, dass Buddha, Geist und alle Lebewesen und Dinge ein und dasselbe sind« (Lexikon d. ö. W., 1986, S. 55; siehe hierzu auch Weischede, 2006, S. 151 f.).

## Yogāchāra

Die zentrale Aussage der Yogāchāra-Schule ist die, dass alles, was wahrgenommen wird, Geist ist. Demnach bestehen die Dinge nur aus Vorgängen der Erkenntnis, Dinge sind Erkenntnisvorgänge und keine Objekte. Sie erscheinen im Geist, sind demnach hergestellt und haben außerhalb dieser Erkenntnisvorgänge keinerlei Wirklichkeit oder Realität. Die sogenannte Außenwelt ist reiner Geist, was bedeutet, dass ohne den menschlichen Geist eine Welt nicht wahrgenommen werden kann.[33]

Aber auch das Subjekt dieser Erfahrungen, das Ich-Selbst, unterliegt den gleichen Bedingungen; es ist ebenfalls ein Erkenntnisvorgang, der außerhalb des subjektiv Erlebten keinerlei Festigkeit oder Dauerhaftigkeit besitzt. Im Rahmen dieser erfahrenen Subjektivität wird ein Ich vorgetäuscht, »wo im Grunde nur psychische Phänomene existieren, also nur die ›Erfahrung‹ selbst und kein Subjekt als ›Erfahrender‹« (Lexikon d. ö. W., 1986, S. 458).

Die Wahrnehmung als schöpferische Imagination findet im menschlichen Geist statt und wird Erscheinung genannt. In einem weiteren und entscheidenden Schritt werden dann diese geistigen Erscheinungen in die Außenwelt projiziert und ihnen so eine scheinbare Festigkeit und ein Objektcharakter zugebilligt. Die im Geist hergestellten Objekte treten dem Subjekt durch die Projektion in das Außen so als Wirklichkeit gegenüber. Sie erhalten somit fast etwas wie einen Fetischcharakter: Obwohl die Objekte jeweils hergestellte sind, wird ihnen, gegen besseres Wissen, eine Substanzialität, fast wie ein Zauber, zugebilligt, es werden ihnen Eigenschaften oder Kräfte zugeschrieben, die sie in Wahrheit nicht haben.

Die jeweils aktuelle Wahrnehmung ist aber nicht nur geprägt durch die Impulse über die Sinnesorgane aus der Außenwelt, sondern gleichzeitig auch durch die Impulse aus dem Speicherbewusstsein (über das Alaja-Vijñāna siehe den Abschnitt »Der Augenblick in den Vijñānas«, S. 81 ff.). Das Speicherbewusstsein kann als Erinnerungs- und Erfahrungsbewusstsein bezeichnet werden. Diese

33 Was dies für die Tiere und Pflanzen in Bezug auf Geist und Bewusstsein bedeutet, kann in diesem Rahmen nicht näher ausgeführt werden.

Erinnerungen und Erfahrungen werden in die hier beschriebenen Erkenntnisvorgänge mit eingewebt und beeinflussen somit zusätzlich den Vorgang der Erscheinung eines Objekts im Geist. So entsteht der jetzige Augenblick aus einem sehr komplexen Gesamtgefüge heraus.

Zusammenfassend kann über den menschlichen Geist aus der Sicht des Yogāchāra gesagt werden, dass das vom Geist Erkennbare, die Phänomene, von vierfacher Natur sind:

1. Die Phänomene sind vorgestellt. Sie sind Erscheinungen und vom Geist jeweils hergestellt.
2. Die vom Geist erschaffenen Phänomene werden in die Außenwelt projiziert und erhalten so eine scheinbare Substanzialität.
3. Die Phänomene sind in Abhängigkeit zu anderen Phänomenen entstanden und somit selbst als aus vielen Phänomenen zusammengesetzt zu betrachten.
4. Die Phänomene, als entstandene, zusammengesetzte und in Veränderung befindliche, haben keinen festen Kern, Unveränderliches ist in ihnen nicht zu finden. Sie sind somit leer. Ihr Sosein ist die Leerheit (siehe hierzu auch: Lexikon d. ö. W., 1986, S. 458).

ÜBUNG

Ich weiß, dass sich alles verändert.
Ich erlebe die Dinge und Phänomene als dauerhaft.
Gleichzeit erlebe ich, dass sie sich ständig verändern.
Keines der Dinge und Phänomene hat einen festen Kern, in Wirklichkeit sind sie leer. Dies ist eine fundamentale Erkenntnis.
Alles verändert sich, alles steht immer in Beziehung zu allem. Veränderung findet immer in Beziehungen statt. Alles verändert sich immer in Bezug zu der übrigen Welt.
Bei genauerem Wahrnehmen kann ich dies immerzu feststellen.
Diese Veränderungen vollziehen sich durch wechselseitiges und abhängiges Entstehen. Dinge verursachen sich also gegenseitig in ihrer Veränderung.
Dinge treten in Erscheinung, für einen kurzen oder auch längeren Augenblick.
Dann verändern sie sich, lösen sich auf, entstehen neu.
Auch dies kann ich immerzu feststellen.

An all diesen fortwährend ablaufenden Prozessen ist immer die ganze Welt beteiligt, sie ist mitherstellend. Gleichzeitig ist die ganze Welt Veränderung.
Ich erlebe und lebe die scheinbare Dauer, das Relative und die gleichzeitige Veränderung, das Fundamentale der Dinge gleichzeitig.

## Mādhyamika – Über die Leerheit

Diese Leerheit hat eine weitere Schule des Buddhismus zu ihrem zentralen Anliegen gemacht, die Schule des Mādhyamika (Sanskrit: Mittlerer Weg), ebenfalls eine Schule des Mahāyāna-Buddhismus.

*Leerheit*
Alles verändert sich

↓

Zwei Wahrheiten

| ↓ | | ↓ |
|---|---|---|
| Alles ist wirklich leer | – gleichzeitig –<br>*Mittlerer Weg* | Scheinbar sind die Dinge von Dauer |
| Absolute Wahrheit<br>Fundamental | | Scheinbare Wahrheit<br>Relativ |

Alles Verändert sich
(in Beziehung zu allem anderen)

↓

Dies führt zu:
Wechselseitig abhängigem Entstehen
Gegenseitiger Verursachung
Erscheinen und Vergehen

**Abbildung 11:** Die Leerheit

Die Abbildung 11 beginnt mit der Aussage: Alles verändert sich. Genauer müsste es heißen: Alles *ist* Veränderung. Oder noch genauer: Alles ist, wenn es immer in Veränderung ist, *Aktivität.* Aktivität aber ist Bewegung. Kein Phänomen hat somit einen festen, unveränderlichen Kern. Sein Sosein oder seine Soheit ist die Leerheit.

Diese Aktivitäten werden nun unter zwei Gesichtspunkten betrachtet: zum einem aus der Sicht des scheinbar Überzeugenden: Ein Ding oder ein Phänomen ist das, was es ist. Es wird so genommen, wie es erscheint. Aus einer solchen Sichtweise heraus sind die Dinge (scheinbar) von Dauer. Diese Wahrnehmung bezeichnet Nāgārjuna, der Begründer dieser Schule, als relative oder vorläufige Wahrheit. Bei genauerer Untersuchung jedoch stellen sich alle Phänomene als letztendlich leer heraus. Dies wird von Nāgārjuna als die absolute oder fundamentale Wahrheit beschrieben.

Das buddhistische Konzept von Leerheit ist so zentral, dass es im Folgenden noch einmal aus verschiedenen Blickwinkeln betrachtet wird. Zunächst noch einmal Nāgārjunas zwei Wahrheiten:

Die *erste Wahrheit* ist die Erkenntnis, dass sich alles immer ändert, alles ist Bewegung. Hierzu ein Beispiel aus einem Koan:

»Ruiyan fragte Yantou: ›Was ist das grundlegende beständige Prinzip?‹
Yantou sagte: ›Bewegung.‹
Ruiyan sagte: ›Wenn da Bewegung ist, was dann?‹
Yantou sagte: ›Du siehst das grundlegende, beständige Prinzip nicht.‹«
(BOS, 1990, S. 316, eigenen Übersetzung)

Es ist schon erstaunlich, dass der Schüler eines Meisters nach dem grundlegenden, beständigen Prinzip von *allem,* auch dem Universum, fragt. Seine Frage zeugt von intensiver Beschäftigung mit dieser grundlegenden Frage. Die Antwort des Meisters ist überzeugend und entlarvend zugleich: »Bewegung, Aktivität ist immer eine Erfahrung, die jederzeit gemacht wird.« Gleichzeitig impliziert die Antwort auch die Frage an den Schüler: »Wie gehst du denn damit um? Welche Konsequenzen ziehst du denn aus dieser Erkenntnis? Kannst du dich frei wie eine Kugel, ohne Ecken und Kanten, bewegen? Kannst du freie Bewegung sein?«

Auf die weitere Frage des Schülers nach der Bewegung selbst antwortet der Meister mit dem Hinweis, dass in der Bewegung selbst das grundlegende Prinzip verfehlt wird. Mit anderen Worten: Bewegung in der Bewegung zu studieren ist sehr schwierig. Eine etwas ausführlichere Antwort des Meisters an den Schüler könnte lauten: »Wenn du die Bewegung bist, bist du sie ganz. Wenn du sie wahrnimmst, hast du dich herausgenommen aus der Bewegung und eine Beobachterposition eingenommen.«

Daher ist es nötig, immer wieder diesen stillen Ort der Nicht-Bewegung aufzusuchen, von dem aus es sehr viel leichter ist, die kontinuierliche Bewegung zu studieren.

Nāgārjuna entwickelte auf der Grundlage immerwährender Bewegung die Konzepte von

- *Nicht-Inhärent:* Kein Phänomen hat eine innewohnende, feste unveränderliche Komponente.
- *Nicht-Dauer:* Kein Phänomen ist von ewiger Dauer.
- *Nicht-Beständigkeit:* Alle Phänomene sind unbeständig, sie sind Veränderung.

Diese Aussagen treffen auf alle Phänomene zu.

Die *zweite Wahrheit* von Nāgārjuna ist die Erkenntnis, dass *kein* Phänomen allein aus sich heraus *ent*stehen und allein für sich *be*stehen kann. Alles entsteht immer in gegenseitiger Abhängigkeit, in gegenseitiger Unterstützung, gegenseitiger Herstellung und gegenseitiger Durchdringung. So kann an dieser Stelle von wechselseitiger Ursächlichkeit gesprochen werden.

Diese Tatsache, dass keinem Phänomen eine dauerhafte Natur zugebilligt oder zugesprochen werden kann, bezeichnet Nāgārjuna als »Leere« oder »Leerheit«:

- Leerheit ist die Dynamik der Veränderung.
- Leerheit beschreibt die Tatsache, dass es keine festen, unveränderlichen Bezugspunkte gibt.
- Alles ist immer nur vorläufig. Alle Dinge und Phänomene sind immer viele Einzelprozesse, in Abhängigkeit entstanden und in kontinuierlicher Veränderung begriffen. Ihre als fest erscheinende Entität ist nichts weiter als ihre jeweilige kurzfristige Erscheinung.

- Die *scheinbare, relative Wahrheit* beschreibt die Dinge und Phänomene als existierend, beständig, vorhersehbar und von Dauer.
- Die *fundamentale Wahrheit* besagt, dass die Welt ohne Referenzpunkte ist.

Alle Aussagen über die Wirklichkeit sind somit immer nur vorläufiger Natur.

Ein in buddhistischen Kreisen sehr bekannter Text ist das *Herz-Sutra.* Avalokiteśvara als ihr Protagonist erklärt hier, was sie bei der Meditation auf dem Sitzkissen erfahren und erlebt hat. Dieser Text kann als eine Zusammenfassung der buddhistischen Lehre, aber auch als Praxisanleitung in die direkte Erfahrung der Leerheit angesehen werden.[34]

Die zentralen Aussagen von Nāgārjuna können so zusammengefasst werden: Die Dinge der phänomenalen Welt besitzen keine Wesenhaftigkeit, sie sind leer (Wesen als etwas Ewiges, Unveränderliches und unabhängig von allem anderen Existierenden). Diese Leerheit bedeutet jedoch nicht, dass Dinge und Phänomene nicht existieren. Sie existieren in der Erscheinungswelt als entstehend und vergehend. Der Welt der Phänomene kommt also auf konventioneller Ebene eine gewisse Wahrheit zu, aber keine endgültige Wahrheit. Eine Aussage, ob die Dinge sind oder nicht sind, kann auf der Grundlage ihrer Leerheit somit nicht getroffen werden.

Die Wahrheit liegt in der Mitte, oft als der Mittlere Weg bezeichnet. Es ist dies eine lebbare Balance zwischen dem Relativen, der Alltagswelt, in der die Phänomene als dauerhaft erscheinen, und dem Fundamentalen, in dem die Phänomene als leer erlebt werden. *Beide Ebenen existieren immer gleichzeitig.*

---

34 Einen ausführlichen Kommentar zum Herz-Sutra findet sich im Kapitel »Kleine Schriften über den Geist: Die Bewegung des Geistes – Die Stille des Geistes«, S. 241 ff.; siehe auch Weischede, 2006, S. 168 f.

## Reines Beobachten und Wissensklarheit

Im Rahmen der Achtsamkeitspraxis ist immer wieder auf die Wichtigkeit einer klaren Beobachtung hingewiesen worden. Dabei ist das Einnehmen der Position eines klaren Beobachtens auf dem Sitzkissen von entscheidender Bedeutung. Die so entstehenden Fähigkeiten des reinen Beobachtens und der Wissensklarheit werden traditionell als die Grundlagen für ein genaues Studieren, hier des menschlichen Geistes, betrachtet (siehe hierzu auch den Abschnitt »Die Beobachterposition: Reines Beobachten«, S. 111 ff.).

Nyanaponika hat mit seinem Buch »Geistestraining durch Achtsamkeit« (1979) ein Grundlagenwerk zur Achtsamkeitspraxis geschrieben, auf das im Folgenden noch einmal Bezug genommen wird. Er war Mönch in der buddhistischen Theravada-Tradition und lebte von 1936 bis 1957 zusammen mit seinem Lehrer Nyānatiloka auf Sri Lanka, wo er 1994 starb.

Nach Nyanaponika ist reines Beobachten »das klare, unabgelenkte Beobachten dessen, was im Augenblick der jeweils gegenwärtigen Erfahrung (einer äußeren oder inneren) wirklich vor sich geht. Es ist die unmittelbare Anschauung der eigenen körperlichen und geistigen Daseinsvorgänge« (Nyanaponika, 1979, S. 26). Es kann beschrieben werden als Beobachtung ohne Bewertungen oder Reaktionen – der Geist ist rein aufnehmend. In Bezug auf die im Kapitel »Über das menschliche Leiden, Krankheit und Gesundheit« vorgestellten fünf Skandhas (S. 54 ff.), kann hier vom Innehalten im ersten Skandha gesprochen werden, es ist »die Gewinnung eines reinen Objekts ohne Beimischungen und ohne Ich-Bezogenheit« (S. 30). Für die Praxis der Achtsamkeitspraxis ist dies eine der entscheidenden Fähigkeiten.

> »Die Buddha-Botschaft als Lehre vom menschlichen Geist lehrt ein Dreifaches:
> - den Geist zu *erkennen,* ihn, der so nah ist und doch so unbekannt;
> - den Geist zu *formen,* ihn, der so widersetzlich ist und doch so willfährig;
> - den Geist zu *befreien,* ihn, der so vielfach gefesselt ist und doch auch frei sein kann: hier und jetzt.« (Nyanaponika, 1979, S. 16)

Nyanaponika misst dem reinen Beobachten also einen dreifachen Wert zu:

### *1. Erkenntnis des Geistes*

Das reine Beobachten unterbricht im ersten Kontakt mit einem Wahrnehmungsobjekt mögliche sofortige Reaktionen, »indem es den Übergang vom rein aufnehmenden Beobachten zur aktiven Stellungnahme verlangsamt oder hintanhält und damit dem betrachtenden Blick der Erkenntnis die Möglichkeit genauer Untersuchung gibt« (Nyanaponika, 1979, S. 31). Hier beginnt ein Prozess, in dem der Geist beginnt, sich rein empfangend zu verhalten: »Das Reine Beobachten lässt die Dinge zunächst selber sprechen; es erlaubt ihnen, sich gleichsam *aus*zusprechen. Es lässt sie ausreden, ohne sie durch ein voreiliges abschließendes Urteil zu unterbrechen, wenn sie noch so viel zu sagen haben« (S. 32).

Die ist ein wichtiger Aspekt in der Achtsamkeitspraxis: Es ist das Stehen-Bleiben, das Inne-Halten, das Pausieren, das es ermöglicht, dass die Welt sich zeigen, die Welt auf den Bobachter zutreten und sich offenbaren kann. Der Beobachter tritt für einen Augenblick nicht mehr in die Welt hinein und versucht sie zu erklären, er bleibt stehen und lässt die Welt sich selbst erklären. Die Grundlage hierfür ist der stille Geist.

In einem nächsten Schritt nun werden im reinen Beobachten die Vergänglichkeit, der unaufhörliche Wandel wahrgenommen und direkt erlebt. Die Welt ist durch und durch dynamischer Natur, in der »statische Begriffe nur praktisch orientierende oder wissenschaftlich und philosophisch ordnende Bedeutung haben können« (S. 34).

Es gibt also zum einen die Natur der Veränderlichkeit als Erkenntnis des Geistes. Zum anderen aber auch die Erkenntnis, dass der Geist selbst ebenso dieser Veränderlichkeit unterliegt. Der Geist selbst ist »nichts anderes [...] als seine erkennende Funktion und dass sich dahinter keinerlei beharrende individuelle oder Seelensubstanz birgt« (S. 34 f.). Laut Nyanaponika kann dies als die direkte Erfahrung der Nicht-Ich-Lehre bezeichnet werden.

*2. Formung des Geistes*

Grundlage ist das Innehalten, denn das »Reine Beobachten verlangsamt oder hemmt den Übergang von der rezeptiven zur aktiven Geisteshaltung und gibt so der Entscheidung eine längere Frist« (Nyanaponika, 1979, S. 36). Eine solche Verlangsamung ermöglicht eine Formbarkeit des Geistes in Richtung auf die Frage, ob eine Aktivität oder Stellungnahme überhaupt nötig oder ratsam ist. Ein solches Pausieren ermöglicht zunehmend mehr und mehr ein bewusstes Leben in der Gegenwart. So wird es eher möglich, die Zukunft auf sich zukommen zu lassen, sie zur Gegenwart werden zu lassen und sie dann, ohne anzuhaften, in die Vergangenheit entlassen zu können. Reines Beobachten verweist somit immer wieder auf die Gegenwart und gibt den sogenannten Tagträumen, die den Praktizierenden oder die Praktizierende immer wieder wegziehen aus der Gegenwart in die Zukunft oder in die Vergangenheit, zunehmend weniger Raum. Durch das Innehalten und das Verweilen in der Gegenwart wird eine Art »selbsttätig ordnende Funktion des Reinen Beobachtens« auf den Weg gebracht, die einen formenden Einfluss auf den Geist hat (S. 36 ff.).

*3. Befreiung des Geistes*

Das reine Beobachten macht es auf Dauer möglich, vom Greifen und Eingreifen zu lassen und somit eine Position einzunehmen, die in der buddhistischen Praxis als Klarblick definiert wird. Es ist eine geistige Position, die aus einem Abstand des Nicht-Reagierens heraus erkennt, dass das menschliche Dasein gekennzeichnet ist von der Vergänglichkeit, der Leidhaftigkeit und der Substanzlosigkeit. Darüber hinaus wird es durch den Klarblick möglich, die Dinge der sogenannten Innenwelt und Außenwelt als reine Vorgänge, sprich als unpersönliche Prozesse, wahrzunehmen. Auch hierdurch entsteht ein Abstand, der ein Beiseitetreten oder sogar ein Hinaustreten aus der durch Leiden geprägten Welt ermöglicht (Nyanaponika, 1979, S. 40 f.).

Zusammenfassend kann dies als Wissensklarheit beschrieben werden. Diese Klarheit hat im Rahmen der Achtsamkeit ganz praktische Konsequenzen. Grundlegend in diesem Rahmen ist natürlich eine Wissensklarheit in der Praxis der Meditation. Es ist dies »das Nicht-Verlieren des Meditationsobjekts« im Alltag, es ist das »Gegenwärtighalten der Achtsamkeit« (S. 46).

Dies ist eine für die gesamte Achtsamkeitspraxis entscheidende Aussage: Das Meditationsobjekt, zum Beispiel der Atem, sollte so oft wie möglich im Fokus der Aufmerksamkeit stehen. Das Objekt wird gegenwärtig gehalten und der Geist so immer wieder fokussiert und konzentriert und zur Wissensklarheit geführt. Ein Abschweifen in Tagträume geschieht immer weniger. Der die Achtsamkeit Praktizierende ist sich mehr und mehr bewusst, wo er sich in *jedem* Augenblick mit seiner Aufmerksamkeit befindet. Dieser Prozess, der gerade im Alltag immer wieder aufrechterhalten werden sollte, nimmt eine zentralen Stellung in der Achtsamkeitspraxis ein.

Handlungen können nun auf einer solchen Grundlage unter folgenden Gesichtspunkten betrachtet werden:

- Eine geplante Handlung sollte zweckmäßig sein. Sie sollte geeignet sein, dem Ort und der Zeit angepasst, und es sollten die rechten Mittel verwendet werden.
- Die erlangte Klarheit ermöglicht es, Handlungen, Gedanken und Gefühle als unpersönlich zu erkennen und zu bewerten. Diese Sichtweise verhindert Verstrickungen in Erfolg, Anerkennung, Identifikation usw. So kann einem immer wieder neu vollzogenen Sich-Binden entgegengewirkt werden.
- Die Wissensklarheit über die Zweckmäßigkeit, die Eignung, das Gegenwärtighalten und das Erkennen einer Bindungstendenz im jeweiligen Handeln ermöglichten es so, eine innere Freiheit des Handelns zu wahren.

*Reines Beobachten* ist die Freiheit des Lassens, ist die Freiheit des Nicht-Handelns. *Wissensklarheit* ermöglicht auf dieser Basis ein Handeln, das als ein geeignetes erkannt worden ist. Es ist gegründet auf der Erkenntnis eines unbeständigen, Selbst-losen Ich, das grundlegend als bindungslos erfahren wird. Eine solche Grundlage ermöglicht Freiheiten im Handeln (Nyanaponika, 1979, S. 49 ff.). *Wissensklarheit wird somit zu einer aktiv formenden Kraft.*

ÜBUNG

Suchen Sie einen stillen, ruhigen Ort auf.
Fragen Sie sich, mit welchen Aktivitäten Ihr Geist gerade beschäftigt ist. Beobachten Sie diese Aktivitäten.

Richten Sie Ihre Aufmerksamkeit weg von Ihrem Geist hin zu Ihrem Atem. Nehmen Sie Ihren Einatem und Ihren Ausatem wahr. Verweilen Sie in der Pause nach der Ausatmung, bis der Einatem-Impuls einen neuen Zyklus beginnt.
Der Geist wird immer wieder versuchen, Ihre Aufmerksamkeit zu erheischen.
Widerstehen Sie diesen Angeboten und verweilen Sie immer wieder bei Ihrem Atem.
Achtsamkeitspraxis bedeutet, dass Sie auch im Alltag immer wieder den Atem in den Fokus Ihrer Aufmerksamkeit stellen, 24 Stunden am Tag.
Sie halten den Atem als Aufmerksamkeitsobjekt gegenwärtig. Machen Sie dies so oft, wie es Ihnen möglich ist.
Im Laufe der Zeit wird Ihnen dies immer besser gelingen.
Ihr Geist wird zunehmend ruhiger und klarer.

## Über den Geist

Ein grundlegender buddhistischer Zugang zur Beschreibung der Welt ist es nicht, die Welt zu definieren, sondern die Welt in ihren jeweiligen *Funktionen* zu untersuchen und zu studieren. Eine solche Vorgehensweise schafft somit eine gewisse Nähe zum jeweiligen Untersuchungsobjekt, ermöglicht ein genaueres Hinschauen und Beobachten, aber auch ein Ausprobieren.

Am Beispiel des menschlichen Atems ist dies deutlich geworden: Der Atem wird nicht verallgemeinert beschrieben, sondern als direkt erlebte Aktivität von Bewegung. Der Atem bewegt den Menschen auf sehr vielen Ebenen. Die gleiche Vorgehensweise kann bei der Untersuchung des menschlichen Geistes angewendet werden. Es geht also auch hier nicht um eine Definition, sondern in erster Linie um beobachtbare und erlebbare Funktionen des Geistes. Im Folgenden wird der Geist aus verschiedenen funktionalen Blickwinkeln betrachtet, dann wird das Bewusstsein vorgestellt, um dann genauere Aussagen über den Geist machen zu können.

Zunächst einmal sind folgende Funktionen des menschlichen Geistes beschreibbar:

- *Wacher Geist:* Der alltägliche Geist, der Bewusstsein, Wahrnehmen und Lernen, das Erinnern, das Sich-Vorstellen, das Fantasieren, das Denken, das Einschätzen, das Beobachten, das Vorhersehen, das Voraussehen, die Konzentration und vieles mehr möglich macht – all das auf einer Grundlage von Lebendigkeit und Wachheit.
- *Träumender Geist:* Eine besondere Form des Bewusstseins, bei dem die oder der Schlafende im Schlaf etwas »erlebt«. Dabei treten im Schlaf Bilder, Ereignisse und Vorstellungen auf, die oft auch intensive Wunschvorstellungen sein können (Ausführlicheres hierzu in Zwiebel und Weischede, 2015, S. 104 f.).
- *Tiefschlaf:* Nicht-träumender Schlaf, in dem nur wenige geistige Aktivitäten stattfinden.
- *Geist der Meditation:* Ein Geisteszustand, der in der Meditation angestrebt wird. Dieser Geisteszustand schließt sowohl den wachen als auch den tagträumenden Alltagsgeist ein und ist auf dem Sitzkissen in bewegungsloser Versunkenheit direkt erfahrbar.

Wie nun kann der Geist der Meditation näher beschrieben werden? Dies geschieht anhand der folgenden Aspekte, die als grundlegende Fähigkeiten der Achtsamkeitspraxis betrachtet werden.
- Der Geist beobachtet das, was in der Meditation passiert. Die Etablierung des Beobachters im Sinne eines nur Beobachtens oder reinen Beobachtens, der in keiner Form in das zu beobachtende Geschehen eingreift, ist ein wichtiger Bestandteil der Achtsamkeitspraxis.
- Die Herstellung von Gewahrsein: Ein Wahrnehmen, das die Gesamtsituation einschließt, aber (noch) nicht ins Bewusstsein aufsteigt. Es ist vorsprachlich und kann eher als körperliche Wahrnehmung aufgefasst werden.
- Langfristig geht es um die Etablierung eines Geistes, der wahrnimmt, ohne zu denken. Um diese Fähigkeit zu etablieren, mag der folgende Dialog hilfreich sein:

*»Einst saß der Große Meister Yakusan Kodo (beim Zazen), als ein Mönch auf ihn zutrat und ihn fragte: ›Was denkt ihr, wenn ihr völlig unbeweglich seid?‹ Der Meister antwortete: ›Ich denke aus dem tiefen Grund*

*des Nicht-Denkens.‹ Der Mönch fragte: ›Wie kann man aus dem tiefen Grund des Nicht-Denkens denken?‹ Der Meister sagte: ›Es ist jenseits des Denkens.‹ Um wirklich zu erfahren, worüber der große Meister hier spricht, müsst ihr das unbewegliche Sitzen selbst erfahren und erforschen«.* (Dōgen, 2001, Bd. 2, S. 119).

Die Antwort des Meisters, dass Nicht-Denken jenseits des Denkens ist, müsste eigentlich lauten: »Es ist vor dem Denken.« Man könnte es als ein Wahrnehmen beschreiben, das noch nicht in das Bewusstsein eingetreten ist, ein Wahrnehmen, das die direkte körperliche Wahrnehmung in den Vordergrund stellt, eine Wahrnehmung, die im Laufe einer längeren Meditationspraxis den Körper als Wahrnehmungsorgan immer sensibler macht. Im Japanischen gibt es hierfür den Ausdruck *Hishiriō:* Wahrnehmen, ohne zu denken. Zum ersten Mal eingeführt wurde dieser Begriff im Kapitel »Über das menschliche Leiden, Krankheit und Gesundheit« (S. 42 ff.). Eingeübt wird diese Fähigkeit durch das unbewegliche, stille Sitzen in der Meditation. Bildlich gesprochen ist es das Sitzen wie ein Berg, bei dem alle geistigen Aktivitäten einfach wie Wolken vorüberziehen dürfen.

Aus der Sicht der Achtsamkeit ist dies ein Geisteszustand, dessen Entwicklung angestrebt wird und der die menschlichen Wahrnehmungsfähigkeiten sehr erweitern kann. Eine solche Aussage erscheint zunächst verwirrend, bei genauerer Betrachtung ist sie jedoch die Basis für entscheidende Fragen: Wie sieht eine Situation, wie sieht die Welt aus der Sicht der Stille aus? Wie sieht die Welt aus der Sicht eines schweigenden Geistes aus? »Begründung, Rationalität und Logik sind sicher die am höchst entwickelten Formen des Bewusstseins, nicht aber die am höchst entwickelten Funktionen des Geistes« (Weischede und Zwiebel, 2009, S. 106). Genau darauf weist Hishiriō hin.

Im Folgenden werden zwei weitere Funktionen des menschlichen Geistes vorgestellt: der Anfänger-Geist und der Herz-Geist.

- *Anfänger-Geist:* Neben den vier Funktionen des menschlichen Geistes hat Shunryu Suzuki den Begriff des Anfänger-Geistes etabliert. In seinem berühmten Buch »Zen-Geist, Anfänger-Geist« schreibt er: »In Japan haben wir den Ausdruck *shoshin,* was Anfängers Geisteshaltung bedeutet. Ziel der Praxis ist es immer, uns den Anfänger-Geist zu erhalten […] Des Anfängers Geist hat viele Möglichkeiten, der des Experten hat nur wenige« (Suzuki, 1990, S. 21 f.). Mit dem Anfänger-Geist wird es möglich, jede Situation immer wieder neu zu erleben.

- *Herz-Geist (Geist und Materie):* Die Frage nach einer möglichen Trennung zwischen Geist und Materie, besser zwischen Geist und Körper, wird im Buddhismus eindeutig verneint. Körper und Geist sind zwei Seiten ein und derselben Medaille. Das japanische Wort *shin* meint sowohl (offener) Geist als auch (offenes) Herz, also Herz-Geist. Geist, Herz und Körper sind eine Einheit, die nur intellektuell beschreibend trennbar ist.[35]

## Über das Bewusstsein

Im Rahmen der Bearbeitung des Themas »Geist« darf das Bewusstsein natürlich nicht fehlen. Über das Bewusstsein ist schon an verschiedenen Stellen geschrieben worden, daher nun eine zusammenfassende Übersicht:

- Ein erster Zugang zur Entwicklung des Bewusstseins wurde mit der Beschreibung der Skandhas deutlich. Die Skandhas als Prozess führen in ihrer Gesamtheit zu Bewusstsein (siehe hierzu das Kapitel »Über das menschliche Leiden, Krankheit und Gesundheit«, S. 54 ff.).
- Die Skandhas selbst können als eigene Bewusstseinsformen verstanden werden, und zwar als ein Formbewusstsein, Gefühlsbewusstsein, Sprachbewusstsein, Reaktionsbewusstsein und als ein Bewusstsein vom Bewusstsein.
- Das Bewusstsein in seinen vier Grundfunktionen kann so zusammengefasst werden:
  - Das Bewusstsein erschafft eine vorhersehbare und eine voraussagbare Welt, hergestellt durch Tagesstrukturierung und kurz- und langfristige Pläne.

35 Wie im Panpsychismus wird die Unterteilung in Geist und Materie *im Erleben* als Dualismus bestritten. Ob aber Geist und Bewusstsein fundamentale Bestandteile des Universums sind und in die Grundstruktur der materiellen Welt integriert sind, ist aus buddhistischer Sicht eher spekulativer Natur.

- Das Bewusstsein macht die Welt durch Wissen erkennbar.
- Das Bewusstsein gibt der Welt eine zeitliche Abfolge.
- Das Bewusstsein versucht den Dingen und der Welt eine Bedeutung zu geben (siehe hierzu die Abschnitte »Bewusstsein«, S. 64 ff. und »Über das Bewusstsein«, S. 167 ff.).

– Die Sinne selbst erzeugen aus der Sicht einer buddhistischen Praxis eigene Bewusstseinsformationen. Dabei entstehen ein Seh-, Hör-, Riech-, Schmeck-, Fühl-, Denk- und das Speicherbewusstsein (siehe hierzu den Abschnitt »Der Augenblick in den Vijñānas«, S. 81 ff.).
– Zu den weiteren Aspekten des Bewusstseins zählt unter anderem das gedankliche Bewusstsein, das Selbstbewusstsein, das Individualitätsbewusstsein, das Zugriffsbewusstsein (als Kontrolle über die Gedanken, die Entscheidungen und die Koordination), aber auch das phänomenale Bewusstsein (als die Aufnahme von Reizen und ihr Erleben, thematisiert im Fachgebiet der Philosophie des Geistes als das Qualia-Problem).
– Das Bewusstsein, so wurde im Kapitel »Achtsamkeit – Über den Geist: Die Wirklichkeit als Simulation« (S. 161 ff.) ausgeführt, ist immer Bewusstsein von etwas. Es ist abhängig von einem im Geist erscheinenden Objekt und ist somit phänomenales Bewusstsein. In diesem Prozess wird ein Weltmodell entwickelt, in dessen Zentrum immer ein Ich-Selbst steht.

Die nun zum Schluss folgenden Ausführungen erlauben aus der Sicht der Achtsamkeitspraxis einen praktischen Zugang zu drei weiteren Ebenen des Bewusstseins. Die hier vorgestellten Ebenen des Bewusstseins entstammen den Belehrungen von Richard Baker Roshi und wurden von ihm im Laufe der Jahre immer weiter verfeinert.

*1. Unmittelbares Bewusstsein*

Ein Bewusstsein, das im unmittelbaren Kontakt mit dem umgebenden Raum steht. Es ist dies das direkte Erfahren dieses Raumes, erlebt und gefühlt. Beispielsweise geht jemand geht durch einen Wald und nimmt einfach nur wahr. Dies geschieht schon im sprachlichen Bereich, also im Bereich der Namensgebung, im dritten Skandha, aber noch *nicht* vermischt mit Reaktionen. Ein solcher Geisteszustand kann als aufnehmender Geist bezeichnet werden.

*2. Sekundäres Bewusstsein*

Hier wird etwas wahrgenommen und sprachlich benannt, dieses Erkennen jedoch stört den stillen und aufnehmenden Geist (noch) nicht. Im obigen Beispiel nimmt die Person beispielsweise einen besonderen Baum wahr. In der Regel werden, in diesem Beispiel jedoch nicht, nachdem ein Objekt sprachlich benannt worden ist, im vierten Skandha Reaktionen erzeugt wie Assoziationen, Bilder, Erinnerungen, zum Teil auch musterhaft im Sinne jeweils bekannter Reiz-Reaktions-Abläufe. In diesem Bewusstsein entwickelt sich auch der Wille und die daraus möglicherweise entstehenden Tatabsichten.

*3. Geborgtes Bewusstsein*

Die Inhalte dieses Bewusstseins sind Informationen, die nur indirekt vermittelt wurden, als mündliche oder schriftliche Überlieferung; all dies geschieht in einem gegebenen gesellschaftlichen Rahmen. In unserem Beispiel würde eine begleitende Person sagen: Es ist jetzt Zeit, dass ich einen Anruf tätige. Zeit, Sprache, Telefon usw. sind gesellschaftliches Wissen, das sich diese Person als Wissen »geborgt« hat. Auch der Tag der Geburt ist eine solche Information, sie wird vermittelt und sie muss für wirklich oder wahr genommen werden. Es ist also ein Bewusstsein, das sich aus »geborgten« oder »geliehenen« Informationen zusammensetzt.

In den Ausführungen über das Bewusstsein ist deutlich geworden, dass ihm aus der Sicht der Achtsamkeit eine wichtige Funktion zugebilligt wird. Wenn unter dem Bewusstsein ein Wissen von etwas verstanden wird, also hier über mentale Zustände und Prozesse gesprochen wird, ist dies eine nicht zu unterschätzende Fähigkeit, die gerade im Alltag des Menschen eine sehr wichtige Rolle spielt.

Neben dem *Bedenken* der Welt sollte das direkte *Erleben*, im jetzigen Augenblick, aber eine ebenso wichtige Rolle spielen. Diese Aufgabe hat sich die Achtsamkeitspraxis zu eigen gemacht.

ÜBUNG

Lassen Sie sich an einem ruhigen Ort still nieder. Bewegen Sie sich für einige Minuten nicht.
Nehmen Sie den Raum, in dem Sie sich befinden, wahr. Welche Atmosphäre, welche Stimmung finden Sie vor?
Nehmen Sie unmittelbar wahr, ohne zu bedenken oder zu bewerten.
Nach einiger Zeit schauen Sie sich im Raum um. Welches Objekt fällt Ihnen ins Auge?
Nehmen Sie das Objekt still und ruhig mit einem freundlichen, aufnehmenden Geist wahr.
Lassen Sie das Objekt auf sich wirken.
Wenn der Geist beginnt, auf dieses Objekt mit Bildern, Assoziationen und Kommentaren zu reagieren, beobachten Sie dies ruhig.
Vermeiden Sie, sich mit den auftauchenden Reaktionen Ihres Geistes zu identifizieren.
Bevor Sie das Objekt Ihrer Aufmerksamkeit wechseln, lösen Sie sich bewusst vom bisherigen Kontakt.
Erst dann nehmen Sie ein neues Objekt in den Blick.
Verbleiben Sie so lange wie möglich in einem direkten Kontakt mit Ihrem neuen Objekt, bevor Sprache, Assoziationen und Bewusstsein auftauchen.

## Das Feld des Geistes

Im Rahmen der über viele Jahrhunderte entwickelten Achtsamkeitspraxis hat es sich als sinnvoll herausgestellt, den Geist von seinen Inhalten getrennt zu untersuchen. Das ist nicht nur sinnvoll, sondern entspricht bei genauerer Untersuchung einer wahrzunehmenden Realität: Die menschlichen geistigen Aktivitäten geschehen und erscheinen in einer Art Geist-Raum, der im Folgenden als Feld des Geistes bezeichnet wird.

Es gibt also das Geist-Feld und die in ihm auftauchenden Aktivitäten. Das Geist-Feld für sich betrachtet ist immer »gleich«, dies meint, es ist offen, unbestimmt, nicht definiert, reine Potenzialität, mit einem Wort: Es ist leer, ein offenes Feld von Leerheit. In diesem grundlegend immer gleichen Feld erscheinen die Objekte. Wie nun erscheinen diese Objekte? Der Mensch tritt über die Sinne mit der Welt in Kontakt. Im Rahmen der Darstellung des »Augenblicks als Raum« (S. 89 f.) wurde deutlich, dass ein solcher Prozess ein Sinnesorgan benötigt und ein Objekt, das vom Sinnesorgan wahrgenommen wird. In diesem Kontakt entstehen ein Beziehungsfeld und das entsprechende Bewusstsein.

Mit der Praxis der Achtsamkeit wird nun die Aufmerksamkeit immer wieder auf dieses Feld gerichtet: *immer offen, unvoreingenommen, immer neu, immer wieder neu erwachend für eine neue Erscheinung im jeweiligen neuen Augenblick.*

## Kein Geist

An dieser Stelle stellt sich die Frage, ob dieses Geist-Feld *immer* vorhanden ist, sozusagen als Hintergrund, oft auch als Behälter oder Container bezeichnet, in dem die geistigen Aktivitäten stattfinden können. In der buddhistischen Theorie und Praxis wird davon ausgegangen, dass es keine Entitäten gibt, keine festen, unveränderliche Phänomene: Alles ist eine jeweilige Aktivität. Somit werden die im Geist-Feld erscheinenden Phänomene als Aktivitäten wahrgenommen, aber auch das Geist-Feld selbst ist ebenfalls eine Aktivität.

Das Feld und die Objekte tauchen gleichzeitig auf. Feld und Phänomene bedingen sich gleichzeitig, erscheinen gleichzeitig und beide lösen sich nach einer Weile auf. Ohne ein Geist-Feld werden keine Phänomene erscheinen können und ohne Phänomene wird kein Geist-Feld entstehen, beides sind Aktivitäten, die gemeinsam kommen und gehen.

Der menschliche Geist etabliert sich also erst mit entsprechender Aktivität. Wenn alles immer (in) Bewegung ist, alles immer eine Aktivität ist, dann taucht der Geist selbst erst dann auf, wenn es eine Aktivität gibt. Im Umkehrschluss heißt dies: keine Aktivität, kein Geist.

An dieser Stelle wird deutlich, dass auch der Geist ein jeweils hergestellter ist und in diesem Fall nicht von *dem* Geist als einer Verallgemeinerung gesprochen werden kann. *Geist ist somit immer situationsgebunden.*

Ein Nicht-(mehr-)Vorhandensein des Geistes (keine Sprache, keine Assoziationen, kein Bewusstsein, also überhaupt keine geistigen Aktivitäten) scheint erst einmal unvorstellbar, vielleicht sogar beängstigend, auf dem Meditationskissen, in tiefer Meditation aber nichts Ungewöhnliches. Ein Zustand außerhalb jeder Beschreibungsmöglichkeit, einfach ein Sein außerhalb jeglicher Kategorien. Es gibt keine Wahrnehmung mehr, es gibt keinen wahrnehmenden Geist mehr, aber die Wahrnehmung kann jederzeit wieder aktiviert werden.

## Der schweigende Geist als direkte Erfahrung

Den Geist als Feld oder Raum zu beschreiben und zu erkennen und zu realisieren, dass in ihm Objekte erscheinen, ist das Resultat intensiver und langer Meditationspraxis. Die erscheinenden Objekte und den Geist selbst als Aktivitäten und somit als Veränderung zu beschreiben, ist ebenfalls einer jahrelangen Praxis auf dem Sitzkissen und im Alltag geschuldet. Sich aber auf die Erfahrung einzulassen, dass ein Nicht-Erscheinen eines Objekts im Geist identisch ist mit dem Nicht-Erscheinen oder Nicht-Vorhandenseins des Geistes, bedarf großen Mutes. Hier beginnen Erfahrungen, die sprachlich und somit bewusstseinsmäßig nicht mehr zu »ergreifen« sind. Hier fallen alle Konzepte von Geist und Bewusstsein ab. Hier öffnet sich ein Raum, der mit dem Schweigen des Geistes oder dem stillen Geist nur ansatzweise und nur unzulänglich umschrieben werden kann. Hier entsteht ein Raum von offener Weite, von Potenzialität, der in den Abschnitten »Der Augenblick der Fünf Kennzeichen« (S. 90 ff.) und »Der Augenblick im Samādhi oder Nullpunkt-Samādhi« (S. 96 ff.) versuchsweise beschrieben wurde. Ein Moment, der weder eine Vergangenheit kennt noch eine Zukunft, der sich *vor* jeglicher Entwicklung von Konzepten befindet, also bewusstseinsmäßig nicht erfassbar ist und in die Erfahrung von Ursache und Wirkung noch nicht eingetreten ist. *Es ist reines Sein, vor der Entstehung von Raum, vor der Entstehung von Zeit.*

## Der gültige Geist

Die Achtsamkeitspraxis findet zum einen auf dem Meditationskissen statt, zum anderen ist sie schwerpunktmäßig für den Alltag ausgelegt. Dies bedeutet in der Konsequenz, dass, ganz normal für den Alltag, immer wieder Entscheidungen anstehen, die in der jeweiligen Situation natürlich so angemessen wie möglich sein sollten. Angemessenheit meint im hier verhandelten Kontext einen Geisteszustand, der als »gültiger Geist« bezeichnet werden kann.

Auf der Grundlage der hier vorgestellten Analysen ist der die Achtsamkeit Praktizierende nun in der Lage,

- eine Trennung von Geist(-Feld) und seinen Inhalten zu erkennen und vorzunehmen;
- seinen Geist und die in seinem Geist auftauchenden Objekte als Aktivitäten und nicht als Entitäten zu erkennen und zu verwirklichen. Aktivitäten meint in diesem Zusammenhang, dass der Praktizierende erkennt, dass er an diesen Aktivitäten verantwortlich beteiligt ist;
- einen schweigenden Geist zu etablieren, einen Geist also, der nicht (mehr) reagiert und nur rein beobachtend ist;
- zuzulassen und zu erleben, dass keine geistigen Aktivitäten zu der Erfahrung von Kein-Geist führen können, beschrieben als offene Weite oder reines Sein.

Im Kapitel »Über das menschliche Leiden, Krankheit und Gesundheit« (S. 42 ff.) wurde die Frage aufgeworfen, ob der menschliche Geist grundlegend getäuscht werden kann. Zugespitzt wurde diese Frage darauf, ob eine mögliche Täuschung in den Wahrnehmungsprozessen des Geistes selbst angelegt sein könnte. Bei der Vorstellung des Prozesses der fünf Skandhas wurde deutlich, dass Täuschung an zwei Stellen möglich wird: zum einen bei der Verwendung von Sprache, Sprache als symbolvermittelte Wirklichkeit (im dritten Skandha), und zum anderen bei der Reaktion auf das Wahrnehmungsobjekt (im vierten Skandha). Hier reagiert der Geist auf das Objekt mit Bildern, Assoziationen, Erinnerungen usw. Das Objekt wird subjektiv belegt und für den Wahrnehmenden so zu *seinem Objekt.*

Die Frage nach der Täuschung des Geistes wird hier noch einmal aufgenommen. Das Belegen des Objekts mit den subjektiven Eindrücken wird an dieser Stelle als *Vorstellung* bezeichnet. Erscheint nun ein Objekt im Geist-Feld, so wird dieses mit einer Vorstellung, mit einem geistigen Bild erfasst. Die Vorstellung erfasst ein Objekt nicht nur dadurch, dass ihr ein Objekt erscheint, sondern gleichzeitig wird das Objekt kraft subjektiver Eindrücke erfasst. Dabei wird das Objekt mit dem geistigen Bild vermischt und so erscheint bei jeder Vorstellung das wahrgenommene Objekt *untrennbar vermischt* mit einem subjektiv hergestellten Bild vom Objekt. Daraus ergibt sich nun die entscheidende Feststellung: Der Geist ist nicht in der Lage, zwischen einem Objekt, wie es (objektiv) in der Welt existiert, und seinem eigenen, subjektiv hergestellten und in die Außenwelt projizierten Bild, das ihm *vermischt* mit dem Objekt erscheint, zu unterscheiden.[36]

Nun gilt es, zwei Aktivitäten zu unterscheiden: Dem menschlichen Geist erscheint ein Objekt, welches vermischt ist mit seiner Subjektivität; die Subjektivität ist in das Objekt eingebaut. In einem zweiten Schritt nun wird dieses subjektivierte Objekt in die sogenannte äußere Welt projiziert. Es erscheint dem wahrnehmenden Menschen als von ihm äußerlich.

Der Wahrnehmende ist (zunächst einmal) nicht in der Lage zu erkennen, dass jegliche Wahrnehmung immer im »Inneren« stattfindet und erlebt wird. Hier wird das Problem der Qualia angesprochen: Der Mensch nimmt wahr und gleichzeitig *erlebt* er diese Wahrnehmung. Dieses Erleben ist immer auch körperlich, innen. Das in die äußere Welt projizierte Bild des innerlich erfahrenen Objekts hebt diese Innerlichkeit aber auf und stellt eine Trennung her. Die im ersten Moment erlebte Verbundenheit wird so zu einer Dualität: Der Wahrnehmende hat sich von seinem Wahrnehmungsobjekt getrennt. Und nicht nur das, er hat es mit den eigenen subjektiven Eindrücken belegt und somit seine Ursprünglichkeit unkenntlich gemacht.

Wenn dies nicht erkannt wird, kann aus buddhistischer Sicht an dieser Stelle von einer *getäuschten* Wahrnehmung und einem

36 An dieser Stelle erscheint es wichtig, auf das Kapitel »Achtsamkeit – Über den Geist: Die Wirklichkeit als Simulation« (S. 161 ff.) hinzuweisen.

*getäuschten* Geist gesprochen werden. Ein *ungetäuschter* Geist dagegen ist frei von jeglichen Vorstellungen. Dabei gibt es keine Beteiligung eines projizierten geistigen Bildes. Eine solche nichtvermischte Wahrnehmung kann als unmittelbare oder direkte Wahrnehmung definiert werden (siehe hierzu Rabten, 1992, S. 46).

Im Rahmen der Achtsamkeitspraxis muss hier von einer entscheidenden Stelle, besser von einem entscheidenden Augenblick, gesprochen werden. Durch eine entwickelte Meditationspraxis kann der Prozess der fünf Skandhas so stark verlangsamt werden, dass es dem oder der Meditierenden möglich ist, einen ungetäuschten Geist zu etablieren. Dies geschieht im ersten Skandha: Direkte Wahrnehmungen treten unmittelbar nach einer direkten Sinneswahrnehmung auf und unmittelbar *vor* einer Vorstellung. Es ist ein äußerst kurzer Augenblick, bei dem der Mensch einen flüchtigen Blick auf das Objekt erhascht, noch bevor die Vorstellung darauf reagiert.

Dieser kurze Augenblick unmittelbar vor der konzeptuellen Reaktion auf dieses Sinnesobjekt ist nun entscheidend. In diesem zeitlich sehr kurzen Moment ist der Geist frei von jeglichen Vorstellungen. Eine Wahrnehmung aus einem solchen Geisteszustand heraus ist *neu, fehlerfrei, direkt erkennend und somit gültig.* Damit ist das Objekt oder das Phänomen ein gültiges, entstanden aus einer unmittelbaren Erfahrung. Es ist eine *unmittelbare,* direkte Erfahrung, keine Erfahrung *vermittelt* durch ein subjektiv gefärbtes Bild des Objekts.

- Ein solcher Geist ist *neu,* weil im Geist keine Reaktionen ausgelöst werden, sondern aus einer direkten, ursprünglichen Klarheit das Objekt erfasst wird;
- Ein solcher Geist ist *fehlerfrei,* da er nicht mit Subjektivität vermischt ist.
- Ein solcher Geist ist *erkennend,* weil seine Wahrnehmung durch nichts ver-mittelt ist.
- Auf dieser Grundlage kann hier von einem *gültigen Geist* und von einem *gültigen Objekt* gesprochen werden.[37]

37 Siehe hierzu: Rabten, 1992, S. 65 f.; siehe auch: Der gültige Geist, in Weischede und Zwiebel, 2009, S. 88 f.

Im Sanskrit heißt Geist *Pramana: Pra* bedeutet »anfänglich« und »neu«. *Mana* bedeutet »Bewusstsein« oder »Erkenntnis«. Mit einem Wort: »nur der erste Moment des Erkennens [ist] gültig« (Rabten, 1992, S. 66). »Die gültige direkte Wahrnehmung wird definiert als neuer, fehlerfreier Geist, der frei von Vorstellungen ist« (S. 69). Es kann von einer *gültigen Wahrnehmung*, einer *direkten Wahrnehmung* und einer *unmittelbaren Erfahrung* gesprochen werden.

Im Rahmen einer Achtsamkeitspraxis wird es auf dieser Grundlage möglich, der jeweiligen Situation entsprechend, angemessen zu entscheiden und zu handeln: Für einen kurzen Augenblick kann der Geist direkt erkennen. Dabei ist das erkannte Objekt neu und somit fehlerfrei. Dies ist eine ideale Grundlage für das sogenannte rechte Handeln.[38]

ÜBUNG

Lassen Sie sich an einem ruhigen Ort still nieder.
Nehmen Sie Ihre geistigen Aktivitäten in diesem Augenblick wahr.
Es kann dies Ihr Denken sein, es können Bilder sein, Assoziationen, Tagträume.
Nehmen Sie die Position einer Beobachterin ein.
Beobachten Sie, wie Ihre geistigen Aktivitäten erscheinen und vergehen.
Bringen Sie Ihre Aufmerksamkeit zum Atem.
Je länger Sie dort verweilen können, desto stiller wird Ihr Geist, seine Aktivitäten nehmen mehr und mehr ab.
Ihr Geist wird ganz still.
Schauen Sie sich um: Ihr Geist ist aufnehmend, klar, direkt, frei von Vorstellungen.
Ihr Geist ist ganz im Jetzt.

38 Das »rechte Handeln« ist Teil des buddhistischen Achtfachen Pfades (siehe hierzu im Glossar).

# Die Dharmas

Die in diesem Kapitel vorgestellten Dharmas sind ein Versuch, die bisherigen Ausführungen über den menschlichen Geist wieder konkreter in die Praxis der Achtsamkeit einzubinden.

Das Wort *Dharma* (Sanskrit) hat im Buddhismus eine Reihe von Bedeutungen. Wörtlich meint es »tragen« oder »halten« oder »das, was hält«. Das Wort *Dharma* ist aber auch der Versuch, das Große und Ganze der menschlichen Existenz auszudrücken. Dies beinhaltet die kosmische Ordnung, die Phänomene oder die zehntausend Dinge, aber auch die Geistesinhalte und Objekte des Denkens als Erscheinungen im Geist.

Die fünf Dharmas als Praxisprozesse stehen im engen Zusammenhang mit den fünf Skandhas, die ebenfalls einen Praxisprozess beschreiben (siehe hierzu den Abschnitt »Die fünf Skandhas«, S. 54 ff.). Sie können, ebenso wie die fünf Skandhas, als Tore verstanden werden, an denen jeweils innegehalten werden kann. Jedes dieser Tore öffnet einen neuen Raum, der entdeckt und studiert wird. Während in den Skandhas der Prozesscharakter betont wird, ein fast mechanisch ablaufender Prozess vom ersten Kontakt mit einem Objekt bis hin zum Entwickeln von Bewusstsein, stehen bei den Dharmas das Anhalten und die Stille im Mittelpunkt.

Der Mensch möchte auf der einen Seite aktiv in der Welt sein, auf der anderen Seite aber auch dem Wunsch nach Ruhe und Stille Raum geben. Er bewegt sich somit in einem Spannungsbogen von Aktivität und Nicht-Aktivität.

Auch der menschliche Geist ist diesen beiden Tendenzen unterworfen: zum einen als kontinuierliche geistige Aktivität, zum anderen als Pause oder Stille. Die Tendenz zur Pause scheint auf den ersten Blick nicht offensichtlich, kann aber auf dem Meditationskissen durch die Verlangsamung der geistigen Prozesse beobachtet werden: Nach jeder geistigen Aktivität gibt es eine (oft sehr) kurze

Pause. Es scheint so, als ob auch bei den geistigen Aktivitäten die Pause einen integrierten Bestandteil darstellt. Erst nach einer solchen Pause taucht der nächste Gedanke auf. Das gleiche Phänomen ist auch bei der Aktivität des Herzens festzustellen: Die jeweilige Pause zwischen den Herzschlägen ist fundamental integriert; und auch die Atmung endet immer mit einer Pause, bevor der Einatem-Impuls eintritt.

Das immer wieder Anhalten, das Innehalten, steht im Mittelpunkt dieses Kapitels. Die Arbeitsthese, aus der Sicht der Achtsamkeitspraxis, könnte so formuliert werden: Jede Aktivität hat die Tendenz, immer wieder zur Stille zurückzukehren. Vielleicht ist ja die Stille sogar die Ausgangsposition jeglicher Aktivität. Hier kann das Bild des Ozeans mit seinen Wellen hilfreich sein: Die Welle, entstanden durch die Aktivität des Windes, hat die Tendenz, abzuebben, wieder flach zu werden, also immer wieder zum stillen Ozean zurückzukehren. Ein treffendes Bild für die Gleichzeitigkeit von Aktivität und Stille, beschreibbar als eine *dynamische Stille.*

Eine solche Dynamik findet sich auch im Abschnitt »Mādhyamika – Über die Leerheit« (S. 184 ff.) vorgestellten Konzept der zwei Wahrheiten: der relativen und der fundamentalen. Genauer beschrieben wurde dies mit den Begriffen von Form und Leerheit. Auch dies ist eine Dynamik von erlebter Gleichzeitigkeit: Phänomene sind ohne festen Kern, *sind* also Wandel und Veränderung; in ihrer Erscheinungsform aber machen sie den Eindruck von Stabilität und von Dauer.

Schwerpunktmäßig hat der Mensch die Aktivität, die Bewegung, in seinen Lebensmittelpunkt gestellt. Der Buddhismus nun macht darauf aufmerksam, dass die Stille, die Nicht-Aktivität ein ebenso wichtiges Gut ist. Aber auch die Achtsamkeitspraxis weist auf eben diese Stille hin: Achtsamkeit bedeutet, die Welt auch aus der Stille heraus wahrnehmen und erfahren zu können.

Es wurde immer wieder betont, dass alles immer in Bewegung ist, oder anders beschrieben, dass alles immer eine Aktivität ist. Um alltägliches menschliches Leben möglich zu machen, bedarf es aber auch des Haltens oder An-Haltens. Der Mensch hält Prozesse an, um einen gewissen Halt im Fluss des Lebens zu finden. Das gibt zumindest für eine kürzere oder längere Zeit Sicherheit. Dieser Halt wird auch dadurch gefunden, das Dingen eine zumindest vorläufige Unveränderbarkeit zugebilligt wird, wohl wissend, oder besser ahnend, dass dies nicht stimmt.

Sollen diese Prozesse nun genauer studiert und untersucht werden, werden sie angehalten. Im Rahmen der Achtsamkeitspraxis geschieht dies auf dem Meditationskissen, im Alltag durch das Pausieren. Immer wieder kann in den alltäglichen Aktivitäten angehalten oder innegehalten werden.

Der Begriff des Dharma hat noch weitere, vom jeweiligen Kontext abhängige Bedeutungen. Dharma meint, über die zu Beginn beschriebenen Bedeutungen hinaus, die Lehre Buddhas, die Lehren aller Meister in der Nachfolge Buddhas, die Lehre der universalen Wahrheit, die Gesamtheit aller Phänomene oder auch die »Große Ordnung«.

Im Rahmen der Achtsamkeitspraxis meint Dharma Gelöbnisse und Verhalten, aber auch Zuflucht nehmen in das jeweils Spezielle, das Exakte, in die Details. Es ist das genaue Untersuchen von allem, was die oder der Praktizierende tut. Dabei werden die jeweiligen Prozesse sehr verlangsamt, um sie dann untersuchen zu können. Dies führt subjektiv zu einem Gefühl von Vervollständigung der jeweiligen Handlung. Der Praktizierende nimmt Zuflucht in die Details. Inmitten von kontinuierlicher Veränderung ermöglicht dies so etwas wie einen Halt: Er oder sie lässt sich ganz nieder in die jeweilige, jetzige Aktivität und erlebt handelnd ein Gefühl von Angekommen-Sein, das ganz und gar trägt.

Die Dharmas sind Tore, Pforten in neue Räume, die im Innehalten genau untersucht werden können:

## 1. Dharma: Das Tor der Erscheinung

Grundsätzlich muss davon ausgegangen werden, dass alles, was mit und im Geist wahrgenommen wird, im Geist erscheint und durch einen Prozess der Wahrnehmung entsteht (siehe Abbildung 3, S. 65, S. 66; siehe auch Abbildung 11, S. 184).

Diese schon vor über 2000 Jahren gemachte Entdeckung ist die grundlegende Basis für die gesamte Achtsamkeitspraxis. Oft wird in diesem Zusammenhang davon gesprochen, dass der historische

Buddha hier eine erste Phänomenologie der menschlichen Wahrnehmung entwickelt hat.

Nachdem ein Objekt erschienen ist, wird der Prozess gehalten und es wird untersucht, wie es zu dieser Erscheinung gekommen ist. Es ist dies der Prozess der Rückverfolgung der fünf Skandhas vom Bewusstsein zu Reaktionen, zum Benennen, zum Gefühl und zum ersten Kontakt (siehe hierzu den Abschnitt »Die fünf Skandhas«, S. 54 ff.).

## 2. Dharma: Das Tor der Benennung

Die Benennung macht aus einem Objekt einen bestimmten, durch Worte definierten Gegenstand. Dies ist ein erster Schritt hin zum Bewusstsein. Sprache ist symbolvermittelte Wirklichkeit, die Benennung ist also der erste Schritt weg von der direkten Erfahrung (Kontakt) hin zu einer durch Sprache vermittelten Wirklichkeit. Im Prozess der fünf Skandhas geschieht dies im dritten Skandha.

Die Benennung kann auch als eine Praxis gehandhabt werden. Dabei wird zum Beispiel jedes mit den Augen wahrgenommene Objekt mit seinem Namen belegt. Da der menschliche Blick viel umherwandert, geschieht somit eine Benennung nach der anderen.

Damit einher geht jeweils eine kleine, kurze Pause des Innehaltens. Durch eine solche Praxis der andauernden Benennung kann der Geist seinen normalen, diskursiven Tätigkeiten nicht mehr nachkommen. Er ist somit gezwungen, seine Aufmerksamkeit von Benennung zur Benennung, von Augenblick zu Augenblick zu halten. Auch hier steht das Innehalten im Mittelpunkt: eine sehr effektive Achtsamkeitspraxis.

## 3. Dharma: Das Tor der Unterscheidung

Das im Prozess der Skandhas entstandene Bewusstsein ist sich zum einen seines Entstehens selbst bewusst, zum anderen kann der Mensch mit diesem Bewusstsein in der Welt sein und sie gestalten. Dabei sind die Funktionen des Bewusstseins, wie auch im Abschnitt »Über das Bewusstsein« (S. 195 ff.) dargestellt, die folgenden:

– eine vorher- und voraussagbare Welt zu erschaffen,

- die Welt erkennbar zu machen im Sinne von Wissen,
- der Welt eine zeitliche Abfolge zu geben, sie also chronologisch zu gestalten,
- den Dingen eine Bedeutung zu geben,
- Affekte oder Gefühle im Sinne des Lust-Unlust-Prinzips wahrzunehmen,
- ein Raum- und Zeitstruktur zu etablieren und so der Welt eine spezifisch-menschliche Bedeutung zu geben.

Das Bewusstsein macht die Welt bedeutungsvoll, kann dies jedoch nur tun, indem es Unterscheidungen wahrnimmt. Es ist dies das *klare* Erkennen, dass das wahrzunehmende Objekt als getrennt von der Person (Subjekt) erlebt wird. Das Objekt ist somit in seiner *Andersheit* klar erkennbar. Die Trennung und die Andersartigkeit stehen hier im Mittelpunkt der Achtsamkeitspraxis.

## 4. Dharma: Das Tor des rechten Wissens

Hier ist die Verwirklichung, dass ein Objekt im Geist erscheint und dass es benannt wird, ganz ausgebildet. Es ist das Wissen um das »Treffen der Drei«: Eine Erscheinung im Geist braucht ein Sinnesorgan, ein Objekt und ein Sinnesfeld, aus dem dann ein Bewusstseinsfeld entsteht. Dies wird im Kapitel über die Vijñānas ausführlich dargestellt (siehe den Abschnitt »Der Augenblick als Raum«, S. 89 ff.). Wenn ein Objekt im Geist erschienen ist, wird es in der Regel benannt, es wird darüber nachgedacht und es werden Konzepte entwickelt. Je genauer dies jedoch analysiert wird, desto klarer wird, dass diese Erscheinung »entstanden« ist. Dies ist das Wissen darüber, dass die im Geist erscheinenden Objekte im Prozess der Skandhas hergestellt und darüber hinaus belegt worden sind, das heißt, sie sind mit Impulsen vermischt und werden so zu jeweils »meinem Objekt«. Darüber hinaus sind sie aber auch in die Außenwelt projiziert und so einem direkten Kontakt entzogen (ausführlich dargestellt im Abschnitt »Der gültige Geist«, S. 201 ff.).

In diesem Prozess wird die Entwicklung eines rechten Wissens um die Arbeitsweise des Geistes angestrebt. Es geht um die Etablierung einer Wahrnehmung, die als reine Wahrnehmung definiert wurde und die es möglich macht, alle Konzepte über das wahrzunehmende Phänomen gar nicht erst zuzulassen. Diese Rücknahme des Geistes auf das »nur Wahrnehmen« führt dann zur Soheit.

### 5. Dharma: Das Tor der Soheit

Die Erscheinung eines Objekts im Geist fällt in keine Kategorien mehr, auch nicht in die des Seins oder Nicht-Seins. Ein Objekt erscheint im Geist-Feld, aber es entstehen keine geistigen Reaktionen. Dies ist das Tor zur Soheit, als der Verwirklichung der Leerheit in jeder erscheinenden Form. Das Konzept der Leerheit entstammt der Schule des Mādhyamika und wurde im Abschnitt »Mādhyamika – Über die Leerheit« (S. 184 ff.) vorgestellt.

Dieses Aufgeben aller Kategorien, diese unvermittelte Direktheit, wird auch das »Erwachen in diesen Augenblick« genannt.

Das Sanskrit-Wort *Tathatā* kann als »Soheit« übersetzt werden, aber auch als das »Absolute« oder das »Wahre Wesen aller Dinge« (siehe Lexikon d. ö. W., 1986, S. 387 f.). Der historische Buddha wird auch der Tathāgatha genannt: »Der so Dahingelangte (so Gekommene, Vollendete)« (Lexikon d. ö. W., S. 387). Dies beschreibt eine Person, die in die direkte Jetzt-Soheit-Wirklichkeit erwacht ist.

Ein weiterer Versuch, diese Soheit in einem Wort zu fassen, ist der Sanskrit-Begriff *Tathāgata-Garba,* »Keim des Tathāgatha«, den Buddha in sich tragend. Es ist eine Umschreibung dafür, dass ein Erwachen in die direkte Jetzt-Soheit-Wirklichkeit in jedem Lebewesen als Keim oder als Samen angelegt ist und unter entsprechenden Bedingungen zur Entfaltung und Blüte gelangen kann (siehe Lexikon d. ö. W., S. 387).

Im Rahmen der Praxis mit den fünf Dharmas können die Erscheinung, die Benennung, selbst die Klarheit und das rechte Wissen über die Phänomene und alle Konzepte von Wirklichkeit im jetzigen Augenblick der Soheit, fallengelassen werden. Dies ist das Erwachen in den jetzigen Augenblick.

ÜBUNG

Suchen Sie einen stillen, ruhigen Ort auf.
Wenn sich Ihr Geist durch Ihre Atempraxis einigermaßen beruhigt hat, wählen Sie ein Objekt im Raum aus.
Legen Sie Ihren Blick darauf, schauen Sie es genau an. Nehmen Sie wahr, wie es in Ihr Erscheinungsfeld gekommen ist.
Dann benennen Sie es. Nehmen Sie das Objekt bewusst als von Ihnen getrennt wahr.
Nehmen Sie das Objekt wahr, nehmen Sie sich als Beobachter wahr, spüren Sie das Feld zwischen sich und dem Objekt.
Es ist ein physisches Feld, aber auch eine Bewusstseinsfeld.
Lassen Sie all dies auf sich wirken. Verhindern Sie Reaktionen Ihres Geistes.
Verweilen Sie bei dieser reinen Wahrnehmung. Alles ist wie angehalten. Angekommen. So ist es.

Das folgende Koan fasst die Dharmas nun in wunderbarer Weise zusammen:

»Eines Tages stieg der von der Welt Verehrte auf seinen Thron.
Manjushri machte einen Schlag mit dem Hammer und sagte: ›Beachtet den Dharma des Dharmakönigs genau; der Dharma des Dharmakönigs ist so.‹
Der von der Welt Verehrte verließ darauf seinen Sitz.«

(BOS, 1990, S. 3, eigene Übersetzung)

Hier wird den Lesenden eine kleine Theateraufführung dargeboten:

Zwei Personen betreten eine Bühne, der von der Welt Verehrte, der Buddha, und Manjushri. Manjushri ist eine Figur aus dem buddhistischen Pantheon und wird dargestellt mit einem Schwert in seiner rechten Hand und einem Buch in seiner linken und steht für die Überwindung der Unwissenheit und das Ziel, Weisheit zu erlangen. Das Schwert symbolisiert das Zerschneiden der Unwissenheit und gleichzeitig eine Fackel, die Licht in die Dunkelheit bringen soll. Das Buch in seiner Hand repräsentiert eine über alles hinausgehende

Weisheit. Manjushri repräsentiert den Alltag mit all seinen Verstrickungen im Handeln und im Sprechen. Der Buddha repräsentiert das Erwachen oder die Erleuchtung und setzt sich nach dem Betreten der Bühne direkt auf sein Sitzkissen, seinen Thron, und beginnt zu meditieren. Buddha steht für die Versenkung, das zeitweise Sich-Zurückziehen aus dem Alltäglichen und der Verwirklichung des schweigenden und klaren Geistes. Es ist dies das Erwachen in den jeweiligen, jetzigen Augenblick.

Manjushri tritt nun hervor und schlägt mit einem Hammer auf ein Stück Holz, so ähnlich wie in einer Gerichtsverhandlung, und wird etwas kundtun. Dabei wendet er sich an sein Publikum, die Lesenden, weist hin auf den meditierenden Buddha und sagt: »Hier sitzt der Dharmakönig, hier sitzt der Erwachte und meditiert. Bitte schau genau hin. Das, was dir hier erscheint, ist die Verwirklichung des jetzigen Augenblicks, ist die Verwirklichung der Soheit. So wie der Buddha meditiert, ist es genau das, was der Buddha lehrt. Hier ist die Lehre und die Soheit in diesem Augenblick wahr und verwirklicht.« Nach dieser Ankündigung verlassen beide die Bühne.

Mit dieser kleinen Szene wird ein Raum eröffnet, der einen enormen Spannungsbogen erzeugt. Hier der Buddha als die Figur, die den Rückzug und die Stille repräsentiert, dort Manjushri, der für die alltägliche Unruhe und das Getümmel im Handeln und Sprechen steht. In diesem Spannungsbereich bewegt sich das menschliche Leben. Es ist die Einleitung zu dem »Buch der heiteren Gelassenheit« (BOS), in dem weitere 99 Koans vorgestellt werden, alle mit dem Ziel, den gesamten Lebensraum des Menschseins auszuleuchten.

Mitten in diesem hiermit eröffneten Raum steht unsichtbar, aber deutlich spürbar die Frage: *Wie will der Mensch sein Leben verbringen?*

# Die Entwicklung des Bewusstseins und die fünf Skandhas

Jean Gebser hat in seinem Werk »Ursprung und Gegenwart« (1978) eine Geschichte der menschlichen Bewusstseinsentwicklung vorgestellt, die auch aus buddhistischem Blickwinkel höchst aufschlussreich ist. Die von Gebser entwickelten fünf Bewusstseinsstrukturen finden in den buddhistischen fünf Skandhas eine interessante Entsprechung. Diese sind natürlich nicht direkt übertragbar, aber es gibt Parallelen: So wie die Skandhas jeweils aufeinander aufbauen und jeweils klare Unterscheidungen zwischen ihnen getroffen werden, so bauen Gebsers Bewusstseinsstrukturen ebenfalls aufeinander auf, verändern sich aber von Entwicklung zu Entwicklung sprunghaft, es ist jeweils ein Sprung auf eine neue Bewusstseinsebene. Jede dieser Strukturen bleibt auch dann wirksam, wenn eine nächste Ebene erreicht ist. Auch hier eine Parallele zu den Skandhas.

Mit jedem neuen Bewusstseinsentwicklungsprozess durchläuft der Mensch, geschichtlich betrachtet, alle Bewusstseinsentwicklungsstufen der Menschheit, wie sie weiter unten skizziert werden, ähnlich dem Prozess der biologischen Entwicklung, in dem alle Stufen der Evolution durchlaufen werden.

Nach Jean Gebsers These hat sich das menschliche Bewusstsein, so wie es heute bekannt ist, im Laufe der menschlichen Kulturentwicklung über fünf Bewusstseinsstufen oder -strukturen hinweg entwickelt.

## Die erste Stufe: Das »Archaische«

»Die archaische Struktur ist dem verborgenen Ursprung aller Dinge am nächsten […] sie ist anfänglich mit dem Ursprung selbst identisch« (Gebser, 1978, Geleitwort von Joachim Illies, S. 2). Diese Struktur ist »nulldimensional, ist geheimnisvoll unbegreiflich, wie jeder Ursprung« (S. 3). In der chinesischen Mythologie wird von der Traumlosigkeit der Menschen in der Urzeit gesprochen. Hier sind die Farben Grün, für die Erde, und Blau, für den Himmel, noch nicht voneinander getrennt. (Für beide gibt es nur ein gemeinsames Zeichen.) Oben und Unten, Innen und Außen sind ebenfalls noch nicht getrennt und stehen im Einklang miteinander. Diese Struktur ist gekennzeichnet durch Ungeschiedenheit, einen paradiesischen vorgeburtlichen Zustand, identisch mit dem Sein (S. 3).

Vieles aus dieser Struktur lässt sich auch im ersten, dem Form-Skandha finden: direkter körperlicher, sinnlicher Kontakt mit einem Objekt, noch vor dem Verstehen, vor der Sprache.

### Die zweite Stufe: Das »Magische«

Die magische Struktur ist, so könnte man sagen, eindimensional, fast säuglingshaft. Aber es findet eine erste Zentrierung statt: Die Menschen beginnen zu handeln und Werkzeuge herzustellen. Aus ihrer Sicht aber befinden sie sich in einer Welt der Magie. Dabei ist die Welt ein schemenhaftes, ungeschiedenes Gegenüber, ein nichtbewusster Zustand. Die Menschen leben in Gruppen und entwickeln ein Gruppen-Ich, dabei entwickeln sich Sippen, die auf Blutsverwandtschaft basieren.

Die Menschen pflegen einen ekstatischen Umgang mit den Naturkräften, es gibt Dämonen, die die Macht ausüben und besänftigt werden müssen. Rituale sind sehr bestimmend in diesen Lebensformen und »sie werden vom magischen Menschen der Natur abgelauscht« (S. 4). Empfangen und lauschen, ganz Ohr sein, das sind die Umgangsformen der Menschen mit der Wirklichkeit. Eine Sprache gibt es noch nicht, man kann von Sprachlosigkeit oder Vorsprachlichkeit ausgehen. Aus dieser Zeit gibt es bildliche Darstellungen, die mundlose Menschen zeigen (S. 4).

Die Parallele zum zweiten Skandha, dem Skandha der Gefühle, ist nur marginal. Dennoch scheint es so, dass die Stufe der Magie sehr stark von Instinkten, aber auch von Gefühlen geprägt ist.

### Die dritte Stufe: Das »Mythische«

Diese Stufe ist dem Intellekt schon näher; ähnlich, so könnte man sagen, wie die Märchen in den frühen Kinderjahren. Das gesprochene Wort wird möglich und damit auch der Mythos. Es entsteht eine zweidimensionale Welt: Es bilden sich Subjekt und Objekt heraus und die Polarität Menschen–Götter. Auf dieser Stufe werden aus »den Götzen der magischen Stufe [...] nun die Götter, Himmel und Erde bevölkern sich mit ihnen« (S. 5). Es bilden sich weitere Polaritäten heraus: oben–unten, hell–dunkel, profan–heilig, männlich–weiblich, gut–böse (S. 5).

»Der Mann empfindet sich vor dem Hintergrund der Mütter als die Nicht-Frau, als der, der anders ist als die Mutter, entfernt vom Zentrum des schöpferischen Seins und ohne Möglichkeit, selbst neues, zeugendes Zentrum zu werden« (S. 5). Auf dieser Stufe des Mythischen ist das »Ewig-Weibliche« dominierend. Das Matriarchat ist das Kennzeichen des mythischen Bewusstseins. Hier kann von mutterrechtlichen Kulturen im zweidimensionalen Bewusstsein gesprochen werden.

Das Dritte Skandha beinhaltet ebenfalls das Auftauchen von Sprache, Dinge werden benannt und erste Schritte hin zur Bewusstseinsentwicklung werden möglich. Die Beschreibung dieses Prozesses, hier als das Entstehen des Mythos, ist eine ergänzende und erweiternde Beschreibung über das, was entsteht, wenn Sprache beginnt, Bewusstsein zu ermöglichen.

## Die vierte Stufe: Das »Mentale«

Das menschliche Bewusstsein mit seinen mentalen Strukturen entwickelt sich in Ägypten und China etwa 1000 und in Griechenland etwa 500 vor unserer Zeitrechnung. Diese Zeit kann als Aufbruch aus den mythischen Strukturen bezeichnet werden. Jetzt beginnt »das männlich-ich-hafte Wachbewusstsein« zu dominieren (S. 6). Auf der Ebene des Raumes wird die Dreidimensionalität entwickelt und so eine perspektivische Welt möglich. »Die Ratio beginnt ihre Herrschaft über den Menschen und über die Welt: Zählen und Messen, Abzählen und Bemessen werden zur Grundlage verstandesmäßiger Weltbewältigung« (S. 6). Aus den Wechselpolaritäten der mythischen Stufe, dem Sowohl-als-auch, wird das Entweder-oder der aristotelischen Logik. Die Pole Hell und Dunkel, Gut und Böse, Mann und Frau als sich ursprünglich ergänzende Pole werden zu

Hell oder Dunkel, Gut oder Böse, Vater oder Mutter und damit zu »Aufrufen der Entscheidung, die im Prozess des Scheidens das eine annimmt und das andere verwirft« (S. 6).

Im Raum der Geometrie weist das Dreieck mit der Spitze nach oben. An dieser Spitze kann nur eines sein: ein Gott, eine Wahrheit. Auf dieser Stufe ist das Nebeneinander von Göttern und Wahrheiten nicht mehr möglich. »[…] das Entweder-oder des Aristoteles fegt den Götterhimmel leer« (S. 6). Gab es auf der mythischen Stufe gleichwertige Polaritäten, so schreitet der Mensch auf der Stufe des Mentalen hin zur Dualität. Der Mann ist nicht mehr die Nicht-Frau, die Nicht-Mutter; der Mann ist der eigentliche Mensch. Hier wird er zum Patriarchen. Die Frau dagegen ist nun der Nicht-Mann, »Ischa« die Männin, Adam schneidet Eva aus seiner Rippe.

Da es nun »das Gute« und »das Böse« gibt, wird der Mensch gezwungen, Entscheidungen zu treffen, zu kämpfen, Ablösungen zu erzwingen. Es entsteht die ewige Versuchung, »selbst der Gott zu sein, der Gut und Böse setzt« (S. 7).

Man kann hier mit einiger Sicherheit sagen, dass diese Stufe des Bewusstseins die radikalste Revolution des Denkens beschreibt, den die geschichtlich bekannte Menschheit durchlaufen hat. Diese mentalen Bewusstseinsstrukturen sind die Grundlage der heutigen Epoche.

Aber der »Tempel« dieser mentalen Strukturen wankt, denn seine vier Grundsäulen sind im Prozess des Zerfalls: die euklidische Geometrie, die aristotelische Logik, die demokritische Atomlehre und die aristarchische Heliozentrik (S. 8). Mit diesem Zerfallsprozess beginnt die fünfte Stufe des menschlichen Bewusstseins.

Hier werden die Stufen des vierten und fünften Skandhas beschrieben: Assoziationen und Bilder tauchen auf, als Reaktionen auf das Wahrgenommene, auch geprägt durch die Vergangenheit. Es entstehen Vorstellungen, Begierden und Sehnsüchte, aus denen Wille und Tatabsichten hervorgehen.

Im nächsten Schritt nun entsteht ein Bewusstsein für den Gesamtprozess der Skandhas. Dabei entwickelt sich ein Selbst, das nicht erkennt, dass das Wahrgenommene eine Erscheinung im Inneren, im Geist ist, und das somit alles auf sich bezieht und glaubt, im Mittelpunkt der Welt zu stehen.

## Die fünfte Stufe: Das »Integrale«

»Im Lichte des Integralen Bewusstseins wird der mentale Raum- und Zeitbegriff gesprengt und eine vierdimensionale Betrachtung wird möglich« (S. 8). Diese Welt ist eine aperspektivische, für die Aurobindo den Begriff »supramental« prägte. Auf dieser Stufe werden aus dem bequemen Entweder-oder, das die Wirklichkeit verstümmelnd vereinfacht, das integrale Sowohl-als-auch und das komplementäre Denken: »Materie oder Energie, Ursache oder Wirkung, Ort oder Bewegung, Subjekt oder Objekt: die Überwindung dieser Gegensätze unserer mentalen Begriffsschemata ist zur Erfassung physikalischer Wirklichkeit ebenso notwendig wie im Prozess der Kulturentwicklung [… in dem die] Gegensätze von Matriarchat und Patriarchat zum Integrat« (S. 9) werden.

So wird Wirklichkeit mehrwertig. Das Integrale hebt das Mentale auf, indem es die niedere Stufe der Wirklichkeit, hier die Dreidimensionalität, umschließt und integriert. Im Laufe der Entwicklung wurden aus Götzen Götter, aus den Göttern wurde der eine Gott, aus ihm dann die Gottheit. Was wäre aus integraler Sicht der nächste Schritt? Hierbei muss keine der einmal errungenen Stufen verworfen werden, jede behält ihre Qualität als Wirklichkeit (Gebser, 1978, S. 9).

Aber am Ende von atomistischen, dualistischen und alternativen Weltentzifferungsversuchen stehen Widersprüchlichkeiten und Paradoxien, die bewältigt werden müssen, und aus der Sicht von Gebser zögert die Menschheit.

Diese letzte Stufe wäre aus der Sicht der Skandhas als das Fortschreiten vom Bewusstsein zum Gewahrsein zu beschreiben. Hier geschieht ein Überschreiten des Bewusstseins hin zu einer Erweiterung aller menschlichen Wahrnehmungsfelder. In seiner prägnantesten Form ist dies das »Wahrnehmen, ohne zu denken« (Hishiriō). Hier enthüllt sich eine »Neue Welt«.

»Begründung, Rationalität und Logik sind sicher die am höchsten entwickelten Formen des Bewusstseins, nicht aber die am höchsten entwickelten Funktionen des Geistes« (Weischede und Zwiebel, 2009, S. 106).

# Zum Schluss

> »Jetzt zu leben ist die wesentliche Funktion dieses Augenblicks, und die wesentliche Funktion dieses Augenblicks ist es, jetzt zu leben.« (Dōgen, 2001, Bd. 2, S. 318)

Achtsamkeit ist ein Geisteszustand, der in der Regel nicht als ein natürlicher oder normaler erlebt wird. Es ist ein Geist, der erlernt werden muss und erlernt werden kann. Die Grundlage für diese Art von Lernen ist im Fortgang der Ausführungen sicher deutlich geworden: Es ist der Körper, der den Menschen lehren kann, immer wieder in den Augenblick einzutreten. Der Körper ist *immer* im jetzigen Augenblick, der Geist muss dahingehend geschult werden.

Etwas überspitzt beschrieben, kommen dem menschlichen Geist zwei Aufgaben zu: Die Aufgabe des Geistes ist es, diesen Moment immer wieder zu verpassen. Die Aufgabe des Geistes ist es, diesen Moment zu verwirklichen. Und das Verpassen nimmt in der Regel den größeren Teil des Lebens ein.

Es ist immer wieder verdeutlicht worden, dass der jetzige Moment etwas mit dem jeweiligen *ersten* Kontakt zu tun hat. Der erste Kontakt wurde beschrieben als neu, direkt, unmittelbar und gültig. Es ist dieser erste Kontakt, der im Rahmen der Achtsamkeit erkannt wird, bei dem angehalten werden kann und der als entscheidend betrachtet werden muss, wenn es um das Jetzt geht.

Dieser erste Moment entscheidet über die Qualität aller weiteren Aktivitäten. Wird dieser erste Moment des Kontakts verpasst, geht der Mensch in der Regel über zu seinen liebgewonnenen Aktivitäten, und das sind Gewohnheiten, Wiederholungen, selten etwas wirklich Neues. Ein Innehalten, ein Pausieren ist kaum vorgesehen. All diese Aktivitäten behindern ein In-dem-ersten Kontakt-Bleiben.

Der Geist zerrt in seiner lebendigen Aktivität jedes wahrgenommene Objekt ins »Licht des Beschreibens«, ins »Licht des Bewusstseins«. Und damit aus dem jeweiligen ersten Kontakt heraus in einen vermittelten Kontakt. Ja, es ist die Aufgabe des Geistes, und im Besonderen die des Bewusstseins, die Welt zu vermitteln. Das aber ist eben nur eine vermittelte Welt, keine direkte Welt. Dennoch beginnt *jeder* Kontakt, sei es über die Sinne oder den Geist selbst, ganz direkt und völlig unvermittelt. Achtsamkeit lehrt nun, genau an diesem allersten Kontakt anzuhalten, und dies geht nur mit viel Geduld und viel Üben.

Warum sollte der jetzige Augenblick so sehr anzustreben sein? Mit einer vermittelten Welt hat es doch bisher ganz gut geklappt. Eine vermittelte Welt ist sehr gut für die Planbarkeit und gibt Sicherheit im Alltag. Aber es gibt eine tiefe Sehnsucht danach, die Welt ganz direkt zu erfahren. Diese Direktheit ist die Lebendigkeit, die das Leben so lebenswert macht – direkt und unvermittelt. Natürlich erlebt der Mensch diese Augenblicke immer wieder, nimmt sie aber nur selten wahr, weil sie so schnell vorübergehen und der Geist sofort (re-)aktiv wird. Hier wird noch einmal deutlich, dass der Mensch durch und durch ein Reaktionswesen ist.

Die Achtsamkeit lehrt zu verweilen. In diesem Verweilen tritt nicht mehr der Mensch in die Welt hinaus und definiert sie, sondern verweilend kann der Mensch nun die Welt erleben, wie sie auf ihn zukommt, sich zeigt und sich selbst definiert.

Dabei sind die drei Achtsamkeitsenthaltungen entscheidend:

- Es wird nichts hinzugefügt,
- es wird nichts weggenommen und
- es wird nicht beurteilt.

Mit einem Wort: Der Mensch reagiert nicht. Diese Nicht-Reaktion öffnet Freiheitsräume, die sonst durch die andauernde Bewegung und Aktivität nur schwer wahrzunehmen sind. Diese Nicht-Reaktion ist eine Pause, in der der stille Geist beginnt, klare Wahrnehmung oder reine Wahrnehmung – *Satipatthāna* – zu entwickeln.

Dies nun ist eine wunderbare Grundlage dafür, sich mit der Frage zu beschäftigen: *Wer bin ich?* Diese Frage wird nicht philosophisch beantwortet, sondern ganz konkret und müsste eigentlich lauten: *Was bin ich?* (Die Frage nach *wer* unterstützt die Identität, die Frage *was* bezieht sehr viel konkreter das Vorgefundene ein.) Was ist vorzufinden? So beginnt die reine Wahrnehmung, den Körper bis ins kleinste Detail genau zu untersuchen, in einem nächsten Schritt dann die Gefühle als Körperreaktionen und dann den Geist mit seinen Aktivitäten.

Die Frage »*Wer* bin ich?« wird mit zunehmender Untersuchungsintensität also zur Frage »*Was* bin ich?«. So beginnt eine höchst spannende Reise, die auf der Grundlage der drei Achtsamkeitsenthaltungen zu Einsichten und Erkenntnissen führt, die oft mit dem Begriff des Erwachens bezeichnet werden. Der Mensch wird wach für das, was in dem jeweiligen Moment passiert, und dies ist, um es noch einmal zu betonen, nur möglich *vor* einer wie auch immer gearteten Körper-, Gefühls- oder Geistesreaktion. Der Praktizierende wacht auf *in* den jeweiligen jetzigen Moment. Er wird wach dafür, dass er schon immer in diesem Moment gelebt hat, dass sein Leben sich immer genau hier lebt. Erwacht.

Es soll an dieser Stelle noch einmal daran erinnert werden, was den historischen Buddha, letztendlich aber auch diejenigen, die sich auf eben diesen Weg der Praxis einlassen, antreibt und bewegt. Es ist das Beenden des menschlichen Leidens, es steht und hat immer im Mittelpunkt dieser von Buddha entwickelten Praxis gestanden. Die menschliche Erfahrung ist immer wieder, dass das Leben (auch) leidvolle Aspekte hat, das Leben immer wieder erfahren wird als ein Auf und Ab zwischen den angenehmen, lustvollen und den leidvollen Seiten des Lebens. Die Unterscheidung zwischen dem Leiden, dem der Mensch nicht ausweichen kann, das er nur liebevoll annehmen kann, und dem Leiden, das selbstverschuldet ist und das aufgehoben werden kann, ist im Buch ausführlich dargestellt worden (siehe hierzu besonders den Abschnitt »Das Problem des Anhaftens«, S. 48 ff.).

Mit der Entwicklung der Vier Edlen Wahrheiten hat der Buddha eine interessante und aus westlicher Sicht ungewöhnliche Beschreibung der menschlichen Situation geliefert, die an eine Zukunftsvision geknüpft ist: Ein Leben ohne Leiden ist möglich. Dabei hat der historische Buddha eine Analyse vorgestellt, die, in einem ersten Schritt, den Aspekt des menschlichen Leidens in den Vordergrund stellt. In einem zweiten Schritt wird die grundlegende Ursache für dieses Leiden benannt, um dann einen Weg aufzuzeigen, der dieses

Leiden beenden kann. Grundlage ist dabei die Entscheidung, diesen Weg auch ganz gehen zu wollen.

Als *die* grundlegende Ursache des Leidens hat der Buddha das menschliche Begehren ausgemacht. Daher soll zum Schluss des Buches auf dieses grundlegende menschliche Problem noch einmal ausführlich eingegangen werden. Das Anhaften und das Loslassen können sicher als zentrale Punkte der Achtsamkeitspraxis angesehen werden.

Wie entsteht Begehren? Der Mensch tritt über seine Sinne in Kontakt mit der Welt. Oder: Die Welt tritt mit Hilfe der Sinne in Kontakt mit dem Menschen. In diesem Kontakt reagiert der Mensch mit einem angenehmen oder unangenehmen Gefühl, er wendet sich zu oder er wendet sich ab. Wendet er sich zu, kann es passieren, dass er den Wunsch verspürt, mit diesem Objekt noch näher in Kontakt zu kommen bis dahin, dass er es haben oder besitzen will. Der Mensch greift zu, macht es zu seinem Besitz. Dieses Besitzen ist *immer* zeitlich begrenzt. Dies ist eine entscheidende Erkenntnis, die allerdings nur schwer umzusetzen ist: Wann ist nun der richtige Zeitpunkt, es wieder loszulassen? Denn wird dieser Zeitpunkt verpasst, entsteht Anhaftung und in der Regel Leiden.

Mit der Entwicklung der Prozesse der fünf Skandhas hat der Buddhismus ein Instrumentarium geschaffen, das als eine (sehr frühe) Form einer Phänomenologie der Wahrnehmung betrachtet werden muss. Als eine Beschreibung dessen, was in jeder menschlichen Wahrnehmung geschieht, ist sie einmalig und höchst aktuell. Ein Erkenntnisgewinn über die Wirklichkeit liegt also in der direkten sinnlichen Erfahrung der Phänomene begründet. Hierauf verweisen die Skandhas: Sie können direkt erlebt und erfahren werden, sie können praktiziert werden. Daher bilden sie eine der wichtigen Grundlagen für die Praxis der Achtsamkeit.

Auch bei der Untersuchung des menschlichen Begehrens können die Skandhas zu Rate gezogen werden, denn jedes der Skandhas kann als einzelnes zur Grundlage von Anhaftung angesehen werden:

- Das Anhaften an der materiellen Form (das schließt den eigenen Körper ein): *erstes Skandha*
- Das Anhaften an den Gefühlen (in der Regel an den angenehmen): *zweites Skandha*

- Das Anhaften an den Wahrnehmungen (alle Sinneswahrnehmungen): *drittes Skandha*
- Das Anhaften an den mentalen Gebilden (alle geistigen Aktivitäten): *viertes Skandha*
- Das Anhaften am Bewusstsein (alle Erkenntnisse): *fünftes Skandha*

Das Begehren[39] ist die treibende Kraft, deren Basis Freude, Vergnügen, Entzücken, Wonne und Lust ist. Kurz gesagt: Es ist das Begehren des Angenehmen.

- Das sinnliche Begehren ist der Wunsch nach Freude durch die Sinne, die Freude des Sehens, des Hörens, des Riechens, des Tastens und Schmeckens.
- Das Daseinsbegehren ist der Wunsch nach andauerndem, endlosem Leben, nach ewiger Existenz und endloser meditativer Versunkenheit.
- Das Selbstvernichtungsbegehren wird traditionell auch das Verlangen nach Nicht-Existenz genannt. Hier gibt es Prallelen zu den psychoanalytischen Konzepten von Eros und Thanatos und von Libido und Destrudo (siehe hierzu Sīlānanda, 1990, S. 151).

Es soll hier noch einmal auf den grundlegenden Charakter aller Dinge und Erscheinungen hingewiesen werden. Im Rahmen der Darstellung der Dharmas ist deutlich geworden, dass alle Dinge erscheinen, erblühen, vergehen und sich auflösen. Erscheinen und Vergehen ist ein Prozess, dem *alles* unterliegt, traditionell zusammengefasst in dem Begriff *Soheit*. Eine Ursache des Leidens entsteht also dann, wenn dieser allem innewohnende Prozess nicht anerkannt wird und durch Greifen und Nicht-Loslassen (Anhaften) in seinem Prozesscharakter, in seiner Bewegung, unterbrochen wird. Der Prozess wird angehalten, in seinem lebendigen Fluss unterbrochen, dem Prozess werden »Fesseln« angelegt. Dieses Ausbremsen der

39 Das Entstehen des Begehrens kann in drei Phasen aufgeteilt werden: das latentes, schlummernde Begehren; das aufsteigende Begehren; das in eine Tat überführte, ausagierte, Begehren.

Lebendigkeit verursacht das Leiden. In der buddhistischen Tradition werden nun zwei Vorschläge gemacht, dieses Leiden zu beenden.

Im Kapitel »Achtsamkeit – Die Gefühle« zeigt die Abbildung 10 (S. 152), was passiert, wenn der Mensch in Kontakt mit einem Objekt tritt. Um Leiden zu verhindern, wurde dort der Vorschlag gemacht, sehr früh nach einem Kontakt innezuhalten und zu beobachten, was gerade passiert. So wird es möglich, Klarheit zu erlangen, um dann auf dieser Basis eine angemessene Handlung zu vollziehen, die hoffentlich zu weniger oder zu keinem Leiden führt. Diese hier beschriebenen Fähigkeiten sind in der Regel das Resultat einer längeren und intensiveren Praxis der Achtsamkeit. Oft jedoch wird dieser frühe Augenblick einer Prozessunterbrechung verpasst.

Eine weitere Möglichkeit, wohltuend in das Geschehen einzugreifen, findet sich an dem Punkt des Greifens. Hier gibt es ebenfalls den kurzen Augenblick einer Entscheidungsfreiheit: Der Mensch hat immer die Möglichkeit, zu greifen oder nicht zu greifen. Dieser kurze Moment wird mit zunehmender Achtsamkeitspraxis immer deutlicher: ein kurzes *Innehalten* vor dem Greifen wird möglich. Hier öffnet sich ebenfalls ein Augenblick der Wahlfreiheit. Hat die oder der Praktizierende sich nun entschieden, *nicht* zu greifen, bedeutet dies ein Abwarten. Sie bzw. er wartet ab, bis das schon entstandene Verlangen, das Begehren, abklingt. Nach und nach wird das Begehren weniger, bis es sich dann auflöst. Die Erfahrung, dass sich die Begierde nach einiger Zeit auflöst, ist immer wieder überraschend. Stephen Batchelor hat diesen Prozess als »Vier Aufgaben« so zusammengefasst:

1. » Erkenne das Leiden und nimm es an, verstehe es vollständig.
2. Lass das Verlangen los, das in Reaktion auf das Leiden entstanden ist. Das vollständige Verstehen selbst führt zum Loslassen des Verlangens.
3. Erfahre das Abklingen und Vergehen des Verlangens.
4. Dies ermöglicht und erlaubt dann, den ›Achtfachen Pfad‹ zu kultivieren« (Zwiebel und Weischede, 2015, S. 83; siehe auch Batchelor, 2012, S. 87–107).

Der zweite Vorschlag, das menschliche Leiden zu beenden, zielt ab auf den *allerersten Kontakt* im ersten Skandha. Es ist dies das Nicht-Entstehen des Begehrens, das Nicht-Aufkommen des Begehrens durch Nicht-Anhaften im ersten Kontakt selbst. Diesem Nicht-Anhaften geht eine generelle Nicht-Reaktion voraus. Der oder die Praktizierende ist nach langem Üben in der Lage, ganz in dieser ersten Berührung mit dem Objekt, innezuhalten und zu verweilen. Es entstehen keine Gefühle, keine Sprache und kein Bewusstsein.

In dieser Vor-Sprachlichkeit ist kein Begehren vorzufinden. Das Auslöschen des Begehrens ist somit das Nicht-Entstehen des Begehrens im allerersten Kontakt. Hier muss nichts beendet werden, weil (noch) nichts entstanden ist (siehe Sīlānanda, 1990, S. 158).

An dieser Stelle im ersten Kontakt zu verweilen, ist die große Kunst, erlernbar in der Stille auf dem Sitzkissen und in und mit der Achtsamkeitspraxis. Dieses Innehalten kann als ein *Tor* zur Freiheit vom Leiden beschrieben werden. Hier entsteht eine Freiheit, die mit Worten kaum zu beschreiben ist. Der Mensch kann ohne Anhaftung durchs Leben gehen, wirklich frei schauend, hörend, riechend, schmeckend, taktilen Kontakt herstellend und denkend. Frei in Kontakt tretend ohne Anhaftung. Eine solche Freiheit geht weit über die gekannten Freiheiten hinaus.

Der Mensch ist der lebendige Fluss.

# Kleine Schriften über den Geist: Die Bewegung des Geistes – Die Stille des Geistes

Dieses letzte Kapitel beinhaltet eine kleine Auswahl von buddhistischen Schriften, die sich mit der Frage nach dem menschlichen Geist beschäftigen. Viele von ihnen haben mich über die Jahre hinweg begleitet und sind zu einer wichtigen Quelle für meine Praxis geworden. Einige dieser Schriften sind Koans, aber auch Texte, die über das normale, begriffliche und logische Denken hinauszeigen.

Alle Schriften weisen darauf hin, dass es wichtig ist, ein rechtes Verständnis über den Geist zu erlangen, es gleichzeitig aber einer direkten Erfahrung des Geistes bedarf, ein Verstehen, das auf der direkten Erfahrung gründet. Diese Erfahrung sollte sowohl den Geist in seinen Aktivitäten beobachtend erleben als auch den stillen oder schweigenden Geist: ein Geist, der klar wahrnimmt, aber nicht reagiert.

✳

»Die Tradition beschreibt mit Hilfe folgender Geschichte über Huikes Erleuchtung eine der wichtigsten Meditationstechniken des Zen: Er bat Bodhidharma darum, seinen Geist zur Ruhe zu bringen. Bodhidharma versprach es, wenn er ihm seinen Geist bringen würde. Huike sann darüber nach und sagte dann: ›Wenn ich meinen Geist suche, kann ich ihn nicht finden.‹ Worauf Bodhidharma antwortete: ›Ich habe deinen Geist für dich zur Ruhe gebracht.‹
Diese Übung, nach seinem Geist zu suchen, ist eine wichtige Methode einer ganzen Reihe buddhistischer Schulen. Sie erscheint in unterschiedlichen Versionen und Geschichten, die dazu dienen sollen, diese besondere Ausrichtung der Aufmerksamkeit zu fördern. Eigentlich ist das eine unmögliche Aufgabe, aber sie hat die Funktion, ein Bewusstsein herbeizuführen, das nicht an Dingen oder Inhalten hängen bleibt und

dadurch den Geist davon befreit, bei gewohnten Gedanken zu verweilen.«
(BOS, 1990, S. XVII, Einleitung, eigene Übersetzung)

*

In den Schilderungen des Zen gibt es die berühmte Geschichte des 6. Patriarchen Hui-Neng, in der der Geist als Spiegel eine zentrale Rolle spielt.

Der 5. Patriarch sucht einen Nachfolger und bittet seine Mönche, die Verwirklichung ihrer Praxis schriftlich darzulegen. Der Hauptmönch, von allen als Nachfolger angesehen, schreibt folgendes Gedicht:

»Der Körper ist der Bodhi-Baum
der Geist wie ein großer aufgestellter Spiegel
achte darauf, ihn allezeit zu säubern,
und lass nicht zu, dass sich Staub auf ihn legt.«

Hui-Neng aber wird mit folgendem Gedicht der Nachfolger:

»Noch niemals gab es einen Bodhi-Baum
noch einen großen aufgestellten Spiegel,
im Grunde existiert nicht ein einziges Ding,
worauf also soll der Staub dann fallen?« (Watts, 1961, S. 118 ff.)

*Kommentar:* Das erste Gedicht beschreibt die Aktivitäten auf dem Meditationskissen: Zuerst geschieht die körperliche, bewegungslose Aufrichtung, in der der Körper wie ein Baum erlebt wird: Der Stamm ist bewegungslos, die Zweige und Blätter fast immer in Bewegung. Der Körper wird gründlich studiert. Dann erfolgt die Hinwendung zum Geist. Was bewegt die Zweige und Blätter? Der Geist. Auch der Geist wird gründlich studiert, immerzu gereinigt. So entwickelt sich eine Klarheit, die die Wirklichkeit immerzu wahrhaftig zu spiegeln in der Lage ist.

Das zweite Gedicht beschreibt die Verwirklichung dieser Praktiken: Alles Wahrgenommene, aber auch der Wahrnehmende selbst werden als Prozesse erkannt, nirgendwo ist etwas Festes oder Dauerhaftes zu finden. Dies ist das Erkennen und die Verwirklichung der

Leerheit. Hui-Nengs Erkenntnis: Weder haben die Gedanken, die Gefühle oder der Körper eine stabile Basis, sie sind immerzu in Bewegung, noch ist der Geist so etwas wie ein stabiler Spiegel, auch er ist immerzu Bewegtheit. Anhaftung ist nicht mehr nötig, Freiheit wird möglich.

*

»Sein Erscheinen ist subtil, sein Eingang ist nicht anhaftend. Das Nicht-Anhaften des Eingangs kennend, haben die Objekte draußen nichts, worauf sie sich stützen könnten. Die Subtilität des Erscheinens kennend, tut der innere Geist nichts. Wenn es im Geist keine Tätigkeiten gibt, können ihn Ansichten nicht bewegen. So wie Objekte draußen keine Grundlage haben, können Myriaden von Existenzen nicht binden.«

(BOS, 1990, S. 392, eigene Übersetzung)

*Kommentar:* Die Objekte der äußeren Welt treten in den Geist ein und erscheinen dort. Der Geist reagiert nicht, er tut nichts und so haben die Objekte nichts, an das sie sich binden oder auf das sie sich stützen könnten. Diese Nicht-Reaktion des Geistes ist ein zentraler Aspekt in der Entwicklung der Achtsamkeitspraxis.

*

»Yangshan fragte einen Mönch: ›Woher kommst du?‹

Der Mönch sagte: ›Aus der Provinz Yu.‹

Yangshan sagte: ›Denkst du an diesen Ort?‹

Der Mönch sagte: ›Ich denke immer daran.‹

Yangshan sagte: ›Der Denker ist der Geist und das Gedachte ist die umgebende Welt. Darin sind Berge, Flüsse, die Landmasse, Gebäude, Türme, Hallen und Zimmer, Leute, Tiere und so weiter. Drehe deinen Gedanken, den denkenden Geist zu denken, um – gibt es da so viele Dinge?‹

Der Mönch sagte: ›Wenn ich hierherkomme, dann sehe ich überhaupt keine Existenz.‹

Yangshan sagte: ›Das ist richtig für die Stufe des Vertrauens, aber noch nicht richtig für den Bereich der Person.‹

Der Mönch sagte: ›Hast du nicht noch eine andere besondere Art und Weise der Führung?‹

> Yangshan sagte: ›Zu sagen, dass ich irgendetwas Besonderes hätte oder nicht, wäre nicht genau. Gemäß deiner Einsicht bekommst du nur ein Mysterium – du kannst den Sitz einnehmen und die Robe tragen. Danach kümmere dich um dich selbst.‹«
>
> (BOS, 1990, S. 140, eigene Übersetzung)

*Kommentar:* In diesem Koan geht es um die grundlegende Erkenntnis, dass der Geist und seine Inhalte nicht dasselbe sind. Wenn dann der Geist selbst näher betrachtet und studiert wird, erscheint der Geist als ein Mysterium, und es wird der Hinweis gegeben, dieses Mysterium auf dem Sitzkissen zu entschlüsseln.

✳

Das folgende Gedicht gibt einen sehr umfassenden Einblick in den menschlichen Geist, die Schwierigkeiten und die Schritte die notwendig sind, ihn zum Erwachen zu führen:

> »HSIN HSIN MING
> Die Meißelschrift vom Glauben an den Geist
> von Sengtsan
>
> Der Höchste Weg ist nicht schwierig
> für diejenigen, die keine Vorlieben haben.
> Wenn beides, Liebe und Haß, vergangen
> sind, wird alles klar und unverhüllt.
> Die kleinste Unterscheidung allerdings
> trennt Himmel und Erde unendlich weit
> voneinander.
> Wenn du das Verlangen hast, die Wahrheit
> zu sehen, dann hege keine Anschauung
> für oder gegen irgendetwas.
> Das Leiden des Geistes ist es,
> das Geliebte dem Ungeliebten vorzuziehen.
> Wenn das tiefe Wissen um die Dinge nicht
> einsichtig wird, dann ist der grundlegende
> Frieden des Geistes sinnlos gestört.
> […]

So lange du in dem einen oder anderen
Extrem verweilst, wirst du die
Vollkommenheit nie kennen lernen.
[...]
Suche nicht nach der Wahrheit, lasse nur
davon ab, Meinungen zu pflegen.
Bleibe nicht dem Dualistischen verhaftet;
vermeide solches Trachten achtsam.
Selbst wenn es nur eine Spur von Diesem
und Jenem, Richtig und Falsch gibt, ist die
Soheit in Verwirrung verloren.
Obwohl alle Dualität aus diesem Einen
Geschmack, diesem Einen Weg heraus
kommt, sollten wir auch an diesem Einen
nicht haften.
Wenn der Geist ungestört in diesem Weg
existiert, kann nichts in der Welt
uns verletzten, und wenn uns etwas nicht
mehr verletzen kann, hört es auf, in der
alten Art und Weise zu existieren.

Wenn keine unterscheidenden Gedanken
auftauchen, hört der Kleine (alte) Geist
auf zu existieren.
Wenn sich Gedankenobjekte auflösen, löst
sich das denkende Subjekt auf, so wie
wenn sich der Geist auflöst und mit ihm
die Gedanken.
Dinge werden durch das Subjekt (Geist)
zu Objekten; der Geist (Subjekt) wird durch
die Dinge (Objekte) zum Geist.
Verstehe die Abhängigkeit dieser beiden
voneinander und die grundlegende
Wirklichkeit: die Vollkommenheit der
Leerheit.
In dieser Leerheit sind die beiden nicht zu
unterscheiden, und jedes enthält in sich

die ganze Welt.
Wenn du keine Unterscheidung triffst
zwischen dem Groben und dem Feinen,
wirst du nicht in Versuchung kommen,
Vorurteile und Ansichten zu pflegen.
Im Großen Weg zu leben
ist weder leicht noch schwer,
aber diejenigen mit beschränkten Sichtweisen
sind ängstlich und unentschlossen:
je schneller sie eilen, desto langsamer
sind sie, und dem Anhaften ist keine
Grenze gesetzt; selbst der Idee der Erleuchtung
anzuhaften bedeutet, vom Weg abzukommen.
Laß den Dingen ihren eigenen Lauf, und es
wird kein Kommen und Gehen mehr sein.
[...]
Alle Dualität rührt her von unwissender
Schlussfolgerung. Sie sind wie Träume
oder Luftschlösser:
Nur ein Narr versucht sie zu ergreifen.
Gewinn und Verlust, richtig und falsch:
solche Gedanken müssen letztendlich ein
für allemal verlöschen.

Wenn das Auge niemals schläft, werden
sich alle Träume auflösen.
Wenn der Geist keine Unterscheidungen
trifft, sind die zehntausend Dinge so, wie
sie sind, Soheit oder von Einem Geschmack.
Das Geheimnisvolle dieser Soheit zu
verstehen, heißt, von allen Verstrickungen
befreit zu sein.
Wenn alle Dinge als gleichwertig betrachtet
werden, haben wir die zeitlose
Selbst-Wesenheit erlangt.
In diesem Zustand ohne Beginn und ohne
Bezug sind Vergleiche oder Gleichstellungen

nicht mehr möglich.
[...]
Um direkt mit dieser Wirklichkeit in
Einklang zu kommen, sagen wir, wenn
Zweifel aufkommen, einfach: ›Nicht Zwei‹.
In diesem ›Nicht Zwei‹ ist nichts getrennt,
aber auch nichts ausgeschlossen.
Erleuchtung bedeutet, egal wann und wo,
in diese Wahrheit einzutreten.
Diese Wahrheit ist jenseits von
Ausdehnung oder Zusammenziehen
in Zeit oder Raum;
hierin dauert ein Gedanke zehntausend Jahre.

[...]
In diesem Vertrauen zu leben ist der Weg
zur Nicht-Zweiheit.
Denn die Nicht-Zweiheit
ist Eins mit dem Geist des Vertrauens.

Alles nur Worte!
Der Weg ist jenseits der Sprache
denn es gibt
kein Gestern
kein Morgen
kein Heute. (in Weischede, 2006, S. 155 ff.)

*Kommentar:* Diese berühmte Schrift verweist eindrücklich darauf, jegliche Dualität aufzugeben, selbst die Liebe soll nicht zu einem Bezugspunkt werden. Der Weg dahin: Pflege keine Meinungen, triff keinen Unterscheidungen, hafte an nichts an, verwirkliche die Leerheit, beende das Denken und Sprechen. Welche Welt und welche Wirklichkeit zeigen sich dem aufnehmenden Geist dann? Der Weg ist jenseits der Sprache.

*

In den folgenden Koan-Abschnitten (BOS, 1990, S. 311, eigene Übersetzung) wird Bezug genommen auf die Trennung zwischen dem Geist und seinen Inhalten. Darüber hinaus wird die Unterscheidung zwischen einem nichtverweilenden Geist und einem verweilenden Geist gemacht, einem Geist der (immer) aktiv ist, und einem Geist, der in der Stille verweilt.

- Bewegung erzeugt Bewegung.
- Stille erzeugt Stille.
- Schweigen erzeugt Schweigen

»Manjusri fragte Vimalakirti: ›Was ist die Grundlage des Körpers?‹
Vimalakirti sagte: ›Verlangen/Begierde ist die Grundlage des Körpers.‹
Manjusri fragte: ›Was liegt der Begierde zugrunde?‹
Vimalakirti sagte: ›Falsche Unterscheidungen liegen der Begierde zugrunde.‹«

*Kommentar:* Die Begierde ist eine der treibenden Kräfte für das Entstehen des menschlichen Leidens. Es bedarf einer gute Balance zwischen dem Not-Wendingen und dem Über-Fluss.

»Manjusri fragte: ›Was ist die Grundlage von falschen Unterscheidungen?‹
Vimalakirti sagte: ›Falsche Vorstellungen sind die Grundlage für falsche Unterscheidungen.‹«

*Kommentar:* Der Mensch hat Konzepte und Vorstellungen vom Leben. Diese basieren nicht auf der Basis des rechten Erkennens, welches wiederum die Soheit zur Basis hat.

»Manjusri fragte: ›Was ist die Grundlage von falschen Vorstellungen?‹
Vimalakirti sagte: ›Nicht-Verweilen ist die Grundlage.‹«

*Kommentar:* Der Mensch ist immer in Bewegung, hat immer etwas zu tun, ist immer absichtsvoll unterwegs. Selten verweilt er; selten betrachtet und erlebt er das Leben aus der Stille heraus oder das Leben in der Stille.

»Manjusri fragte: ›Was ist die Grundlage von Nicht-Verweilen?‹ Vimalakirti sagte: ›Nicht-Verweilen hat keine Grundlage. Manjusri, alle Dinge werden aus einer nichtverweilenden Grundlage erzeugt.‹«

*Kommentar:* Alle Dinge werden aus der Bewegung erzeugt. Alle Dinge aber werden auch aus der Stille, der Nicht-Bewegung, erzeugt.

*

»Meister Sengzhaos Aufzeichnungen sagen: ›Der Geist ist wie Wasser: Wenn er still ist, gibt es Spiegelung; wenn gestört, keinen Spiegel. Durcheinandergebracht von Torheit und Begierde, entfacht durch irreführende Einflüsse, wallt es hoch, bläht sich auf und stoppt niemals auch nur für einen Moment. Betrachte es auf diese Weise, wohin kannst du gehen und nicht irren! (Egal wohin du gehst, du wirst dich irren; G. W.) Wenn man zum Beispiel versucht, in eine fließende Quelle zu schauen, um die eigene Erscheinung zu sehen – sie formt sich nie.‹«

(BOS, 1990, S. 311 f., eigene Übersetzung)

*Kommentar:* Oft ist eine Quelle in eine Quellfassung eingefasst. Hier wird das erste aus dem Grund aufsteigende Wasser gesammelt. Wenn das Wasser ruhig und langsam fließt, ist seine Oberfläche ganz still und man kann sein eigenes Spiegelbild klar erkennen. Weil das Wasser und auch der Geist durchsichtig sind, sind der Grund des Geistes und der Grund der Quellfassung deutlich zu sehen. Wird die Oberfläche des Wassers jedoch immerzu bewegt, ist der Geist immerzu aktiv, wird es immer wieder zu irrigen Entscheidungen kommen, die zu Leiden führen.

*

»Er sagte auch: ›Wegen des Nicht-Verweilens, (gibt es) irreführende Vorstellungen; wegen irreführender Vorstellungen (gibt es) Unterscheidungen; wegen Unterscheidung (gibt es) Begierde, wegen Begierde gibt es einen Körper; da es einen Körper gibt, werden beide, Gut und Schlecht, hervorgebracht; wenn Gut und Schlecht einmal hervorgebracht sind, entstehen die Myriaden von Dingen.‹« (BOS, 1990, S. 312, eigene Übersetzung)

*Kommentar:* Eine wunderbare Zusammenfassung der menschlichen Situation: Bewegung erzeugt ein bewegtes Leben. Bewegung führt zu einem von der Bewegung getriebenen Leben. Halte inne, werde still. Bewege den Körper nicht. Bewege den Geist nicht. Sitzen in tiefer Versenkung. Wie sieht die Welt aus dieser Perspektive aus?

✳

»Wenn die Alten krank waren, verrichteten sie dennoch die Arbeit des Buddhas. Als in Meister Huisi von Nanyue plötzlich das Hindernis der Krankheit auftauchte, schrieb er ein Kapitel über die Krankheit: ›Krankheit kommt vom Handeln, Handeln kommt von der Illusion, Illusion kommt vom Geist. Geist ist grundlegend ungeboren – woher sollte Krankheit kommen?‹ Als er diesen Gedanken geformt hatte, fühlte er sich plötzlich gesund. Ich sage, er hat Frieden und Glück vom Tathagata Chan erfahren.« (BOS, 1990, S. 160, eigene Übersetzung)

*Kommentar:* Welcher Stellenwert kommt dem Geist im Rahmen von Gesundheit und Krankheit zu? Einiges dazu ist im Abschnitt »Das Leiden am Geist« (S. 51 ff.) ausgeführt worden. Egal ob gesund oder krank, die Praxis, immerzu einen stillen, schweigenden und aufnehmenden Geist zu kultivieren, wird grundsätzlich kontinuierlich weitergeführt. Ein solcher Geist ist leer, immer wieder neu und grundlegend ungeboren.

✳

»Die Schrift der vollständigen Erleuchtung sagt:
›Erzeuge zu keiner Zeit trügerische Gedanken,
versuche auch nicht, innezuhalten und trügerische Geisteszustände auszulöschen;
in Bereichen falscher Vorstellung füge kein Wissen hinzu
und suche im Nicht-Wissen nicht nach Wirklichkeit.‹«

»Erzeuge zu keiner Zeit trügerische Gedanken – Nein.
Versuche auch nicht, innezuhalten und trügerische Geisteszustände auszulöschen – Nein.
In Bereichen falscher Vorstellung füge kein Wissen hinzu – Nein.

> Suche im Nicht-Wissen nicht nach Wirklichkeit – Nein.«
> (BOS, 1990, S. 191 und S. 193, eigene Übersetzung)

*Kommentar:* Wie mit dem Geist und seinen Aktivitäten umgehen? Die Methode der Negation, von Nagarjuna entwickelt, kann dabei sehr nützlich sein.

✳

> »Vimalakirti fragte Manjusri: ›Welche Methode wendet ein Bodhisattva an, um in die Nicht-Zweiheit einzutreten?‹
> Manjusri sagte: ›Meines Wissens nach ist in allen Dingen keine Sprache, keine Erklärung, keine Anleitung und keine Ausführung, alle Fragen und Antworten zurücklassend – dies ist die Methode, um in die Nicht-Zweiheit einzutreten.‹
> Dann fragte Manjusri Vimalakirti: ›Wir haben beide gerade gesprochen. Nun, guter Mann, solltest du sagen, was ist die Methode eines Bodhisattvas, in die Nicht-Zweiheit einzutreten?‹
> Vimalakirti schwieg.« (BOS, 1990, S. 201, eigene Übersetzung)

*Kommentar:* Das Schweigen des Geistes ist die wahre Antwort auf alle existenziellen Fragen.

✳

> »In Japan haben wir den Ausdruck shoshin, was Anfängers Geisteshaltung bedeutet. Ziel der Praxis ist immer, uns den Anfänger-Geist zu erhalten […] Für Schüler des Zen ist es die wichtigste Aufgabe, dass sie nicht dualistisch sind. Unser ›ursprünglicher Geist‹ enthält alles in sich. Er ist immer reich und sich selbst genügend. Ihr solltet diesen Euren selbstgenügsamen Geisteszustand nicht verlieren.
> Darunter soll nicht ein eingeengtes, verschlossenes, sondern vielmehr ein leeres und aufnahmebereites Herz verstanden sein. Ist Euer Herz leer, so ist es für alles bereit, ist allem offen. Des Anfängers Geist hat viele Möglichkeiten, der des Experten hat nur wenige.« (Suzuki, 1990, S. 21 f.)

*Kommentar:* Der Zen-Meister Suzuki Roshi beschreibt den menschlichen Geist als einen, der alles immer wieder neu sieht und neu erlebt, und nennt ihn den *Anfänger-Geist.*

✳

Die beiden folgenden längeren Zitate greifen zwei wichtige buddhistische Grundkonzepte auf, die auch im Zentrum der Achtsamkeitspraxis stehen:

- Das Entstehen aller Dinge in gegenseitiger Abhängigkeit und gegenseitiger Durchdringung, deutlich im Konzept des Hua-Yen-Buddhismus.
- Das Konzept der Leerheit am Beispiel des Herz-Sutra.

HUA-YEN BUDDHISM
Das Juwelennetz von Indra

»Wir wollen mit einem Bild beginnen, das schon immer die bevorzugte Hua-Yen-Methode war, die Art und Weise, wie Dinge existieren, beispielhaft zu erklären. Weit draußen in den himmlischen Sphären der großen indischen Göttin Indra gibt es ein wundervolles Netz; von einem geschickten Erfinder in einer Art und Weise aufgehängt, dass es sich unendlich weit in alle Richtungen erstreckt. In Abstimmung mit dem außergewöhnlichen Geschmack der Gottheiten hat der Erfinder in jeden Knoten des Netzes ein glitzerndes Juwel gehängt; und da das Netz in seiner Ausdehnung unendlich ist, ist die Anzahl der Juwelen ebenfalls unendlich.

Da hängen nun die Juwelen und glitzern wie Sterne von größter Strahlkraft, ein wunderbar anzusehendes Schauspiel. Wenn wir nun willkürlich eines dieser Juwelen zur genaueren Ansicht herausnehmen, werden wir entdecken, dass sich alle anderen unzähligen Juwelen des Netzes auf seiner polierten Oberfläche widerspiegeln. Aber nicht nur das, denn jedes Juwel, das sich in diesem einen Juwel widerspiegelt, spiegelt all die anderen Juwelen, so dass ein unendlicher Widerspiegelungsprozess stattfindet. Die Hua-Yen-Schule war immer stolz auf dieses Bild und hat dies auch immer wieder in der Literatur erwähnt, symbolisiert es doch einen Kosmos, in dem es eine unendliche Anzahl sich wiederholender, gegenseitiger Beziehungen zwischen allen Teilnehmern gibt. Diese Beziehungen, so wird gesagt, sind eine von gleichzeitiger, wechselseitiger Identität und wechsel-seitig abhängiger Ursächlichkeit.

Nehmen wir zehn Münzen, die die Ganzheit des Daseins symbolisieren würden, und untersuchen ihre Beziehung untereinander, dann würde, der Hua-Yen-Lehre zufolge, die erste Münze als identisch mit den anderen neun betrachtet werden. Gleichzeitig würde die zweite Münze als identisch mit den übrigen neun betrachtet werden und so weiter durch die ganze Sammlung der Münzen hindurch. Also, ungeachtet der Tatsache, dass die Münzen unterschiedliche Bezeichnungen, unterschiedliches Alter, unterschiedliche Metalle und so weiter aufweisen, wird gesagt, dass sie völlig identisch seien. Dies wird als die statische Beziehung zwischen den Münzen bezeichnet. Wenn wir dieselben zehn Münzen noch einmal betrachten und ihre dynamische Beziehung untersuchen, dann werden sie, den Hua-Yen-Meistern zufolge, entweder als völlig wechselseitig voneinander abhängig oder als wechselseitig ursächlich betrachtet (abhängig vom Standpunkt). So gesehen ist die erste Münze die Ursache für die Gesamtheit der Münzen, während diese in ihrem Dasein als abhängig von der ersten Münze betrachtet werden.

Die erste Münze als solche ist die Unterstützung, während die Ganzheit der Gruppe das ist, was unterstützt wird. Während diese besondere Gesamtheit nicht ohne die spezielle Unterstützung der ersten Münze existieren könnte, wird diese Münze als der ausschließliche Grund für die Gesamtheit betrachtet. Wenn wir unsere Aufmerksamkeit nun zur zweiten Münze wenden und ihre Beziehung zu den anderen neun Münzen untersuchen, können wir das Gleiche wie oben über diese Münze sagen. Sie ist die einzige Ursache für das Dasein der zehn Münzen. Aus der Sicht jeder dieser zehn Münzen kann gesagt werden, dass sie der einzige Grund für das Ganze ist. Jedoch, die Ursache-Resultat-Beziehung ist sogar noch durchlässiger als dies, denn jede Münze, vom Standpunkt der einen Münze aus betrachtet, kann als Grund und Ursache für das Ganze betrachtet werden, gleichzeitig jedoch agiert das Ganze als Grund für die eine Münze, denn die eine Münze hat überhaupt nur eine Existenz und Funktion innerhalb des gesamten Umfelds. Dass die Münze außerhalb ihrer Umgebung existieren könnte, kann nie als Frage auftauchen, denn da die zehn Münzen die Gesamtheit des Seins symbolisieren, wäre eine Münze außerhalb des Kontextes etwas Nicht-Existentes. So betrachtet ist jedes Einzelne gleichzeitig der Grund für das Ganze und ist durch das Ganze verursacht, und was das Dasein genannt wird, so könnte man es als weiten Körper betrachten, der aus einer unendlichen Anzahl von Individuen zusammengestellt ist, die sich alle gegenseitig unterstützen und gegenseitig definieren. Kurz gesagt, ist der Kosmos ein sich selbst herstellender, ein sich selbst unterstützender und sich selbst definierender Organismus. In der Hua-yen-Lehre wird solch ein Universum *dharma-dhatu* genannt, welches wir, wenn wir wollen, als ›Kosmos‹ oder ›Universum‹ übersetzen können, mit dem Vorbehalt allerdings, dass es sich nicht um das Universum handelt, wie allgemein angenommen wird, sondern um das Hua-Yen-Universum der Gleichheit und wechselseitigen Abhängigkeit.

Solch ein Universum ist den Menschen im Westen nicht sehr vertraut. Die jüdisch-christliche Religionstradition und die griechische Tradition der Philosophie haben ihrer Nachwelt eine Sichtweise des Daseins hinterlassen, die sich sehr von der der Chinesen unterscheidet. Sie unterscheidet sich in verschiedenen Aspekten.

Erstens war es immer, und in gewisser Weise ist es immer noch, ein Universum, das auf der Grundlage eines göttlichen Plans erklärt werden muss, mit der Annahme, dass es einen Anfang und ein Ende hat. Die Hua-Yen-Welt dagegen ist völlig nichtteleologisch. Es gibt keine Theorie eines Zeitbeginns, kein Konzept eines Schöpfers, keine Frage nach dem Sinn von allem. Das Universum wird als gegeben genommen, eine unermessliche Tatsache, die nur aufgrund ihrer eigenen inneren Dynamik erklärt werden kann und die der Sichtweise der Physik des zwanzigsten Jahrhunderts nicht unähnlich ist.

Darüber hinaus ist unsere vertraute Welt eine, in der Beziehungen eher eingeschränkt und etwas Besonderes sind. Wir kennen Bluts-, Heirats-, Gattungs- oder Artenverwandtschaften, Verwandtschaften in Bezug auf das Belebte und das Unbelebte und Ähnliches, aber es fällt uns schwer, uns vorzustellen, wie alles mit allem in Verbindung steht. Wie stehe ich in Bezug zum Sternbild Orion? Wie stehe ich sogar in Bezug zu einem Eskimo in Alaska, außer durch die unbedeutende und wirklich nicht praktisch gelebte Artenverwandtschaft? Ich fühle gewiss keine Beziehung zu diesen anderen Dingen.

Kurz gefasst können wir sagen, dass es uns leichter fällt, in Begriffen von isolierten Wesen zu denken als von einem Sein. Sein ist einfach, eine Einheit des Daseins, in der zahlenmäßig getrennte Einheiten in einer grundlegenden Art und Weise in gegenseitiger Beziehung stehen. Wesen werden als autonom gedacht, innerhalb ihrer eigenen Haut isoliert, jedes im Großen und Ganzen vom Rest der Wesen (belebt und unbelebt) unabhängig. Die »Mystik«, die sowohl von der Gleichheit mit solchen Dingen wie Tieren, Pflanzen und unbelebten Objekten spricht als auch der mit anderen Menschen, wird zu einem Objekt des Spottes. Das Hua-Yen-Universum ist von seinem Wesen her ein Universum der Gleichheit und der völlig wechselseitigen Ursache; was ein Teil in dem unermesslichen Bestand des Kosmos beeinflusst, beeinflusst jedes Individuum darin, sei es nun der Tod, die Erleuchtung oder die Sünde.

Schließlich ist die westliche Sichtweise vom Dasein die einer strikten Hierarchie; traditionellerweise eine, in der der Schöpfergott die oberste Stufe der Daseinsleiter besetzt, der Mensch den mittleren Teil und andere Tiere, Pflanzen, Steine usw. besetzen das Ende. Selbst mit der zunehmenden Abnahme des religiösen Interesses im Westen, durch das für viele die oberste Stufe der Leiter unbesetzt ist, existiert immer noch die stillschweigende Annahme, dass der Mensch das Maß aller Dinge ist, dass es sein Universum ist und dass die irgendwie unberechenbare Geschichte des unermesslichen Universums wesentlich eine menschliche Geschichte sei.

Das Hua-Yen-Universum auf der anderen Seite kennt keine Hierarchie. Es gibt kein Zentrum, oder wenn es eines gibt, dann ist es überall. Der Mensch ist gewiss nicht das Zentrum, noch ist es ein Gott«
(Cook, 1991, S. 2 ff., eigene Übersetzung, in Weischede, 2006, S. 151 ff.).

*Kommentar:* Es ist nicht möglich, aus diesem Juwelennetz herauszufallen. Mit dem Begriff des »abhängiges Entstehens« wird deutlich, dass der Mensch sich immer in Bezogenheit und Verbundenheit befindet. Er lebt immer in gegenseitiger Abhängigkeit, er ist immer durchdrungen von seiner ihn umgebenden Welt. Diese Welt stellt ihn her und er sie. Das ganze Universum entfaltet sich in dieser Wirklichkeit immer wieder neu.

*

»MAHĀ PRAJÑĀ PĀRAMITĀ HERZ-SUTRA

Bodhisattva Avalokiteśvara
erkannte in tiefer Übung von Prajñā-Pāramitā,
dass alle fünf Skandhas leer sind von eigenem Sein
Und war befreit von allem Leiden.

O Śariputra, Form unterscheidet sich nicht von Leerheit,
Leerheit unterscheidet sich nicht von Form.
Form ist wirklich Leerheit;
Leerheit wirklich Form.
Das Gleiche gilt für Empfindung, Wahrnehmung, Impulse,
Bewusstsein.

O Śariputra, Kennzeichen aller Dharmas ist Leerheit;
Sie entstehen nicht und vergehen nicht,
Sind weder unrein noch rein,
Nehmen nicht zu und nicht ab.

Daher gibt es in Leerheit keine Form,
Keine Empfindung, keine Wahrnehmung, keine Impulse,
kein Bewusstsein;
Nicht Auge, nicht Ohr, nicht Nase, nicht Zunge, nicht Körper,
nicht Geist;
Keine Farbe, keinen Klang, keinen Geruch, keinen
Geschmack,
keine Berührung, kein Geistesobjekt;
Nichts vom Bereich des Sehens bis hin zum Bereich des
Bewusstseins;

Nichts von Unwissenheit und deren Auslöschung
bis hin zu Alter und Tod und deren Auslöschung;
Kein Leiden, kein Ursprung, kein Ende, kein Weg;
Weder Erkennen noch Erreichen.
Weil es nichts zu erreichen gibt,
Leben Bodhisattvas in Prajñā-Pāramitā,
Und der Geist ist kein Hindernis.
Ohne Hindernis gibt es keine Furcht;
Jenseits aller Täuschungen weilen sie in Nirvana.

In den drei Welten leben alle Buddhas in Prajñā-Pāramitā
Und erreichen höchste Erleuchtung, vollkommen und
unübertroffen.

Wisse daher, Prajñā-Pāramitā
Ist das alles überschreitende Mantra,
Ist das große strahlende Mantra,
Ist das höchste Mantra,
Ist das unübertroffene Mantra,
Das von allen Leiden befreien kann,
Und wahr ist, nicht falsch.
So verkünde das Prajñā-Pāramitā-Mantra,
Verkünde das Mantra, das heißt:
Gate, gate, paragate, parasamgate! Bodhi Svāha!«[40]
(in Weischede, 2006, S. 168 f.)

*Kommentar:* Hier zunächst einmal eine Auslegung zum Herz-Sutra von Suzuki Roshi: »In der Prajna Paramita-Sutra ist der allerwichtigste Punkt natürlich die Idee der Leerheit. Bevor wir die Idee der Leerheit verstehen, scheint alles substantiell zu existieren. Aber wenn wir die Leerheit der Dinge erkannt haben, wird alles wirklich – nicht substantiell. Wenn wir erkennen, dass alles, was wir sehen, ein Teil der Leerheit ist, können wir keine Anhänglichkeiten an irgendeine Existenz haben; wir erkennen, dass alles einfach eine vorläufige Form und Farbe ist. Auf diese Weise erkennen wir die wahre Bedeutung jeder vorläufigen Existenz. Wenn wir zum ersten Mal hören, dass alles von vorläufiger Existenz ist, sind die meisten von uns unzufrieden; aber diese Unzufriedenheit kommt aus einer falschen Ansicht über Mensch und Natur. Deshalb weil unsere Art, die Dinge zu beobachten, tief verwurzelt ist mit unseren egoistischen Ideen, sind wir enttäuscht, wenn wir finden, dass alles nur eine vorläufige Existenz hat. Aber wenn wir tatsächlich diese Wahrheit erfassen, werden wir Leiden nicht kennen« (Suzuki, 1990, S. 121).

Im Kapitel »Über das menschliche Leiden, Krankheit und Gesundheit« (S. 42 ff.) und im Abschnitt »Mādhyamika – Über die Leer-

40 Das Herz-Sutra existiert in verschieden Übersetzungen. Die hier vorgestellte stammt aus dem Buddhistischen Studienzentrum Johanneshof/Schwarzwald und wird dort, wie auch im Meditationszentrum »Lebendiges Zen« in Göttingen, täglich rezitiert.

heit« (S. 184 ff.) ist eine der zentralen Aussagen, dass letztendlich alles »leer« sei. Diese Leerheit meint in ihren Grundzügen, dass nirgendwo etwas Festes zu finden sei, alles, was zu finden ist, ist kontinuierliche Bewegung und andauernde Veränderung. Ein fester Kern, ein unveränderlicher Hintergrund oder Ur-Grund sind demnach nicht zu finden, alles ist leer.

Sehr Erhellendes über diesen Wirklichkeitsbegriff hat Christian Thomas Kohl in seinem Buch »Buddhismus und Quantenphysik« (2005) zu Papier gebracht. Die Parallelen zwischen Nagajunas Wirklichkeitsbegriff und dem der zeitgenössischen Quantenphysik sind verblüffend und überraschend. »Für beide besteht die grundlegende Wirklichkeit aus einem Zusammenspiel von Systemen, deren Bestandteile weder identisch sind, noch auseinanderfallen. Diese Wirklichkeitsbegriffe lassen sich nicht mit den substantiellen, subjektivistischen, holistischen und instrumentalistischen Wirklichkeitsbegriffen vereinbaren, die den Denkweisen der modernen Welt zugrunde liegen« (Kohl, 2005, Abstract).

Im Fortgang dieses Buches ist immer wieder deutlich geworden, dass diese Leerheit auch den Menschen selbst betrifft. Das Erleben einer Person, eines Ich-Selbst als etwas Festem« und subjektiv erfahrenen Unveränderlichem, stellt sich bei genauerer Untersuchung als Illusion heraus. Auch hier ist nur Veränderung auffindbar. Im Kapitel »Über das menschliche Leiden, Krankheit und Gesundheit« (S. 42 ff.) ist auf das Selbst als »lebendige Bewegung« hingewiesen worden. Dabei erkennt der Übende, dass »ich selbst nichts anderes bin als die erfahrende und lebendige Bewegung meiner selbst. Indem ich mich selbst als diese Bewegung erfahre, vergesse ich zunehmend das ›Ich‹, das dazu tendiert, sich als konstanter Faktor über diese Bewegung zu erheben. Indem die lebendige Bewegung sich mehr und mehr kennenlernt und dadurch das sich über dieser Bewegung erhebende ›Ich‹ zurückgenommen wird, kann die lebendige Bewegung, als die ich selber bin, in den Vordergrund der Aufmerksamkeit treten« (Elberfeld, 2010, S. 58).

Das Herz-Sutra, ein im Buddhismus weithin bekannter Text, beschreibt die Bemühungen des Bodhisattva Avalokiteśvara auf dem Sitzkissen und im Alltag, dieses Ich-Selbst genauer zu untersuchen. In den verschiedenen Kapiteln des Buches sind in unterschiedlicher

Weise immer wieder die fünf Skandhas angesprochen worden. Diese beschreiben die Herstellung des menschlichen Bewusstseins, aber auch die des Ich-Selbst.

Avalokiteśvara erkannte nun, dass dieses Ich-Selbst, erzeugt im Prozess der fünf Skandhas, ebenfalls leer ist, leer von einem eigenen Sein. Es wird immer wieder hergestellt und ein fester, unveränderlicher Kern ist auch hier nicht zu finden. Und nicht nur das: Jede Form, jedes Ding, materiell oder immateriell, ist leer. Wenn die Leerheit in jeder Form zu finden ist, dann, so sein/ihr Fazit, kann Form Leerheit genannt werden und Leerheit Form. Form und Leerheit beschreiben die gleichen Prozesse des ewigen Wandels.

Nachdem Avalokiteśvara dies erkannt hatte, untersuchte er/sie die Skandhas noch einmal genauer: Empfindungen, Wahrnehmungen, Impulse und das Bewusstsein sind leer, es sind Formen in andauernder Veränderung. Wenn dem so ist, so schließt er, kann ein Anfang oder ein Ende dieser Prozesse nicht gefunden werden, weder ein Entstehen noch ein Vergehen. Aus dieser Erkenntnis schließt er, dass alles, was die menschlichen Sinne vermitteln, ebenfalls nur Prozesse sind und somit immer nur ein sehr kurzes, *vorläufiges* Bild darstellen.

Mit Hilfe der Negation verneint er jede Wahrnehmung und macht sich so bewusst, dass alles im Geist oder Körper Erscheinende oder Erlebte nur ein Schein ist. Dieser trügerische Schein erzeugt Festigkeit und Dauer, die es so nicht gibt.

Auch ein Ursprung, ein Anfang, ein Ende, ein Weg, Alter und Tod sind nicht zu finden. Weder ein Erkennen noch ein Erreichen kann gefunden werden. In diese tiefe Erkenntnis nun hinein erwachte Avalokiteśvara. Der Geist ist befreit von Täuschungen, Verblendungen und Angst und stellt somit kein Hindernis mehr dar. Die Wirklichkeit offenbart sich in ihrer Leerheit und ihrer Form.

Der letzte Teil des Herz-Sutra ist ein Lobgesang auf diesen Praxisweg, der zum vollständigen Erwachen und damit zur vollständigen Leidensbefreiung führt.

# Literatur


Aguilar-Raab, Corina (2021). Systemische Praxis und Buddhismus. Ein Wegweiser für achtsame Therapie und Beratung. Göttingen: Vandenhoeck & Ruprecht.

Anapanasati: siehe Nagasena, Bhikkhu

Batchelor, Stephen (2012). A secular Buddhism. Journal of Global Buddhism, 13, 87–107.

Baden, Nicole (2021). Wo sollen wir eine Grenze ziehen? Was gehört in diesem Augenblick nicht dazu? Buddhismus aktuell 4, 40–43.

BOS (1990). Book of Serenity. One hundred Zen dialogues. Translated by Thomas Cleary. Hudson, NY: Lindisfarn Press.

Bozzaro, Claudia (2014). Das Leiden an der verrinnenden Zeit. eine ethisch-philosophische Untersuchung zum Zusammenhang von Alter, Leid und Zeit am Beispiel der Anti-Aging-Medizin. Stuttgart-Bad Cannstadt: Fromman-Holzboog.

Breuer, Franz; Muckel, Petra; Dieris, Barabra (2009). Reflexive Grounded Theorie. Eine Einführung für die Forschungspraxis. Wiesbaden: Springer VS.

Cook, Francis H. (1991). Hua-yen Buddhism. The jewel net of Indra. University Park and London: Pennsylvania State University Press.

Dōgen, Zenji (2001). Shōbōgenzō, Bd. 1–4. Heidelberg: Kristkeitz.

Duden (2001). Duden. Band 7: Herkunftswörterbuch. Mannheim: Dudenverlag.

Elberfeld, Rolf (2010). Sich selbst erlernen heißt, sich selbst vergessen. Japanisch-buddhistische Perspektiven der Selbstzurücknahme. In B. Gronau, A. Lagaay (Hrsg.), Ökonomie der Zurückhaltung. Kulturelles Handeln zwischen Askese und Restriktion (S. 53–72). Bielefeld: Transcript.

Freud, Sigmund (1968). Briefwechsel an M. Bonaparte. Briefe 1873–1930. Frankfurt: a. M.: S. Fischer.

Fuchs, Thomas (2002). Zeit-Diagnosen. philosophisch-psychiatrische Essays. Zug: Graue Edition.

Gebser, Jean (1978). Ursprung und Gegenwart. Erster Teil. Gesamtausgabe Band II. Schaffhausen: Novalis.

Goleman, Daniel (1996). Emotionale Intelligenz. München: Hanser.

Goleman, Daniel; Davidson, Richard J. (2018). Altered Traits. Science reveals how meditation changes your mind, brain, and body. New York: Avery.

Hanh, Thich Nhat (2003). Aus Angst wird Mut. Grundlagen buddhistischer Psychologie. Fünfzig Verse über die Natur des Bewußtseins. Berlin: Theseus.

Hayward, Jeremy W. (1990). Die Erforschung der Innenwelt. Neue Wege zum wissenschaftlichen Verständnis von Wahrnehmung, Erkennen und Bewusstsein. Bern u. a.: Scherz.

Hellenkemper, Nina (2016). Achtsamkeit 2.0. Feature NDR Kultur. DLF.
Hölzel, Britta (2015). Achtsamkeit mitten im Leben: Anwendungsgebiete und wissenschaftliche Perspektiven. München: Barth.
Jadine, Anja (2017). Geistige Abwesenheit ist die Regel im Arbeitsalltag. Neue Zürcher Zeitung (NZZ), 29.7.2017.
Jadine, Anja (2017). Was soll denn der Mist? Neue Zürcher Zeitung (NZZ), 18.8.2017.
Jadine, Anja (2017). Würde Achtsamkeit in der Wirtschaft Einzug halten, müssten die Unternehmen ihre Ziele grundsätzlich überarbeiten. NZZ, 30.8.2017.
Kabat-Zinn, Jon (2003). Gesund durch Meditation. Das große Buch der Selbstheilung. München: Barth.
Kandel, Eric (2006). Psychiatrie, Psychoanalyse und die neue Biologie des Geistes. Frankfurt a. M.: Suhrkamp.
Kohl, Christian Thomas (2005). Buddhismus und Quantenphysik. Die Wirklichkeitsbegriffe Nāgārjunas und der Quantenphysik. Aitrang: Windpferd.
Lexikon d. ö. W. (1986). Lexikon der östlichen Weisheitslehren. Buddhismus, Hinduismus, Taoismus, Zen. Hrsg. von Ingrid Fischer-Schreiber München: Barth.
Maturana, Humberto; Varela, Francisco (1987). Der Baum der Erkenntnis. Die biologischen Wurzeln des menschlischen Erkennens. Bern u. a.: Scherz.
Metzinger, Thomas (2010). Der Ego-Tunnel. Eine neue Philosophie des Selbst: von der Hirnforschung zur Bewusstseinsethik Berlin: Berlin-Verlag.
Mulligan, Beth (2019). Das Herz der Achtsamkeit. Die buddhistischen Wurzeln von MBSR. Freiburg: Arbor.
Murphy, Sean (2019). Get out of your head. Tricycle, 32–35.
Nagasena, Bhikkhu (1980). Anapanasati, Vol. I–III. Bangkok: Sublime Life Mission.
Nagel, Thomas (2007). Wie ist es, eine Fledermaus zu sein? In Peter Bieri (Hrsg.): Analytische Philosophie des Geistes (4. Auflage). Weinheim: Beltz.
Nyanaponika (1979). Geistestraining durch Achtsamkeit. Die buddhistische Satipṭṭhāna-Methode. Konstanz: Christiani.
Nyanatiloka (1999). Buddhistisches Wörterbuch. Kurzgefaßtes Handbuch der buddhistischen Lehren und Begriffe in alphabetischer Anordnung (5. Auflage). Stammbach: Beyerlein & Steinschulte.
Oppermann, Malte (2020). Der Augenblick. Wien: Karolinger.
Rabten, Gesche (2003). Der Geist und seine Funktionen. Erklärungen eines tibetischen Meditations-Meisters. Le Mont-Pèlerin: Edition Rabten.
Raichle, Marcus E. (2010). Im Kopf herrscht niemals Ruhe. Spektrum der Wissenschaft, Juni 2010.
Reichle, F. (2006). Monte Grande – Was ist Leben? Film-DVD.
Schmidt, Jacob (2020). Achtsamkeit als kulturelle Praxis. Zu den Selbst-Welt-Modellen eines populären Phänomens. Bielefeld: Transcript.
Scobel, Gert (2018). NichtDenken. Achtsamkeit und die Transformation von Körper, Geist und Gesellschaft = Shen xin tuo luo. Berlin: NP & I.
Sīlānanda, U. (1990). The four foundation of mindfulness. Boston: Wisdom Publication.

Singer, Wolf (Hrsg.) (1994). Gehirn und Bewusstsein. Heidelberg: Spektrum, Akad. Verl.
Stern, Daniel N. (2011). Formen der Vitalität. Die Erforschung dynamischen Erlebens in Psychotherapie, Entwicklungspsychologie und den Künsten. Frankfurt a. M.: Brandes & Apsel.
Stern, Daniel N. (2016). Tagebuch eines Babys. Was ein Kind sieht, spürt, fühlt und denkt. München: Piper.
Stern, Daniel N. (2018). Der Gegenwartsmoment. Veränderungsprozesse in Psychoanalyse, Psychotherapie und Alltag. Frankfurt a. M.: Brandes & Apsel.
Süddeutsche Zeitung (2019). Sollen Soldaten meditieren? Magazin, 15.4.2019.
Suzuki, Shunryu (1990). Zen-Geist, Anfänger-Geist (5. Auflage). Zürich: Theseus.
Tan, Chade-Meng (2012). Search inside yourself. Das etwas andere Glücks-Coaching. München: Aarkana.
Thompson, Evan (2020). Why I am not a Buddhist. New Haven/London: Yale University Book.
Varela, Francisco; Evan Thompson; Eleanor Rosch (1992). Der Mittlere Weg der Erkenntnis. Die Beziehung von Ich und Welt in der Kognitionswissenschaft – der Brückenschlag zwischen wissenschaftlicher Theorie und menschlicher Erfahrung. Bern u. a.: Scherz.
Varela, Francisco (2001). »The Portable Laboratory«. In Hans-Ulrich Obrist; Barbara Vanderlinden (Hrsg.), Laboratorium. Ausstellungskataliog Köln: DuMont.
Victoria, Brian (1999). Zen, Nationalismus und Krieg. Ein unheimliche Allianz. Zürich: Theseus.
Watts, Alan W. (1961). Zen-Buddhismus. Tradition und lebendige Gegenwart. Reinbek: Rowohlt.
Weber-Brosamer, Bernhard; Back, Dieter (2005). Die Philosophie der Leere. Nāgārjunas Mūlamadhyamaka-kārikās. Übersetzung des buddhistischen Basistextes mit kommentierenden Einführungen. Wiesbaden: Harrassowitz.
Weischede, Gerald (2006). In welcher Welt leben wir eigentlich? Lesebuch eines Zen-Adepten. Schalksmühle: Pomaska-Brand.
Weischede, Gerald; Zwiebel, Ralf (2009). Neurose und Erleuchtung. Anfängergeist in Zen und Psychoanalyse. Ein Dialog. Stuttgart: Klett-Cotta.
Zwiebel, Ralf; Weischede, Gerald (2015). Buddha und Freud – Präsenz und Einsicht. Über buddhistisches und psychoanalytisches Denken. Göttingen: Vandenhoeck & Ruprecht.
Zwiebel, Ralf; Weischede, Gerald (2017). Die Suche nach dem Stillen Ort. Filmpsychoanalytische Betrachtungen zum Buddhismus. Göttingen: Vandenhoeck & Ruprecht.

# Glossar

*Achtfacher Pfad*

Dieser Pfad wird auch als ein Praxisweg zur Aufhebung des menschlichen Leidens bezeichnet. Jeder dieser acht Schritte kann einzeln praktiziert werden; alle zusammen geben sie dem Leben sicherlich eine Richtungsänderung.

1. Rechte Einsicht
2. Rechte Absicht
3. Rechte Rede
4. Rechtes Handeln
5. Rechter Broterwerb
6. Rechte Bemühungen
7. Rechte Achtsamkeit
8. Rechte Meditation

Ein ausführlicher Kommentar findet sich in Zwiebel und Weischede, 2015, S. 71–74.

*Avalokiteśvara*

Ikonografisch dargestellt als eine Figur mit vielen Köpfen, vielen Armen und Händen. In jeder Hand befindet sich ein Auge. Avalokiteśvara nimmt das Leiden der Welt wahr, sieht es und handelt dann der jeweiligen Situation angemessen. In China ist er oder sie unter dem Namen Kuan-Yin, in Japan unter Kannon oder Kanzeon bekannt. Avalokiteśvara verkörpert Erbarmen und Weisheit. Bekannt ist sie vor allem durch das Herz-Sutra, ein im Buddhismus sehr bekannter Text, der als eine Praxisanleitung betrachtet werden kann (siehe hierzu Weischede, 2006, S. 168).

*Avatamsaka-Sutra*

Das wird auch als das Blumengirlanden-Sutra bezeichnet. In ihr wird die Lehre von der »gegenseitigen, ungehinderten Durchdringung aller Dinge« vertreten (Lexikon d. ö. W., 1986, S. 55). Des Weiteren wird dem menschlichen Geist eine einmalige Stellung in Bezug auf das Universum und allen Dingen eingeräumt.

*Bodhidharma*

Bodhidharma hat gemäß der geschichtlichen Überlieferung den Buddhismus von Indien nach China gebracht. Berühmt gemacht hat ihn die Begegnung mit dem damaligen Herrscher Wu, der ihn über die Bedeutung der heiligen Wahrheit befragte und von ihm die Antwort bekam: »Leer, es gibt nichts Heiliges.«

*Bodhisattva*

Ein Wesen, das die Buddhaschaft anstrebt. Die Grundlagen seines Handelns sind das Erbarmen, die Einsicht und die Weisheit.

*BOS*

Book of Serenity, das »Buch der heiteren Gelassenheit«. Es ist eine der vielen Koan-Sammlungen. In diesem Fall sind es 100 Koans, gesammelt, zusammengestellt und kommentiert von Tiantong und Wansong.

*Brama-Vihāras*

Näheres hierzu im Abschnitt »Der Körper der Transformation« (S. 143 ff.).

*Buddha*

Die wörtliche Übersetzung bedeutet der »Erwachte«. Shākyamuni Buddha wird als die historische Person betrachtet, die die Grundlagen für den Buddhismus geschaffen hat: die Vier Edlen Wahrheiten. Buddha lebte vor etwa 2500 Jahren im nördlichen Indien (siehe hierzu auch Zwiebel und Weischede, 2015, S. 45 f.).

*Dharma*

Das Sanskrit-Wort »Dharma« hat viele Bedeutungen, die wörtliche Übersetzung meint »halten« oder »tragen«. Im weitesten Sinne ist es der Versuch, die menschliche Existenz zu beschreiben als kosmische Ordnung, als »die Phänomene«, aber auch als Geisteshaltung oder Objekte des Denkens. Mit dem Wort »Dharma« ist aber auch die Lehre des Buddha gemeint. Weitere Bedeutungen finden sich im Kapitel »Die Dharmas« (S. 205 ff.).

*Dhyana*

Sammlung des Geistes oder auch meditative Versenkung. Das ursprüngliche chinesische »Chan« wurde später zu »Zen«.

*Dōgen*

Dōgen Zenji, ein berühmter japanischer Zen-Meister, der von 1200 bis 1253 gelebt hat. Sein Hauptwerk ist das vierbändige »Shōbōgenzō«, eine tiefgründige Schrift über die unmittelbare Erfahrung der lebendigen Wahrheit.

*Drei Juwelen*

Buddha – die verwirklichte, erwachte Person
Dharma – Die Lehre des Buddha
Sangha – Die Gemeinschaft der Praktizierenden

*Freude*

Näheres hierzu im Abschnitt »Über die Freude und das Glück« (S. 125 ff.)

*Hishiriō*

Wahrnehmen, ohne zu denken. Ein japanischer Ausdruck für »das dem Denken Unermessliche« (Lexikon d. ö. W., 1986, S. 137).

*Karma*

Das Wort kommt aus dem Sanskrit und meint eine körperliche oder auch geistige Handlung oder Tat. Wenn diese bewusst ausgeführt worden ist, ist der Handelnde, oder auch Täter, für die daraus entstehenden Konsequenzen verantwortlich. Grundlage dieser Handlungen ist das Gesetz von Ursache und Wirkung: Jede Tat, jeder Gedanke, hat eine vorherige Ursache, jede Tat, jeder Gedanke, hat eine Wirkung. Diese Wirkung ist dann wiederum die Ursache für die nächste Handlung. Im vierten Skandha werden die Tatabsichten manifest.

*Koan*

»Koans (chinesisch: öffentlicher Aushang) sind in der Regel kurze Aussagen oder Handlungen eines Zen-Meisters, die in der Regel verstandesmäßig nicht begriffen werden können. Ein Koan sollte jenseits von Worten erschlossen werden und fordert eine intensive Auseinandersetzung mit dem Text, um grundlegende Sichtweisen wie die der Dualität oder die eines festen Ich-Selbst in direkter Erfahrung als ›getäuschte Wahrnehmung‹ zu ›erkennen‹« (Zwiebel und Weischede, 2017, S. 45).

Eine intensive Auseinandersetzung mit den Koans sollte zu einem direkten Verstehen jenseits des Denkens führen. Ein plötzliches Erkennen, ein plötzliches Erwachen in die Wirklichkeit wird mit einer solchen Praxis möglich. Sie setzt in der Regel die Begleitung eines Meisters voraus.

*Manjushri*

Im buddhistischen Pantheon dargestellt als eine Figur, die ein Schwert in der einen Hand und ein Buch in der anderen Hand hält. Das Buch repräsentiert das Wissen und die Weisheit, das Schwert steht für die Fähigkeit, die Unwissenheit abzuschneiden.

*Mahāyāna*

Ein Begriff aus dem Sanskrit, der »Großes Fahrzeug« meint. Unter diesen Begriff fallen unter anderem die Schulen des Vajrayāna (tibetischer Buddhismus) und des Zen (chinesisch/japanischer Buddhismus).

*Paramitas*

Die Paramitas sind als Übung im Abschnitt »Der Körper der Transformation« (S. 143 ff.) vorgestellt worden. Die sechs Paramitas werden auch die sechs Vollkommenheiten genannt.

1. Großzügigkeit: Geben, Offenheit, Ja, Willkommen. Es ist der Gegenpol zur Gier.
2. Disziplin: Hiermit ist nicht eine preußische Disziplin gemeint, sondern die Fähigkeit und der Wunsch, zu empfangen und zu lernen.
3. Geduld: Es ist dies die Fähigkeit zu warten. Die Geduld, das Reifen jeder Situation abzuwarten zu können *(lovingkindness)*. Es ist der Gegenpol zu Hass.

4. Energie: Hierunter wird die allgemeine Vitalität verstanden, aber auch die Absicht, sich ganz der Praxis (der Achtsamkeit) hinzugeben.
5. Meditation: Ohne Gedanken geformter Geist. Wahrnehmen, ohne zu denken (Hishiriō).
6. Weisheit: Grundlage für die Entwicklung von Weisheit ist die Beantwortung der Fragen: Wie existieren wir, die Dinge, die Welt, wirklich? Achtsamkeit, Demut und Hingabe sind die Grundlagen für die Entwicklung von Weisheit. Es ist dies der Gegenpol zur Verblendung, aber auch der Gegenpol zum Stolz.

*Qualia*

Der Mensch nimmt wahr und gleichzeitig *erlebt* er diese Wahrnehmung. Mentale Zustände werden subjektiv erlebt. Dieses Erleben ist immer auch körperlich, innen. Im Englischen wird hierfür oft der Ausdruck *raw feels* verwendet.

*Roshi*

Die japanische Bezeichnung eines alten, verehrungswürdigen Meisters. In der Regel ist dies ein Zen-Meister.

*Samādhi*

Es ist die Fähigkeit, den Geist auf ein einziges Objekt zu richten und ihn dort, ohne Ablenkung, verweilen zu lassen. Es entsteht so ein nichtdualistischer Geisteszustand, in dem sich die Trennung zwischen Objekt und dem Subjekt auflöst.

*Satipatthāna*

Die vier Erweckungen der Achtsamkeit:
Achtsamkeit auf den Körper
Achtsamkeit auf die Gefühle
Achtsamkeit auf die Geistesinhalte
Achtsamkeit auf den Geist

*Skandhas*

Ein in fünf Schritten beschriebener Prozess der Entstehung des sogenannten Ich-Selbst und des menschlichen Bewusstseins: Beginnend mit der Form entfaltet sich dieser Prozess über das Gefühl, die Wahrnehmung, die Impulse und Assoziationen bis hin zum Bewusstsein. Angestrebt wird in diesem Prozess, das Sensorische vom Bewusstsein zu entkoppelt.

*Sutra*

Die Lehrreden des Buddha.

*Theravāda*

Ein Begriff aus dem Pali, der die Lehren der Ordensältesten beschreibt. Unter dieser Bezeichnung werden alle Schulen des Buddhismus zusammengefasst, die nicht den Mahāyāna-Schulen zugerechnet werden.

*Untersuchung*

Das gründliche Untersuchen der einzelnen Meditationsobjekte, ihr Kommen und Gehen. Es ist eine Praxis, die Dinge zu durchdringen, sie führt zur Erhellung, zur Klarheit, schafft Wissen bis hin zur Weisheit. Das rechte Verstehen als dem ersten Schritt im Rahmen des Achtfachen Pfades basiert auf dieser Fähigkeit, klar untersuchen zu können. Das gründliche Untersuchen und Verstehen schließt die Lehren des Buddha ganz notwendig mit ein (siehe auch Sīlānanda, 1990, S. 127 ff.).

*Vier Edlen Wahrheiten*

Die Wahrheit vom Leiden.
Die Wahrheit von der Entstehung des Leidens.
Die Wahrheit von der Aufhebung des Leidens.
Die Wahrheit vom Weg zur Aufhebung des Leidens.
(Siehe hierzu auch Zwiebel und Weischede, 2015, S. 46)

*Vimalakirti*

Vimalakirti ist die Hauptfigur im Vimalakirti-Nirdeśa-Sutra. Er steht als Laie mitten im Leben und hat dennoch die buddhistische Praxis zum Zentrum seines Lebens gemacht. Er verkörpert die Gleichwertigkeit der Laien und der Mönche. Vimalakirti gilt als Person mit überlegener Weisheit.

*Vipassanā-Meditation*
Einsichtsmeditation oder auch Achtsamkeitsmeditation genannt. Es ist dies das unmittelbare Realisieren der Vergänglichkeit auf der Grundlage des genauen Betrachtens des Körpers.

*Zazen*
Das stille Sitzen in Versunkenheit. Das Dharma-Tor zu Wohlbefinden und Freude. Das Tor zum Erwachen.

# Danksagung

Nur die Geduld und die Fürsorge meiner Frau Gisela haben es möglich gemacht, dass dieses Buch überhaupt entstehen konnte.

Sehr danken möchte ich Ralf Zwiebel, meinem Freund und Kollegen. Wir blicken auf eine lange Zeit des gemeinsamen Studierens, Diskutierens und Schreibens zurück, in der wir zusammen einige Bücher verfasst haben. Er hat mich immer wieder ermuntert, dieses Buch zu schreiben, und dabei mit großer Geduld und Fachwissen das Manuskript kritisch begutachtet und begleitet.

Der Fotograf und Maler Harald Knoke hat mir bei der Erstellung der Abbildungen mit Rat und Tat zur Seite gestanden.

Große Unterstützung erhielt ich von Ulrike Rastin und Günter Presting vom Verlag. Günter Presting ermutigte mich, den ersten Entwurf des Buches noch einmal gründlich zu überarbeiten.

Danken möchte ich natürlich meinem Lehrer Zentatsu Richard Baker Roshi. Die Begegnung mit ihm im Jahre 1983 hat mein Leben grundlegend verändert. Meine Dankbarkeit ist grenzenlos.